JN146398

韓半島における古代政治体の研究
―洛東江一帯の古墳群から見えてくるもの―

한반도에 이어서 고대 정치체의 연구

木村 光一 著
키무라 코이치

雄山閣

目　　次

第1章　研究の目的・方法
第1節　研究の目的と理論的背景 …………………………………………… 7
第2節　研究対象（空間・地理・時間）の設定 …………………………… 10
第3節　研究の方法 …………………………………………………………… 13

第2章　洛東江西岸地域の事例──高霊池山洞古墳群を中心に──
第1節　総合的考察 …………………………………………………………… 17
　Ⅰ　高霊池山洞古墳群について　17
　Ⅱ　高塚古墳と石槨墓──財団法人嶺南埋蔵文化財研究院の調査成果から──　21
　　① 出土遺構　② 年　代　③ 石槨墓造営の過程　④ 副葬品
　　⑤ 板石石槨と割石石槨の相互関係
　Ⅲ　古墳群総体からみた支配構造　32
　Ⅳ　結論──池山洞古墳群が示す統治のあり方──　35
第2節　大形高塚古墳についての考察 ……………………………………… 39
　1　44号墳──高霊池山洞44号墳に見る大伽耶の階層構造──　39
　　Ⅰ　はじめに　39
　　Ⅱ　44号墳出土の遺構からみた階層性　39
　　Ⅲ　44号墳陪葬石槨群出土遺物の意味　44
　　　① 遺物出土状況について　② 階層性を示す副葬品
　　　③ 副葬品の量と組成にみる階層性
　　Ⅳ　結論に代えて──陪葬石槨群の性格──　48
　2　高塚古墳全般の分析 ……………………………………………………… 52
　　Ⅰ　はじめに──2基の高塚古墳──44号墳と45号墳──　52
　　Ⅱ　45号墳陪葬石槨群の出土遺物から　55
　　Ⅲ　出土遺構から　57
　　　① 支配層との社会的距離　② 古墳造営に関して
　　Ⅳ　大形高塚古墳についていえること　60
　3　小　結 …………………………………………………………………… 63
第3節　大伽耶高霊と周縁部 ………………………………………………… 65
　Ⅰ　陝川倉里古墳群を考察する意味　65
　Ⅱ　倉里古墳群の人文地理的環境　66

I

Ⅲ　遺物から　68
　　　　　①　土器類　　②　その他
　　　Ⅳ　遺構から　75
　　　　　①　石槨墓の優位性　　②　多槨墓
　　　Ⅴ　大伽耶中枢と周縁部の関係　77
　　　Ⅵ　結　語　80

第3章　洛東江東岸地域の事例──新羅周縁部を中心に──
　　第1節　東莱──堂甘洞古墳群── …………………………………………………… 85
　　　Ⅰ　はじめに　85
　　　Ⅱ　立地と環境　85
　　　Ⅲ　遺物からみた被葬者の性格　86
　　　Ⅳ　遺構からみた被葬者の性格　94
　　　Ⅴ　まとめ──史的展望──　97
　　第2節　義城──長林洞古墳群── …………………………………………………… 100
　　　Ⅰ　はじめに　100
　　　Ⅱ　調査経過　101
　　　Ⅲ　立地と環境　101
　　　Ⅳ　遺　物　104
　　　Ⅴ　遺　構　109
　　　Ⅵ　まとめ──史的展望──　113
　　　Ⅶ　まとめ──社会について──　115
　　第3節　釜山──徳川洞古墳群── …………………………………………………… 119
　　　Ⅰ　はじめに　119
　　　Ⅱ　古墳群の概要　119
　　　　　①　徳川洞古墳群の歴史・地理的環境　　②　造営の契機と背景
　　　Ⅲ　遺物と遺構　122
　　　　　①　遺　物　　②　遺　構
　　　Ⅳ　新羅の影響力　135
　　　Ⅴ　比較対象の妥当性──新羅の政治的影響と関連して──　137
　　　Ⅵ　徳川洞古墳群の背後にある社会の規模　139
　　　Ⅶ　遺物──鉄製武器からうかがわれる被葬者の性格──　145
　　　Ⅷ　おわりに　147
　　第4節　小　結 …………………………………………………………………………… 151

第4章　支配者たちの性格の一側面──縦長板冑からみた──
　　Ⅰ　縦長板冑とは　153
　　Ⅱ　実際の縦長板冑の出土状況からの検討　154
　　　　① 4世紀代　　② 5世紀代　　③ 6世紀代
　　Ⅲ　洛東江水系一帯の首長層と縦長板冑　165

終章　結論 ……………………………………………………… 175

　参考・引用文献　177
　図表出典　186
　初出一覧　189
　あとがき　191

図表目次

図1-2-1　洛東江一帯の地理と古墳群　11
図2-1-1　池山洞古墳群の位置　17
図2-1-2　池山洞古墳群　19
図2-1-3　嶺南埋蔵文化財研究院調査Ⅰ区における石槨分布状況　22
表2-1　嶺南埋蔵文化財研究院調査Ⅰ区出土石槨墓一覧　24
図2-1-4　石槨墓出土陶質土器　25
図2-1-5　Ⅰ区における石槨の分布と時期別展開過程　27
図2-1-6　割石石槨と板石石槨における副葬品の出土頻度　30
図2-1-7　池山洞古墳群における立地・被葬者の階層・年代の関係　34
図2-2-1　池山洞古墳群の位置と周辺地形　40
表2-2-1　陪葬石槨墓一覧　41
図2-2-2　44号墳・45号墳遺構出土状況　42

図2-2-3　陪葬石槨における主槨に対する長軸方向と平面規模の関係　43
図2-2-4　出土遺物1　垂飾付耳飾　45
図2-2-5　出土遺物2　陶質土器　45
表2-2-2　陶質土器の出土点数　47
図2-2-6　池山洞30号墳と出土金銅冠　49
表2-2-3　出土石槨の規模の比較　50
図2-2-7　44号墳・45号墳の位置　53
表2-2-4　45号墳陪葬石槨の調査成果一覧　55
図2-2-8　45号墳陪葬石槨群出土陶質土器　56
図2-2-9　44号墳・45号墳陪葬石槨群の平面積　57
表2-2-5　高塚古墳の埋葬施設出土状況　58
図2-2-10　44・45・30号墳における埋葬施設面積の比率　59
図2-3-1　倉里古墳群とその周辺の地理的環

境　67	図 3-3-3　徳川洞古墳群出土有蓋高坏　124
図 2-3-2　倉里古墳群全体図　69	図 3-3-4　C 地区 13 号出土高坏 2 種　125
図 2-3-3　出土陶質土器　71	表 3-3-1　調査成果一覧 1　126, 127
表 2-3　長頸壺出土遺構　72	表 3-3-2　調査成果一覧 2　128
図 2-3-4　石槨墓の規模　77	図 3-3-5　徳川洞古墳群および礼安里古墳群の石室平面規模　130
図 2-3-5　倉里集団と大伽耶中枢の関係　80	
図 3-1-1　金海・東萊地域の古墳群と古金海湾　87	図 3-3-6　D 地区 6 号　遺物出土状況と出土土器　141
表 3-1　調査成果一覧　88	図 3-3-7　D 地区 15 号　遺物出土状況と出土土器　141
図 3-1-2　堂甘洞古墳群出土の陶質土器　89	
図 3-1-3　堂甘洞古墳群出土の鋳造鉄斧・鉄鏃・鉄鎌　91	図 3-3-8　C 地区 22 号　出土遺物　142
図 3-1-4　堂甘洞古墳群出土の鍛造鉄斧　92	図 3-3-9　横口式石室の比較　144
図 3-1-5　堂甘洞古墳群遺構配置図　96	表 4-1　縦長板冑出土例一覧　155
図 3-1-6　検出された遺構の規模　96	図 4-1　半島において縦長板冑が出土した古墳群　157
図 3-2-1　古墳群の分布　102	
表 3-2-1　周辺の古墳群の内容　103	図 4-2　韓半島出土の縦長板冑　158
図 3-2-2　古墳群の立地　105	表 4-2　大成洞古墳群出土木槨墓一覧　159
表 3-2-2　調査成果一覧　107	図 4-3　大成洞古墳群遺構規模　160
図 3-2-3　古墳群出土の陶質土器高坏　108	表 4-3　玉田古墳群出土木槨墓一覧　163
図 3-2-4　板石石槨と割石石槨　110	図 4-4　玉田古墳群出土木槨墓の規模　164
図 3-2-5　石槨の平面規模　111	図 4-5　大成洞 68 号墳副葬品出土状況および副葬品　166
図 3-3-1　遺構配置図　120	
図 3-3-2　遺構配置模式図　121	図 4-6　縦長板冑の出土状態　168
	表 4-4　池山洞 32～35 号墳の副葬品の内容　172

한반도에 이어서 고대 정치체의 연구

目 次

第1章　研究の 目的・方法
　第1節　研究의 목적와 理論的背景　　第2節　研究対象（공간・지리・시간）의 設定
　第3節　研究의 方法
第2章　洛東江西岸地域의 事例　고령지산동고분군을 中心으로
　第1節　総合的考察　　第2節　大型高塚古墳에 대한 考察　　第3節　大伽耶高霊과周縁部
第3章　洛東江東岸地域의 事例　신라주연지역을 中心으로
　第1節　동래-堂甘洞古墳群　　第2節　의성-長林洞古墳群　　第3節　부산-徳川洞古墳群
　第4節　小結
第4章　支配者들의 성격의 一側面
終章　結　論

A STUDY ON THE ANCIENT POLITICAL STATES
AT THE KOREAN PENINSULA

INDEX

Chapter 1　Purpose and Method on This Study
Chapter 2　Examples of West Side of Nak-Dong Gang River
Chapter 3　Examples of East Side of Nak-Dong Gang River
Chapter 4　On The Character of Dominators
Conclusion

付　高霊池山洞古墳群の性格 ……………………………… 193

李　盛　周
〈日本語訳〉木村光一

　Ⅰ　序言
　Ⅱ　中心考古群の形成過程
　Ⅲ　古墳築造の類型と池山洞古墳群の位置
　Ⅳ　結語
　　　［図一覧］［参考文献］【訳者付記】

第1章　研究の目的・方法

第1節　研究の目的と理論的背景

　現存する社会を研究のフィールドとする場合、文化人類学の研究方法では、調査対象とする社会の構成員をインフォーマント（informant＝情報提供者）として活用する参与観察がある。過去の社会の研究の場合、特に研究者自身の属する世代を超えてさかのぼり、かつ映像・音声・文書等の記録媒体が存在していない社会を研究対象とする場合、当然のことながら、インフォーマントとして生存している人間はいない。代わりに物質資料を用いるわけである。

　生きた人間をインフォーマントとする場合、人物が研究者にもたらした当該社会に関する情報（information）は、研究者にとっては1次情報であるが、それを直接蓄積・流通させるだけでは研究は成り立たない。少なくとも、もたらされた情報に対し、誰が、いつ、どこで、どのような文脈（context）で、という要素を明確にしなければならないであろう。しかし、現実には1次情報自体が完全であることはない。公表された時点で、厳密に言えば既に2次情報（intelligence）になってしまうのかもしれない。何故ならば、研究者・インフォーマントによって、意識的・無意識的に加工・整理され、研究者・インフォーマントの属する文化的背景というフィルターを通り抜け、論文・モノグラフ（monograph）、あるいは報告書（report）に変換されているからである

　同様に、過去の物質資料をインフォーマントとする場合も、ここでいう完全な1次情報はありえない。発掘調査により出土・検出した物質資料には、誰が、という要素を含む情報はほとんどの場合存在しないからである。発掘調査により、墳墓から被葬者の姓名を記した墓誌が出土した場合でも、被葬者が誰か、という情報はあっても、墓誌を製作したのは誰か、という情報は得ることはできない。文化人類学的な意味での完全な1次情報は、筆者の理解でいえば、そこまでの情報を含むものである。ただし、いつ、どこで、どのような文脈で、という要素は、発掘調査時の観察と遺物自体の分析、両者を行うことにより、ある程度のレベルまで情報を汲み取ることができるかもしれない。

　考古学（基本的に過去の物質資料を研究対象とする科学）の場合、不完全な1次情報を少しでも補うために、物質資料が、どこで、（文脈に換わるものとして）どのようにして出土したか、という情報を、科学的な発掘調査により観察し記録するわけであり、結果として情報を豊富にもった出土物質資料を、考古学的には一等資料として取り扱うわけである。しかし記録にあたり研究者の思考というフィルターを通る、という側面から考えれば、発掘調査によって得ることのできる情報は、やはり厳密な意味であくまでも2次的なものにとどまらざるをえないかもしれない。

　ここでいう2次情報は、さらに実測図・写真などの情報を付加させて文章化され、現状で

は紙媒体による冊子形式の調査報告書、電子媒体としてのディスク（Compact Disc、あるいは Digital Versatile Disc）、電磁情報自体（例えば Portable Document Format、略称 PDF 形式で internet 上に upload された file）という形態で、公式には研究者に流通している。

考古学的にいえば、出土遺物・遺構に秘められているものが1次情報、調査時の所見を2次情報とするならば、時間軸を考慮する限り、本来の1次情報というものは、当該資料が実際に社会的な機能を喪失する前に備えていた情報であり、そこから出発すれば、報告情報は、厳密には3次情報（報告者の意識としては 2.1 次、2.5 次情報かもしれない。）とすべきであろう。もちろん流通の背後には、流通しなかった膨大な情報（2次情報）が、調査日誌・記録媒体（写真・映像・図面）・遺物自体—場合によっては遺構自体—、というかたちで調査機関のもとに蓄積されている。研究者によっては、公式に得られる3次情報だけでは不十分であると思えば、直接機関・個人へ出向いて、蓄積されている2次情報へアクセスすることになる。研究者が研究の対象としているすべての調査現場に立ち、限りなく1次情報に近づこうとしてもそれは現実的に不可能だからである。1次情報・2次情報に最も近いのは、実際に発掘調査現場に立った調査担当者であり、3次情報のなかにどれだけ多くの1・2次情報を包含できるかは、調査担当者の問題意識による部分が大きい。

考古学研究というものに、物質資料のもつ2次情報（生のデータ）と3次情報（流通しているデータ）にアクセスすることにより、本来の1次情報を復元する試みといえるのではないだろうか。言い換えれば、2・3次情報から、いかに完全に近い1次情報を抽出することができるかを、追求することが考古学である。

以上のような立場で、筆者は当時の社会の復元をめざす。もちろん、すべての側面が復元できるとは考えていない。とはいえ、3次情報ともいえる報告資料にまずアクセスすることによって、発掘調査された物質資料が、誰が、いつ、どこで、どのような文脈で、当時の社会で機能し、結果的に遺跡のなかに遺されたのかを探る。今述べてきたように、完全な情報を引き出すことはかなわないとはいえ、筆者はそういった2次情報（報告されなかった、しきれなかった調査時の情報）にアクセスしなくても、ある程度まで社会の復元は可能であると考えている。信頼できる3次情報があれば考察はある程度まで可能である、ということである。もちろん、そういった考えに至るまでには、どこであれ遺跡における2次情報抽出（発掘調査）の経験の実績が必要であろう。

本書では、ひとまず史書を脇に置いて、次節でも述べるように韓半島南東部を一つの古墳文化の分布圏としてとらえることから始める。

古墳群を研究する意味には、いろいろなものが考えられる。古墳群の存在自体は、ある特定の時代の、ある特定の空間において、ある特定の人間集団の営みにより成立したものである。見方を変えれば築造にあたった人間集団を何らかのかたちで反映した結果であるともいえる。では、人間集団のどの部分を反映しているのかといえば、そこに大きく2つの側面—歴史的・政治的側面と社会的・文化的側面—を想定できる。2つの側面は、考古学研究における通時的

アプローチと共時的アプローチと言い換えることができるかもしれない。つまり時間軸を縦にとるとき、軸に沿って時間の経過の様相をみるのが通時的アプローチであり、ある時点で横に輪切りにして、ときの社会状況をみるのが共時的アプローチである。もちろん、人間社会は一瞬たりとも静止しているわけではないので、考古学的に人間社会（を反映した古墳群）を研究するにあたっては、2つのアプローチが明瞭に分かれるわけではなく、輪切りにする「時点」も、ある程度の幅をもたざるをえない。

　中国中原文明の影響を何らかのかたちでうけてきた東アジアの周辺地域（中国東北部・韓（朝鮮）半島・日本列島）に存在する「古墳群」は、古墳群の立地、構造、副葬品の内容といったものを、古墳群を造営[1]したある特定地域の歴史をよみとる材料として用いる、という意味で、通時的アプローチの対象となってきたといえる。筆者の研究対象としている韓（朝鮮）半島の三国時代でいえば、当時存在したとされる高句麗、百済、新羅、伽耶、あるいは慕韓・馬韓と史料に記された政治体[2]（古代国家）の政治的領域の復元、陶質土器の編年研究などが該当する。要するに、文献史料の研究のみでは十分に解明できない歴史経過を、当該時代の遺跡からの発掘資料を用いることで補い、解明してゆこうということである。

　こうした見方とは異なり、古墳群を社会的存在としてみる視角もある。それが共時的アプローチである。上記の通時的アプローチが歴史学としての考古学研究であれば、共時的アプローチは文化人類学としての考古学研究であるともいえるかもしれない。筆者の基本的な立場は共時的なアプローチに主眼をおくことで、古墳群から当時の人間社会がどのようなものであったのかということを、復元するのが目標である。言い換えれば、文化人類学が現存する人間集団をフィールドワークの対象とするのに対し、過去に存在した人間集団をフィールドワークの対象とするのである。ただし、過去に存在した人間集団は現存しないので、代わりに当時の集団が遺した物質的資料に基づいて、行おうとするわけである。

　ただ、共時的アプローチの対象である文化という概念そのものを指し示すことはできない。目に見えるものは、文化の現実世界への投影である。例えば、制度、社会、政治、生活、思想などの単語を思い浮かべてほしい。それ自体は目に見えるであろうか。目に見える（必ずしも肉眼によってではなく、顕微鏡などの機械によるものも含むが）ものは考古学の対象とできる。制度でいえば、制度を基に実行された儀礼、同じく何らかの制度を背景にした、墓制、葬制、集落配置、集落のなかでの住居配置なども、考古学的に目に見える（遺構・遺物を包括する）遺跡として存在するならば、考古学の対象となりうる。しかし、対象となるものは先にも述べたように、「投影された結果」の痕跡という位置づけでしかない。

　ここに一つの墓があったとしよう。墓は、墓制という制度で営まれたものである。そして制度を運用する人間は、制度を運用する何らかの思想によっている。そういったものを、「投影された」物質から、逆に考察してみよう、というのが本書の目的である。

　第2章では、社会構造の解明に考古学はどこまで迫ることができるかを、（ここでは大加耶と史料上記載された）政治体中枢がのこした古墳群を中心に考えてみようとするものである。

第3章では、政治的影響というものをどこまで具体的に、考古学によって説明できるかを試みたものである。後述する支配層相互の政治的関係（中心古墳群相互の関係）ではなく、一つの強力な政治体中枢が、社会の末端、周縁にどのように影響をあたえていたかを、少しでも解明しようとするものである。ここでは中枢にあたるものを史料上新羅と呼ばれた慶州を根拠地とする政治体に置き、周縁部として東萊、義城、釜山を例にとって、古墳群を媒介にして検討しようとしたものである。

　第4章では、文化の性格が政治体の形成にどのようなかたちで関与するのかを、縦長板冑を媒介として検討してみようとしたものである。

　韓半島南東部の三国時代社会に対し、社会構造、政治的影響、文化の性格といった、すぐには目に見えないものに、目に見える考古学資料から接近してみようとするものである。

　ここであらためて確認しておきたいのは、あくまでも考察の対象は古墳群であって古墳ではない、ということである。単独の古墳から当時の社会研究に共時的にアプローチしても、得られる情報量が非常に限られたものになる。なぜなら、人間社会は一人の人間で構成されているわけでなく、複数の、さらにいえばある程度多数の人間によって構成されているのであり、古墳一基の被葬者（一人～数人）からわかる事象を、人（々）が生前属していた社会全体に敷衍化することは非常に無理があるからである。

　もちろん、一義的には、当該時期の考古学的調査が、古墳群に対して突出しているという現状からではあるが、それだけでなく考究の対象である古墳が群集形態をとることが通有であるからである。つまり、群集形態をとる古墳群全体が個々の遺跡であるから、単独でとりだして各々比較するよりも、分析に有効だと考えるからである。

　先に筆者は、共時的なアプローチに主眼をおくという立場を明らかにした。かといって通時的アプローチを筆者はまったく考慮してこなかったわけではない。逆説的になるが、通時的なアプローチ（遺物・遺構の編年）によって当該古墳群の時間軸上の定点を求めない限り、共時的アプローチをとるためのステージ＝段階を決定できないからである。時間軸上のどの時点で社会を輪切りにするのか、「時点」は、編年なくしては決定できないからである。

　しかしながら、筆者としては編年自体を研究の目的としているわけではない。編年は手段であって、極論をいえば鉄案ともよべるべき編年案が発表されたのであれば、もちろん無条件ではないにしろ、それにしたがうことはやぶさかでない。

第2節　研究対象（空間・地理・時間）の設定

　韓半島南東部、現在の慶尚南北道は、小白山脈、太白山脈に北と西をはさまれ、東と南は日本海に面しており、その様子から嶺（＝山脈）南地方ともよばれている。山脈にはさまれているという意味で、地理的に一つの空間をなしている。中を南北に貫流する洛東江（図1-2-1）は、全長500kmを超える。東京から京都までの距離に近い。中流の安東付近にいたっても河

第 2 節　研究対象（空間・地理・時間）の設定

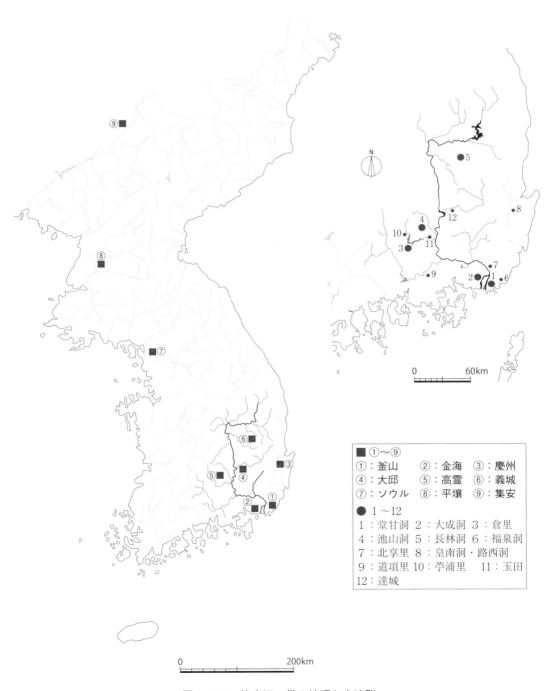

図 1-2-1　洛東江一帯の地理と古墳群

第1章　研究の目的・方法

口とほとんど比高差がなく、きわめて緩やかな流れで、悠久の昔から、嶺南地方の人々の生活の基盤をなしていた。洛東江にはまた支流がいくつか合流している。中流域の安東のやや東で龍纏川、安東のやや西で醴泉を通って南流する乃城川、中下流域で慶山・大邱を通って西流する琴湖江、高霊を通って南流する會川、陝川を通って東流する黄江、晋州・咸安を通って北流する南江、などが代表的なものである。そういった支流は、途中に小盆地をいくつか形成している。こうした山脈と海に囲まれたという巨視的にみた地理的完結性が、古墳文化に限らず、各種の文化要素に対し、大きく一つの分布圏としてみる根拠ともなっている。

　一方で、広大な平野が形成されているわけではなく（河口部の平野は当時は湾、つまり海底であった。）、小盆地が連なるという地形上の特色は、小盆地単位での地理的完結性も生じさせ、政治体の形成単位もそれに応じたものとなっている。洛東江支流流域の盆地や洛東江流域の小平野に政治的中枢がおかれ、背後・あるいはとりまく山地・丘陵に古墳が群集して造営されている。逆に言えば、生活の場である小盆地・平野と、それをとりまいて群集する古墳群、さらには同じ丘陵上に所在する山城が、考古学的には個々の政治体を表象しているのである。当時の政治体を形成していた人々は、生きているときには盆地・平野で日常生活を営み、死後は古墳群に（全員とはいえないにしても）葬られ、有事には山城によったのである。

　本書では、今述べてきたような特性をもつ韓半島南東部を考察の対象とする。

　そこに設定した理由は、一つは、いま述べたような地理的完結性にある。考察の枠組みを空間的に設定できるからである。

　二つ目が、本書が考察の対象とする時間軸上の位置づけによるものである。

　韓半島南東部は、韓国における時代区分概念である三国時代に「伽耶」、「新羅」と史料に表記された地域と重なっている。「伽耶」あるいは「新羅」、「伽耶」の一部に対する日本（倭）側からの表記「任那」は、政治体の名称である。農業生産の発展、楽浪郡を介した中国中原文明の伝播・流入、交易ネットワークの形成などの要因により、政治的なまとまり、政治体が、韓半島の各地に形成されたのが三国時代であり、同時代の日本列島（倭）も、古墳時代のもと同様の経過をたどっている。日本列島、韓半島南東部がそれぞれ政治的に統合されていく時代、といってもよいと考える。もちろん、韓半島三国時代にあっては、南東部以外に、中西部の「百済」、北西部の「高句麗」といった政治体も形成されている。

　地域において形成された政治体がどのような構造をそなえていたのか、どのような体系をもっていたのか、あるいは政治体相互にどのような交流関係をもっていたのかといった点を明らかにすることが、前節でも述べたように本書の目的であるからである。

　一般に、この地域は地理上では上述のように嶺南地方、行政上では慶尚道（一部全羅道を含む）と、呼称されている。そこを筆者は、洛東江水系一帯と呼ぶ。以下のような理由からである。

　韓国の考古学界において、本書の考察の対象とする、歴史上の時代区分である三国時代はすでに、「先史」考古学ではなく、「歴史」考古学なのである。筆者は、かつて李盛周氏の単著を翻訳・紹介した際に、あらためて認識したところである［李盛周2005b］。それはそれでよいが、

韓国の三国時代の考古学研究では、本来文献史学上の用語である、「新羅」、「百済」、「伽耶」などの用語を、a priori に用いている。「百済古墳」、「新羅遺跡」のように、である。日本において考古学を学んだ筆者にとっては、若干の違和感をもつことであった。考古学的に必ずしも定義されていない文献史学の用語を、無限定に考古学へ持ち込むことに対してである。研究者自身の内部では、何らかの概念規定があり、それに基づいてさまざまな論述がなされていると思うが、それが述べられていないのである。

　そこから、日本でも例えば「古市古墳群」といって「大和朝廷、あるいはヤマト政権古墳群」と言わないように、「伽耶」古墳、「新羅」古墳、ではなく、純粋に考古学上の遺跡として、地名により呼称しようと筆者は考えたのである。考古学的には、対象となる遺跡の所在する地名を用いることがよりよいのではないか、と考えたからである。

　では、その地名には、何がふさわしいであろうか。先にあげた嶺南地方、慶尚道、韓半島南東部、といったものをあげることができる。しかし、筆者がこれから考察の対象とする古墳群は、洛東江水系の本流・支流に沿って地理的に分布する点、韓半島南東部とはいえ、人跡未踏の山間部までは考察の対象としない点を考慮することにより、洛東江水系一帯古墳群と呼ぼうと考えたのである。ただ、この場合、洛東江水系に属さない、慶州盆地の水系、水営江水系に立地する古墳群などは、どうなのかという問題が生じる。そのため、洛東江水系古墳群ではなく、上で述べたように、洛東江水系一帯古墳群として、捉えようと思うのである。

　とはいえ、「歴史」考古学である以上、文献史学の用語を用いざるを得ないこともある。ただ筆者としては、確実に文献史料上の用語と、考古学的な遺跡が対応する場合、あるいは考古学的に―不十分かもしれないが―空間的・時間的範囲を限定し、それを表明したうえでのみ、用いるべきであると思う。筆者にとって、時間的には、韓半島の時代区分である三国時代、空間的には陶質土器の地域様式だけではなく、物質文化を構成している諸要素の発信地、影響の及ぶ範囲が、考古学的に明らかになっている場合に使用することにする。例えば、第2章で主に使用する用語、「大伽耶」は、発信地を現在の慶尚北道高霊邑とし、そこの物質文化が強く波及している地理的空間をさしている。また、記述の際には起源地に対し、政治的影響力の側面も考慮し、中枢という用語を使用したりしている。同様のことは「新羅」についてもいえる。その場合の発信地は、慶尚北道慶州市である。

　それから、考古学的な意味ではなく、一定の地理的な範囲をさす場合には、適宜、嶺南地方という用語も用いることとする。

第3節　研究の方法

　古墳群は、当時の政治体の所産であることは、これから述べることでも明らかである。ある意味自明の前提になるかもしれない。また、古墳群は、政治体形成に沿って造営されていったのであり、政治的性格をもっているともいえる。政治体を形成している以上、政治体の基盤と

第1章　研究の目的・方法

なる当時の社会は均質なものではなく、階層分化が存在していた。つまり、複数の階層社会が組み合わさって一つの社会を構成していたわけであり、社会が造営した古墳群の被葬者も複数の階層集団を背景にもっている。

一方で、社会を構成し、古墳に葬られる人間個人にとっては、属する階層相互の、いわゆるタテの関係とともに、同じ階層あるいは職能によるヨコの関係もある。同じ人間は、系譜関係による時間軸に沿ったタテの関係と、家族あるいは親族、姻族といった共時性に基づくヨコの関係ももっている。

このように一人の人間が社会的に有しているタテとヨコの関係というものには、2つの異なる次元から異なる意味を付与できるのである。

以上のことを念頭に置いて、本書では、発掘調査によってえられた成果を基に、遺構、遺物（副葬品）の内容を分析し、以下の情報をとりだす。

まず「いつ」、という問題について、出土遺物・遺構の編年的位置づけを行う。前にも述べたように、編年は手段であって目的ではないので、問題は考察の定点を決めるために存在する。

「どこで」、という問題は、古墳群という遺構は2次的な移動を想定しないので、古墳群が所在する場所と周辺で、ということになる。あるいは、古墳群に強い影響力を及ぼした他の政治体との位置関係となるかもしれない。出土した遺物、または遺構を構成する各種材料については、そこへ至るまでの来歴を視野に入れる必要がある。

残る2つの要素、「誰が」と「どのような文脈で」、という問題については、古墳群を考察の対象とする以上、個人ではなく古墳群を遺した集団が、どのような集団であったかを把握し、どのような文脈で、結果として古墳群を遺したのかを、明らかにすることが最も肝要であると考える。そこで、古墳群の分析を通じ、複数の古墳からなる群を抽出する。つぎに、各群の被葬者が、上記2種類のタテとヨコの関係のどれに基づいて古墳群を形成していったかを分析する。形成過程を整理し、当時の社会に存在したと思われる「目に見えないもの」がどのようなものであったのかを、少しでも明らかにしてみたい。

本書ではまず、高霊に所在する池山洞古墳群を研究の俎上にのせる。洛東江西岸で、史料の上では新羅による政治的統合に対し、さいごまで抵抗した勢力（史料上の名称では大加耶）の政治的中枢がおかれたのが高霊であり、政治体が遺した古墳群が池山洞古墳群である。池山洞古墳群は、調査成果の蓄積もあり、検討にたえる考古学的資料があるからである。つぎに、義城・東萊（釜山）といった洛東江東岸、後に政治的統合を果たす新羅の中枢である慶州から見て周縁部にある古墳群の様相を検討し、最後に武具などの遺物を手がかりに両者の比較検討を通じ、社会形成の背後にある文化的要因について述べる。

韓国の場合も日本と同様、開発行為に伴う緊急発掘調査件数が増加するに従って、古墳群を広い面積にわたって発掘調査する事例も増加してきた。本書のような、古墳群を一つの単位として研究対象とする場合には、このような面的な発掘調査の成果を利用せざるをえない。

一方で、広域調査が実施されるようになってからの年月を考えても、韓国考古学における研究史も豊富ではない。松井忠春氏の遺構配置の解釈［松井1990］が、嚆矢となると考えられる。その後、例えば本書の前半でとりあげる池山洞古墳群についても、李熙濬氏の指摘［李熙濬2015］どおり、古墳群全体の分布論を初めて取り上げたのは、2007年の李成周氏の論文［李盛周2010］であった。こうした点からいえば、むしろ筆者は、日本において水野正好氏などが行ってきた群集墳研究［水野1975］を韓国へ適用してみた、ということになるかもしれない。

[注]
(1)「造営」であって「築造」ではない。築造では、無から古墳（石室）が造られた過程と造られた直後の結果を指し示すにすぎないように思える。そこでいったん、時間の流れが途切れてしまうように感じる。そうではなく築造後も石室は追葬行為も含め社会集団のなかで一定の機能を果たし続けるのであり、時間的経過の意味をも内包するものとして造営という用語を使用する。
(2) ところで、本書ではタイトルにもあるように政治体という用語を使用している。

政治体の基礎的な条件は、明瞭な境界線は引くことはできないものの、地理的に一定の領域をもって共通する物質文化が分布することにある。それに加え分布域には、当該物質文化の質・量からみて、中心と周縁が存在する必要がある。さらに中心と周縁が存在する（成立する）背景には、単なる経済的・文化的人的交流というレベルを超えて、当該物質文化をめぐる何らかの政治的関係（軍事的関係）に基づく体系の存在が類推できることも必要である。この政治的関係を考えることにより、筆者は分布域の中心に対し中枢という用語も使用している。

そういった物質文化の分布域とそれを成り立たせる体系を総合したものを、考古学的に表現するにあたり、筆者は政治体という用語を用いた。国家・国などといった用語を使用することが一般的であるかもしれない。しかし、（時間的にみて過去に属する）国家・国といった用語は、Lewis　Henry Morgan の "Ancient Society or Researches in the Lines of Human Progress from　Savagery through Barbarism to Civilization (1877)"、邦題『古代社会』、と、それをうけた、Friedrich Engels の "Der Ursprung der Familie, Des Privateigenthums und des　Staats (1891)"、邦題『家族・私有財産・国家の起源』では、社会進化論的色彩が強い。

一方、文献史学あるいは史料上で用いられる場合、定義自体も文献史学のなかで、合意・形成されてきたものであり、研究史も膨大である。さらに言えば、文献史学上の国家・国は、その存在を前提として、対国家間あるいは国家内部の政治的関係を説明するという要素がかなりの部分を占めているのではないだろうか。

筆者としては、本文でも縷々述べているように、あくまでも考古学的な立場で、物質文化を整合的に解釈することを第一義的に考えており、その原因の中で有力なものが政治的関係である、という立場である。その意味で、政治的関係が前面にでてしまいがちな、国家・国という用語を避け、あえて政治体という用語を使用したわけである。

第2章　洛東江西岸地域の事例
―高霊池山洞古墳群を中心に―

第1節　総合的考察

I　高霊池山洞古墳群について

　まず、本書で検討の対象とする池山洞古墳群について、簡単に性格と調査の歴史をふりえってみたい。池山洞古墳群は、大韓民国慶尚北道高霊郡高霊邑池山里に所在する。図2-1-1および図2-1-2に示すように、韓半島の南東部を南流する洛東江の西側、支流（大伽川）が形成する盆地（高霊盆地）の西側縁辺にあたる。池山洞古墳群の名称（この名称で1963年に史跡第79号に指定されている。）でよく知られているが、現在の地名は池山里となっている。1994年の韓国地方自治法の改正に伴い、地名を変更している。

　池山洞古墳群といえば周知のように、かつて大伽耶（伽耶・伽倻とも表記されるが、本書では伽耶で統一する）と文献上に表された政治体における中心古墳群[1]と考えられている。大伽耶は、いわゆる「伽耶諸国」のうちで最後まで存続した政治体として知られる（『三国史記』[2]「新羅本紀」によれば、A.D.562に新羅により滅ぼされる）。標高310mで高霊盆地の北西にそびえる主山の、南東一帯にひろがる山城の主山城（史跡第61号）南側、標高160～200mの丘陵斜面にmound[3]が並ぶ様子は、現在高霊歴史テーマ観光地として一帯が整備される以前に、筆者も踏査したことがあったが、当時でも視覚的にも存在感は明瞭であった。

　高霊が大伽耶の故地であることが上述の『三国史記』等の古記録からほぼ間違いないこと、高霊に所在するmoundが遺存する大規模古墳群（「群集スルモノ最モ多数ニシテ且ツ大」[今西1920：440頁]）が池山洞古墳群であることから、20世紀前半の時点で、早くもここでいう中心古墳群にあた

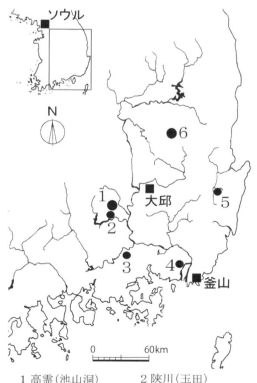

1 高霊（池山洞）　　2 陜川（玉田）
3 咸安（道項・末山里）　4 金海（大成洞）
5 慶州　　6 義城（長林洞）

図2-1-1　池山洞古墳群の位置

るという認識は、歴史・考古学研究者のあいだでできあがっていたと考えられる［黒板1974：13頁、今西1920］。そのため研究者の関心を引き、1910年の関野貞・谷井済一による調査［関野1916］を嚆矢として、黒板勝美による1915・1917年の調査［黒板1974、今西1920：441頁、末松1974］、同じく1917年の今西龍［今西1920］、1918年の濱田耕作と梅原末治［濱田・梅原1922］、1920年の谷井済一［梅原1947、東洋文庫2008：10756・10757］、1939年の有光教一と斎藤忠［有光・藤井2002、斉藤1940］というように、20世紀前半には、日本人研究者による調査が行われてきた。

　第二次世界大戦・朝鮮戦争の混乱を経て、しばらく調査が実施されなかったが、1963年の史跡指定に伴い、当時、moundをもつ古墳の位置のみを記した簡単な分布図が作成された［大東文化財研究院2010：18頁］。池山洞古墳群に対する分布調査の嚆矢といえる。1972年に北野耕平による踏査［北野1973］、1973年には久貝健・神谷正弘両氏の踏査［神谷2015］が行われた後、1977年から翌年にかけての高霊郡主導による44・45号墳［尹容鎮・金鍾徹1979］、1978年の啓明大学校博物館による32〜35号墳および周辺の石槨［金鍾徹1981］と、学術目的の発掘調査が繰り返された。韓国の研究者による初の科学的発掘調査であり、20世紀前半の日本人による調査の成果が、一部を除き旧39号（現5号）墳に代表されるように、必ずしも十全な報告がされてこなかったことを考えると、調査報告書が公刊されたという点で、20世紀後半の一連の調査は、池山洞古墳群にとって一つの画期をなすものといえる。44・45号墳は直径が20〜30m近い高塚古墳で、池山洞古墳群中でも有数の規模をもち、調査結果から大伽耶の最高支配層の墳墓の実態が明らかになった。

　啓明大学校博物館による1978年の調査は、直径が10〜15mほどの高塚古墳の調査だけでなく、尾根全体を調査対象としており、後述する面的調査のさきがけとして位置づけることができる。

　20世紀末になると、緊急（救済）発掘調査が古墳群内の比較的広い面積で実施されるようになった。調査の対象が、点から面へと拡張されたといえる。30号周辺、古墳群の中央南東部寄りの、大伽耶王陵展示館建設に伴う1994年から翌年にかけての図2-1-2の①の地点に対する財団法人嶺南埋蔵文化財研究院［嶺南埋蔵文化財研究院1998、朴升圭・河眞鎬・朴相銀2004、2006］と図2-1-2の②の地点に対する2000年の大加耶博物館建設に伴う財団法人慶尚北道（慶北）文化財研究院の発掘調査［慶尚北道文化財研究院2000］、古墳群南寄りの国道改修に伴う図2-1-2の③に示した地点に対する2002年の嶺南大学校博物館による調査［金龍星・金大煥・安柄權2004］がそれである。

　ほぼ並行して1993年の慶北大学校博物館による一部古墳の試掘調査、1994年には、国立大邱博物館による分布調査と分布図の作成もなされ［大東文化財研究院2010：18-19頁］、判明した古墳数と分布範囲が拡大した。

　21世紀に入ると、2007年に財団法人大東文化財研究院によって73〜75号墳が発掘調査され、おびただしい副葬品が出土し、73号墳の埋葬施設が、従来池山洞古墳群で未発見の木槨

第1節　総合的考察

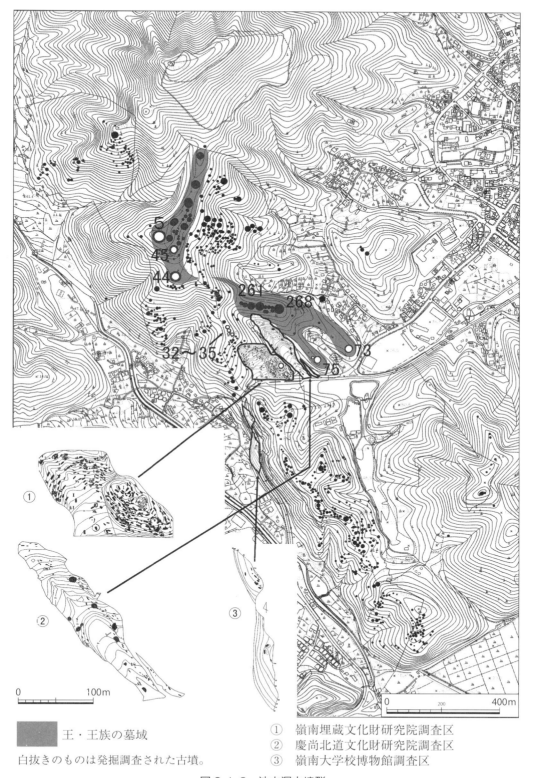

■ 王・王族の墓域
白抜きのものは発掘調査された古墳。

① 嶺南埋蔵文化財研究院調査区
② 慶尚北道文化財研究院調査区
③ 嶺南大学校博物館調査区

図 2-1-2　池山洞古墳群

であったことが判明するなど、再び注目をあびることとなった［大東文化財研究院2007、曺永鉉2009、2012、高霊郡・大加耶博物館2009、國立大邱博物館2015］。同文化財研究院は、2009年にはこれまでにない精度で分布調査を実施している。分布調査によって、古墳数と分布範囲はいっそう拡大し、全部で704基のmoundが遺存している高塚古墳が確認された。このことから類推して、moundが地表面に確認されていないものも含めると、1000基を超えると考えられるようになった。さらに、単独の円墳のみで構成されていると考えられていたのが、複数の円墳がmoundの一部を互いに接しあう、連接墳の形態をとる例があることがわかった［大東文化財研究院2010］。別にほぼ同じ頃、やはりおびただしい副葬品と大規模な遺構で知られていた上記の44号墳の再報告が慶北大学校博物館によって［慶北大学校博物館2009］なされた。

　以上、池山洞古墳群の調査の経緯を、評価も含め簡単にふりかえってみた。本書では、ここまでの調査結果をうけ、池山洞古墳群の遺構を通じて、当時の社会に少しでも接近し復元したいと考えている。目的に対し、重要な成果としてあらためて評価できるのは、20世紀末に実施された財団法人嶺南埋蔵文化財研究院などによる面的な発掘調査をあげることができる。なぜなら、一連の調査で、調査着手以前にはmoundが明瞭に認められなかった石槨墓が多数調査された結果、池山洞古墳群が高塚古墳だけで構成されているわけでないことが考古学的に確実になり、池山洞古墳群の全体像がより立体的に把握できるようになったためである。筆者にとっては、高塚古墳の調査成果から得られる、当時の大伽耶における上位支配階層の実態も重要ではあるが、それだけではなくmoundの存在も明らかでなかった石槨墓の調査成果も加味してこそ、より当時の大伽耶社会内部の状況を把握できるのではないかと考えているからである。

　つぎに重要なのは、大東文化財研究院による一連の発掘と分布調査をあげることができる。発掘調査からは、5世紀段階から池山洞古墳が中心古墳群を形成し始めていたことが明らかになった。分布調査からは、以下の点が判明している。

　30号墳の立地する丘陵から南側の丘陵、44・45号墳東側斜面に多数展開する現状で直径10mを超えない規模の高塚古墳が、横口式石室・横穴式石室を埋葬施設にもち、6世紀以降の相対的に新しい時期に属する点［大東文化財研究院2010：22頁］。現在古墳群の中央を通る道路の南には、竪穴式石槨を埋葬施設にもつやはり現状で直径が10mよりも小さな高塚古墳が多数分布する点。図2-1-2にも示すように最高支配層の古墳は、当初、丘陵南より比較的低い地点の73～75号墳一帯に所在し、順に、32～35号墳北東側に東西に伸びる丘陵、前述の44・45号墳が立地する尾根へと曲折しつつ1本の尾根道を登っていくように分布する様子がみえてきた点である。分布調査の結果を次章以降で検討することにより、池山洞古墳群から、当時の社会の一端がみえてきたのである。

　そこでまず、本書における遺構の表記に関して簡単に述べておきたい。moundの有無にかかわらず、本書で検討の対象としている遺構全域（＝墓地全体）は、従来からの表記にしたがい、「古墳群」とする。

第1節　総合的考察

　つぎに個々の遺構（墓）の表記に移る。発掘調査を経る以前から、視覚的にmoundの存在が明らかな高塚古墳については、池山洞古墳群の場合、通番がつけられており、本書でもそれを踏襲して「○○号墳」と表記する。個々の遺構の通番を必ずしも必要としない場合は単に「高塚古墳」と表記する。別に、発掘調査の結果検出された、おそらくはmoundがあった可能性も残すが、調査当時地表には明瞭に遺っておらず竪穴式石槨もしくは横穴式石室が出土した遺構および、自体のmoundをもつことなく高塚古墳のmound直下で、高塚古墳の主たる埋葬施設をとりまくように配置される竪穴式石槨については、各調査報告書に付された通番を基に「○○号墓」、特に埋葬施設を指す時には「○○号石槨・石室」のように表記する。同じく必ずしも通番が必要ないときは、「石槨墓（群）」「石室墓」のように表記する。
　「高塚古墳」の場合、単基でみればいずれも円墳であり、発掘調査あるいは分布調査によって明らかになったmoundの直径の値によって次の3つのカテゴリーに分類でき、便宜上によって記述する。
　　　a　大形墳：直径20mより大きい
　　　b　中形墳：直径10〜20m
　　　c　小形墳：直径が10mより小さい
である。
　「石槨墓」の場合も、調査の結果判明した規模の差を内包した表記である。ただ本書では具体的な数値をあげて分類はしない。大小の「高塚古墳」と「石槨墓」の相互関係を中心に論を進めて行きたいと考えており、石槨墓相互の具体的な規模の大小については、必要に応じて言及するようにしたい。
　最後に両者の差異を問わず、かつ通番について触れる必要がない場合は、「墳墓」という表記をする。以上のように、整理しておく。

II　高塚古墳と石槨墓——財団法人嶺南埋蔵文化財研究院の調査成果から——

　ここからは、池山洞古墳群に対する面的な発掘調査のうち、財団法人嶺南埋蔵文化財研究院による30号墳と周辺（報告書[4]のいうI区）を中心に検討してみたい。
　対象とした理由は2点ある。一つは、嶺南埋蔵文化財研究院I区の場合、当初から明瞭なmoundをもつ30号墳と、30号墳周辺の石槨墓群[5]が同時に調査され、両者の関係を探る手がかりを得ることができると考えたからである。
　もう一つは、嶺南埋蔵文化財研究院の調査自体はI・IIの2つの区域に分かれて実施されたが、30号墳が頂部を占地する丘陵（I区）は、北西〜南東方向にのびており、北西側に浅い谷地形があり、図2-1-3にも示したように、調査対象地内で地形上1つの独立した区画をなしていることである。嶺南埋蔵文化財研究院の調査区のII区・慶尚北道文化財研究院・嶺南大学校博物館の調査区は、救済（事前）発掘という性格上、面的に調査されていても1つの地形

第 2 章　洛東江西岸地域の事例―高霊池山洞古墳群を中心に―

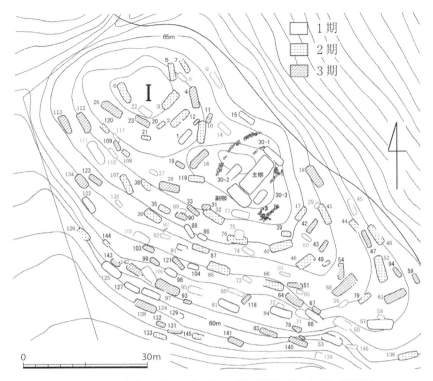

遺構に付された数字は，ゴシック体は板石石槨，明朝体は割石石槨の遺構番号。
図 2-1-3　嶺南埋蔵文化財研究院調査Ⅰ区における石槨分布状況

的まとまりを筆者が見出すことが難しかったからである。

　まず、調査区域で出土した遺構（墳墓）の内容を整理し、つぎに実態解明の定点となる遺構の年代を整理する。そのうえで、調査区域にどのような経過で遺構の造営が展開していったかを考える。さらに出土した副葬品と遺構の関係を加味して、そこからどのような社会の姿が見えてくるかを考察する。

　　① 出土遺構

　本章のⅠで述べたように、大伽耶王陵展示館建設の事前調査が、財団法人嶺南埋蔵文化財研究院によって実施された。一定の面積を対象とした事前調査の結果、竪穴式石槨を埋葬施設とする、おびただしい数の石槨墓が検出された。本書では、この知見―石槨墓の考古学的データ―を基に、嶺南埋蔵文化財研究院の調査成果を中心に検討を進めたいと考えている。調査では、ほかに横穴式石室墓・後代の民墓も検出した。横穴式石室墓は、出土した陶質土器からみて、大伽耶滅亡後の統一新羅の時期に属するものと考えられる。この知見からは、44・45号墳東側斜面の横口式・横穴式石室をもつ小形墳が未発掘の現在、政治体としての大伽耶の中枢

にあたる高霊において、従来、古衙洞の壁画墓［啓明大学校博物館1985］、20世紀前半に報告された折上天井塚［梅原1947］などから断片的にもたらされていた大伽耶滅亡前後の状況に関する、より多くの情報がもたらされることになった。

嶺南埋蔵文化財研究院調査のⅠ区で検出された竪穴式石槨は、報告書では構築する際に用いられた石材によりつぎのように分類されている。割石によって構築された石槨（報告書にいうⅠ形式）、板石によって構築された石槨（同Ⅱ形式）、両者を混用した石槨（同Ⅲ形式）の3種類である［朴升圭・河眞鎬・朴相銀2006d］。

上記した3種類の石槨は、混用を含む割石を使用した石槨（Ⅰ・Ⅲ形式、以下割石石槨と記述する）と、板石のみを用いた石槨（Ⅱ形式、以下板石石槨と記述する）に大きく2分することができる。このように石槨を二つのグループに分けてみると、両者のあいだに規模・立地の面で統計学的に差異がみられることが報告書でも指摘されている[6]。前者は、若干の例外はあるものの、相対的に規模（平面積・容積）が大きく、等高線に並行した長軸方向をとり、後者はそういった傾向がみられない、という違いである。30号墳が、先に述べたように、地形的に独立した丘陵の頂部を占めることも考え合わせると、割石石槨は、30号墳の被葬者を一つの頂点とした社会秩序を、これも報告書のいうように、忠実に反映しているものといえる［朴升圭・河眞鎬・朴相銀2006d：316-317頁］。当然、割石石槨の被葬者と30号墳の被葬者は密接な（政治的・社会的？）関係をもっていたことが想定できる。

② 年　代

つぎに、調査区（Ⅰ区）も含め本書でふれる池山洞古墳群の各種遺構の年代観を述べておく。年代の基準になるのは、陶質土器となる。

高霊地域を中心に出土する地域色の強い陶質土器（高霊タイプ・高霊地域様式土器）の編年については、ここであらためて述べるまでもなく定森秀夫［定森2015c］・藤井和夫［藤井1990］・禹枝南［禹枝南1990］・李熙濬［李熙濬1994、1995］・朴天秀［朴天秀1998、慶北大学校博物館2009］・金斗喆［金斗喆2001］・白井克也［白井2003］・金世基［金世基2003］・朴升圭［朴升圭2003］・趙榮濟［趙榮濟2007］の各氏などに代表される、多くの研究者による案が提示されている。個々の編年案の学史的な位置付けは、この場では述べないが、結果として暦年代には相違があるものの、相対年代に限ればほぼ完成をみているといってもよい。

成果を筆者なりに整理し、Ⅰ区の遺構を出土した陶質土器を基に時期区分すると、後代の民墓を除き、必ずしも等間隔ではないが、ほぼ下記のように4期に分れる。

1期：30・35号墳（33号墳）との並行期

　　　　　高坏は、脚に二段直列透孔をもつ場合、脚が相対的に長く直立気味に下がり、中途で屈曲して接地する。一段透孔をもつ場合、二段のものに比べ脚がやや短くなり緩やかに外反して接地する。坏部は、立ち上がりが明瞭に直立し、相対的に深い。

　　　　　長頸壺は、頸部が直立気味に上へ伸び、蓋受けをもつ場合、そこから内傾する口縁

第2章　洛東江西岸地域の事例―高霊池山洞古墳群を中心に―

表 2-1　嶺南埋蔵文化財研究院調査 I 区出土石槨墓一覧

時期区分	板石石槨	割石石槨	横穴式石室
1	1、15、68、86、88、98、104、127、129	53、57、81、84、91、122、124、125	
2	5、7、20、35、38、39、49、79、87、119、120、133、144、145	2、3、6、10、17、32、36、40、41、44、46、48、52、66、76、85、107、108、126、136	
3	11、12、19、23、31、33、42、43、47、51、54、59、64、67、78、83、90、93、94、99、103、109、118、121、123、131、132、140、141、143	4、16、18、26、28、55、61、97、112、113、128、134、142	
4		(112)[7]	13、24、25、27、30、34、63、70、96、106、114、115、130
時期不明	9、22、29、37、45、56、58、65、69、71、72、73、74、75、80、82、89、95、139、146	8、14、50、60、77、92、100、102、111、135	101、105、115、137、138

をもつ。胴部は、丸底で球形に近い。

　高坏（鉢）形器台は、緩やかに外反して接地する脚をもち、脚の上半に二段程度の、三角または圭形の透孔をもつ。

2 期：32・34 号墳との並行期

　高坏は、脚が 1 期より短くなり屈曲も緩やかになる。坏部の立ち上がりもやや内傾するようになる。坏はやや丸底気味になり、器高も低くなる。蓋はやや外反して接地する。

　長頸壺は、底部が平底気味になり頸部の立ち上がり方も、やや外反気味になる。

3 期：34 号墳以降大伽耶滅亡まで

　陜川玉田 M1 号墳［趙榮濟・朴升圭・金貞禮・柳昌煥・李瓊子 1992］並行期から池山洞 44・45 号墳墳並行期にあたると考えられる。

　低平な筒形器台が登場する。

　坏は、底部が小さな面積で平底化し、器高も低くなる。器形全体も半裁したそろばん玉状になる。蓋に器形が半球状で環状つまみのものが出現するが、4 期のようにつまみの先端が肥厚しない。高坏の坏部も同様に扁平化し、脚部も短くなってゆく。

　長頸壺の口縁が、蓋受けからいったん内傾した後で外反するようになる。胴部も平底化する。

　高坏形器台は、透孔が脚部の下半にも施されるようになり、段数も三段になり、緩やかに屈曲して接地する。

4 期：滅亡前後から統一新羅へ

　高坏は、脚が明瞭に短くなるいわゆる短脚高坏になり、長頸壺も有段口縁になるなど、洪潽植氏のいう新羅後期様式土器化［洪潽植 2003］する。

第1節　総合的考察

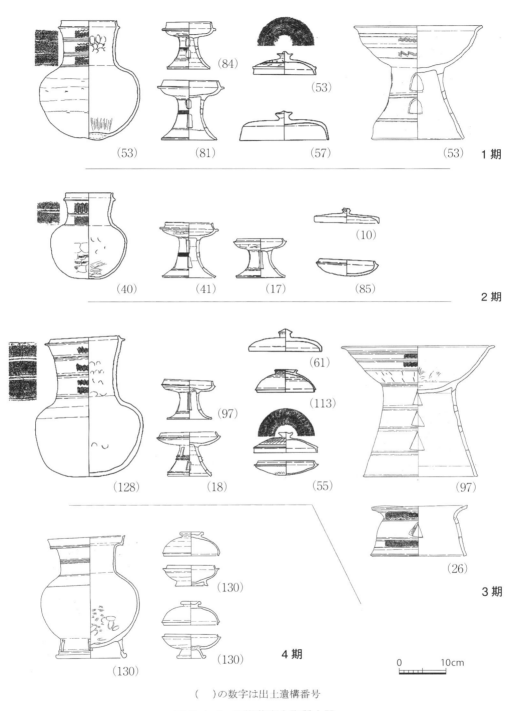

( )の数字は出土遺構番号

図 2-1-4　石槨墓出土陶質土器

このうち、1～3期が、大伽耶という政治体がまだ独立機能していた時期で、本書の考察対象になる。Ⅰ区の竪穴式石槨のほとんどが、図2-1-4に出土陶質土器の一部を示したが、1～3期のどこかに属する[7]。なお、図2-1-3に示した各墳墓の時期比定について、別に一覧表として表2-1を作成してみたので参照されたい。

③ 石槨造営の過程

Ⅰ区で検出された遺構のうち、30号墳及び割石石槨を抽出すると、先に述べたように30号墳を中心に立地する丘陵の等高線に並行した長軸をもってほとんどすべてが配列されている。23～24頁で述べた出土土器の年代観を基に、割石石槨の展開過程を整理すれば、つぎの図2-1-5の左列のようになる[8]。

具体的には、石槨の時期ごとの分類を前提として、石槨の立地する地点と長軸方向の共通性を基に考えてゆくことになる。石槨の長軸方向を共通させ、丘陵縁辺から高所にある30号墳へ向けて、数基ずつのグループが造営され、あるグループは丘陵の最高所に至ると、今度は方向を転じて、内部空間をうめるように下ってゆく。23～24頁の三つの時期区分と対応させて整理すると、現在のⅠ区の遺構群は、以下のような過程を経て形成されていったと考えられる。

1期：まず中心に、空間の盟主となる30号墳が造営され、30号墳が立地する丘陵の縁辺（裾部）に、割石石槨が点々と長軸方向を等高線に平行させて造営される。

2期：最初の割石石槨を起点として、そこから30号墳の立地する丘陵の高所に向け、一部を除き長軸方向を等高線と平行におく点を共通させて造営を継続してゆく。現象は、丘陵全体にみいだすことができる。

3期：丘陵の一定の高所まで至ると、こんどは方向を転換して丘陵を上から下へと造営を継続してゆき、丘陵（造墓空間）をうめてゆく。

3期の現象は、池山洞古墳群の特徴の一つ[9]で、一定空間の周縁部から始まり、空間内部を充たしてゆくような展開の仕方をしている。個々の石槨墓の長軸は等高線と平行に、展開方向は30号墳に向けて等高線に垂直に、空間を充たしていくのである。

ただ、Ⅰ区北西部の2期から3期にかけて展開するグループの中には、空間の内部というよりも空間の周縁をうめており、場合によっては造墓空間自体の拡張結果としてとらえることが可能な場合もある。

あと、上記の過程とはまったく異なる様相を示す例が、図2-1-5の左列下段にみられるような、Ⅰ区南寄りに3期になって造営された3基である。一群は3基の分布の中央に立地する124号石槨の周囲に、124号と長軸方向を共通させて立地する。ただ、周囲に2期の割石石槨がなく、等高線と垂直方向に展開するまで述べてきたような過程をとらない。また、割石石槨が遺構を重複させる、というようにⅠ区の中では他に例のない特異な様相を示す。

以上、嶺南埋蔵文化財研究院調査のⅠ区においては、割石石槨が盟主墳としての30号墳を

第1節　総合的考察

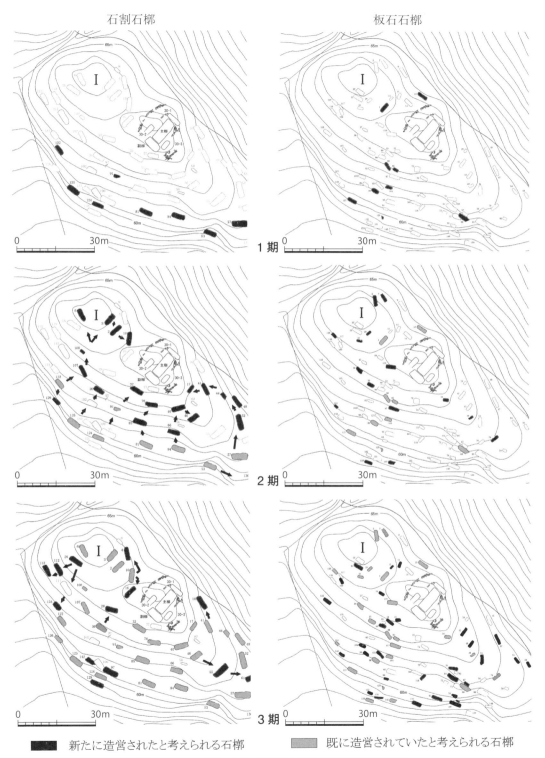

図2-1-5　I区における石槨の分布と時期別展開過程

中心に一定の墓域空間を設定した上で、まず空間の縁辺から石槨の造営が始まり、後に空間内部をうめるように石槨を造営してゆく傾向がみられることを指摘しておきたい。ただし傾向も、より新しい時期になると例外が生じることも合わせて指摘しておきたい。

つぎに板石石槨の場合はどうか、をここであらためてみてみたい。Ⅰ区における板石石槨の分布状況と展開過程を表したものが、図2-1-5の右列である。確かに等高線と平行した長軸方向をとる例が多い点、長軸を平行させて数基で群をつくる地点が存在する点は、割石石槨と共通する。ただ、ほとんどが2～3基で完結し、群相互の展開方向も一定しない。先に割石石槨の立地で見たような、30号墳を中心とするある種の「秩序」とは、別の秩序の下にあるようにみえる。しかし、細分された空間の中に集中して造営される[10]石槨群が3期になると発生する点は、割石石槨と共通している。

ただ、前述した報告書の指摘のように板石石槨と割石石槨は明確な格差（被葬者の階層差と言い換えてもよいかもしれない）はあるものの、板石石槨の被葬者集団は遺構配置において割石石槨に従属するような位置関係をとらない。このような遺構配置が表象するものは、階層差自体が、30号墳の被葬者集団という、より上位の支配集団が規定したものであり、墓域の設定にも同様に関与している、ということである。両者のあいだには後述するように、確かに目に見えるかたちで物質的な格差は存在したが、それ以上に互いに別の人間集団だ、という意識のほうが強かったのではないだろうか。意外に互いに没交渉だったのではないか。

ここでは、筆者の石槨の年代観を基に、石槨の空間充填の流れを概観したが、筆者の示した石槨の年代に多少のずれがあったとしても、今述べた傾向自体は、存在を否定できないと考える。本書では個々の石槨の詳細な前後関係を述べることが目的ではないので、こうした傾向がある、という段階で記述をおくことにする。

④　副葬品

Ⅰ区の割石石槨・板石石槨からは、多種多様な副葬品が出土している。ここまで主に遺構の規模と配置が意味するところについて検討を加えた。

つぎに、副葬品についてみてみたい。

先に述べた2種類の石槨（割石石槨・板石石槨）との対応関係をみると、両者から普遍的に出土したものと、一方に偏在して出土したものの2種類に分けることができることは予想できる。

実際には報告書の記載をみる限り、ほとんどの副葬品が、割石石槨から偏在して出土している。陶質土器の蓋の類が、唯一、両者から普遍的に出土しているくらいである。盗掘・破壊の影響を客観的に測る指標がないので、以下何らかの副葬品が出土した遺構だけを対象として記述してみたい。今述べた陶質土器の蓋の類は、割石石槨では44基中38基（86％）、板石石槨では63基中45基（71％）から出土している。

陶質土器の他の器種の場合、ほとんどの場合石槨の種類によって偏在がみられる。無蓋・有

第 1 節　総合的考察

蓋の両者を合わせた陶質土器高坏では、割石石槨の 43%（19 基）から出土したのに対し、板石石槨では 22%（14 基）にとどまる。何らかの陶質土器長頸壺が出土した遺構の場合も、割石石槨では 68%（30 基）、板石石槨では 51%（32 基）と差がみられる。嶺南地方の古墳群からは、普遍的に出土する印象のある、上記 2 器種の陶質土器についてすら、このような結果であった。さらに詳しく割石石槨（44 基）と板石石槨（63 基）のあいだの副葬品出土遺構数のパーセンティジの比較を試みると図 2-1-6 のようなグラフを描くことができる。比較の対象としたのは、耳飾を中心とした装身具、馬具、冑・大刀・剣・有棘利器・鏃などの武具、鉄製模型農工具[11]、陶質土器器台、陶製紡錘車の 6 種類である。Ⅰ区において出土頻度が高いわけでなく（最も高い武具で全体の 43%の遺構から、最も低い馬具で 10.2%）、希少性のある物品を副葬できるという意味で、被葬者の生前の社会階層あるいは背景となる職能をある程度反映していると考えられるものである。板石石槨・割石石槨に葬られた被葬者集団自体がもっていた階層性の差異をみるのに適当だと筆者が考えたものである。左列が割石石槨、右列が板石石槨にあたる。

　こうした副葬品の内容は、量的な部分でみても同様の傾向を指摘できる。総体としての割石石槨と板石石槨両者の被葬者のあいだには、石槨の規模、副葬品の質と量、というような格差は、古墳群の造営年代を通じても変わらず存在することは事実である。

　出土した副葬品は（量は別にして）種類だけならば、中・大形墳（例えば 32〜35 号墳・44 号墳・45 号墳）のと共通している。この場合、割石石槨であれ、板石石槨であれ、被葬者は副葬品をどのような道筋を経て入手していたのかを考えると、単に自己の力量によってより上位の者たちと同等のものを入手したとは考え難い。むしろ、有棘利器のように、板石石槨からしか出土しないものの存在を視野に入れれば、可能性が高いのはさらに上位の者たちから下賜された、という道筋である。有棘利器は、Ⅰ区にあっては割石石槨からの出土例は皆無で、これを偶然とみることは難しい。上位の者が選択的に板石石槨の被葬者にあたえたものと想定できる。

　44 号墳・45 号墳といった、大形墳とはやや距離をおいて造営された中形墳である 30 号墳・32 号墳から出土した金銅冠も、被葬者がより上位階層の集団から入手した可能性がある。

　ここにも、先に石槨造営過程のところで述べた、上位支配階層による、割石石槨集団と板石石槨集団の個別支配、の様相が浮かび上がってくる。

⑤　板石石槨と割石石槨の相互関係

両者の関係をあらためて整理してみるとつぎのようになる。
①：割石石槨と板石石槨のあいだには、規模・副葬品の量・副葬品の質について、両者を総体としてみると格差がある。格差自体は造営期間全体を通じて存在する。ただし、有棘利器にみられるような特徴的な副葬品の供給（下賜？）の理由を考えるならば、それは特定の板石石槨の被葬者に対し、個別に便宜（規模の大きな石槨造営の許容、副葬品の下賜）を図っていた結果と解釈することができる。言い換えれば、上位集団は割石石槨の

第 2 章 洛東江西岸地域の事例―高霊池山洞古墳群を中心に―

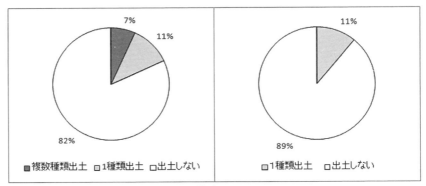
装身具

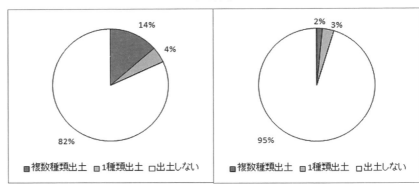
馬具

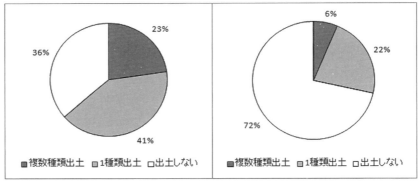
武具　　左：割石石槨　　右：板石石槨

図 2-1-6　割石石槨と板石石槨における

　集団と板石石槨の集団を個別に支配・従属させていたのである。
　つまり格差は、30 号墳の被葬者を含むより上位の支配階層が、両者に人為的に与えたものであり、あくまでも両者が自然に分化し形成されたものではないことを示唆する。
②：割石石槨と板石石槨のあいだには、立地（配置）について異なる展開過程がみられる。割石石槨は 30 号墳を中心とした、整然と表現してもよいような秩序をもって配置される。一方で、板石石槨は、30 号墳を中心とした一定空間に展開し配置する点は見出せ

第1節　総合的考察

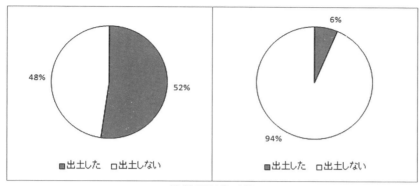
鉄製模型農工具

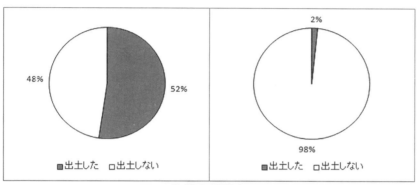
陶質土器器台

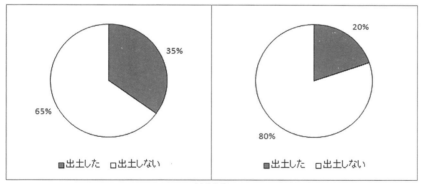
紡錘車　　左:割石石槨　　右:板石石槨

副葬品の出土頻度

　るが、必ずしも30号墳を中心としたようにはみられない。しかしながら割石石槨と板石石槨は、一つの空間のなかで互いに排他的に墓域を構成するのではなく混在している。共存するにあたり、互いの存在は重複破壊をほとんど行っていないことから意識はしている。

　このことも、30号墳の被葬者を含むより上位の支配階層が、両者に人為的に与えた石槨造営にあたっての規制の存在を示唆する。あくまでも両者が自然に墓域を形成したものではな

31

く、上位集団による何らかの規制により、同一空間に配置させられた結果であり、上位階層との従属関係の相対的な強弱が、「秩序」というものに反映していると考えられる。

　以上の点から、より上位の池山洞古墳群の中・大形の高塚古墳に葬られるような支配階層は、moundがあったとしても、その規模が小さくほとんど痕跡を遺さず、割石で構築する竪穴式石槨に葬られる集団と、板石で構築される竪穴式石槨に葬られる集団を、個々に従属させ、なかでも割石による竪穴式石槨の集団には、直接的な支配＝被支配の関係を及ぼしていたといえるのではないだろうかと思われる。

　朴天秀氏の述べる「王権が特定首長系譜に固定されるとともに、世襲化が開始される直前の社会状況［朴天秀2007：51頁］」の一断面を示しているのかもしれない。

Ⅲ　古墳群総体からみた支配構造

　本章のⅡで、石槨墓と30号墳を中心にした中形墳との関係から、当時の社会状況をうかがってみた。つぎに、大形墳の調査結果を加味することで、池山洞古墳群を造営した社会を総体的に検討してみたい。

　池山洞古墳群が、かつて大伽耶と呼ばれた政治体の中心古墳群であることは繰り返し述べてきた。そうならば古墳群中に大伽耶の最高支配者（＝王）の墳墓、王墓が含まれるはずである。そのことを考古学的に実証したのが、先にふれた44号墳の調査といえる。44号墳は主石槨のほかに2か所の副槨をもち、主・副槨の周辺にさらに32基の石槨墓を配置していた。そういった埋葬施設すべてが、長径27ｍ、短径25ｍ［慶北大学校博物館2009：30頁］、高さ数ｍの同一mound下に設置されていた。同時埋葬[12]と報告されている。同時埋葬は、殉葬の結果と解釈されている。moundの裾には、護石が廻っていた。

　主たる被葬者が埋葬された主石槨は、940（長）×175（幅）×210（深）cmの規模をもっていた。主石槨（おそらく現状では石槨であるが、当初は壁面の石積のすぐ内側に木槨が存在した可能性が高いと考える）の規模は、他の嶺南地方の墳墓にみられる埋葬施設の規模と比較しても大きい。盗掘をうけていたとはいえ、副葬品として金銅製の花飾金具・銀装大刀などが遺り、moundの規模も古墳群内部で卓越している。このような点で、44号墳は最上位階層の古墳（以下、王墓と表記する）であることが確実になった。同時に調査された45号墳は、埋葬施設の規模・同じmoundの下に配置された中・小形墓の数・moundの規模などの面で44号墳に劣り、王墓ではなく王族の墓、という位置付けがなされた。

　その後調査された32〜35号墳については、群として一つの尾根全体を占地し、前述のごとく中形墳でありながら、32号墳からは、金銅冠や、冑・甲が一括して出土した点などから、王墓を含む一群ではないかという見解もあった。しかしさらに最近調査が実施された、32〜35号墳よりも古い時期の73・75号墳は大形墳の範疇に入り、同じmoundの下に複数の石槨墓を配置し、主たる埋葬施設も規模こそ32〜35墳に若干劣るものの複数の副槨をもち（32〜

35号墳は、副槨をもつ場合はいずれも単独の石槨のみ)、mound造成中にも埋葬を行い、副葬品も32〜35号墳の主石槨からの出土品と比較しても遜色がない点が明らかになった。73・75号墳は王墓と考えられおり［高霊郡・大加耶博物館2009］、32〜35号墳はより下位の被葬者の墓であるとみるべきであろう。東潮氏も立地（44号墳よりやや下がった丘陵上）、mound の規模などの点から、王墓・王族の墓とは考え難いという見解を述べている［田中・東1989：309頁］。金世基氏も mound の規模、副葬品の内容から44・45号墳の被葬者よりも一ランク下の被葬者の古墳と想定している［金世基2003：235頁］。

また上に述べた30号墳については、73・75号墳の立地（低位丘陵上）との共通性、副葬された土器から同時期とみられる上述の32号墳と異なり（複数の）副槨をもつ点、同一のmound 下に石槨墓を配置する点、報告書では副葬品の分析により、小児が被葬者であった可能性が指摘された点から、王墓というよりも王族（早世した王子？）の墓とみられる。

以上の結果を図2-1-7のように整理してみた。暦年代に関しては、各墳墓から出土した土器による相対年代を基に、筆者の考えを述べたもので、変動の余地はあるが、墳墓の築造順序はこのままでよいと思う。

つまり、池山洞古墳群にあっては、以下のような特徴を2点指摘できる。

①：5世紀中葉から石槨墓・小形墳の築造が激増する。石槨墓の被葬者集団の内部にも前章までで述べてきたように階層差（格差）があり、最高支配層との関係にも強弱があった。このことは、埋葬施設の構造・規模、副葬品に反映している。石槨墓は中・大形墳周辺に近接した立地をとる。一方小形墳は、次に述べる王墓とは反対の方向性をもち、南へと展開してゆくとみられる。先に述べたように、古墳群中央を通る道路を境にして南側にあたる丘陵には、図2-1-2にもあるように圧倒的多数の小形墳が立地し、地表に遺構が露出しているものは埋葬施設が竪穴式石槨であり［大東文化財研究院2010］、ほぼこの時期以降に属すると考えられるからである。

②：32〜35号墳に代表される上位階層の古墳が、王墓の列から派生する尾根に空間を与えられ（または確保し）、空間をうめるように墳墓を造営する。とともに、相対的に新しい王墓は、前代の32〜35号墳を上から見下ろす地点に、かつ丘陵稜線が狭まり、moundの下を除き周辺の同一レベルの地点には石槨墓がほとんど隣接できない地点に立地する。

以上、2点からまずいえることは6世紀代—文献によると、高霊（大伽耶）の政治的力量が頂点に達すると同時に、慶州（新羅）あるいは扶餘（百済）の影響が強まる時期—に至るにしたがって、王墓は、同じ mound の下へ設置したものを除き小形墳あるいは石槨墓から隔離［李盛周2010：52頁］されてゆくことである。

並行して、本章のⅡでふれた土器編年からみると、32SW-1石槨墓などから始まって同じ地点で中形墳の35・32号墳の造営へと、次第に発展していった墓域に葬られた、相対的に上位階層の集団ですら、一定の制限された空間の中に、そこに集中して墳墓を造営するしかなかったということである。

第2章　洛東江西岸地域の事例—高霊池山洞古墳群を中心に—

こうした現象は、大伽耶における最高支配層への政治権力の集中・一元化（言い換えれば強化）が起きた結果生じたものと考えられる。

この時点で、大伽耶の王を頂点とする支配集団は、

・大形墳に葬られた王・王族
・中形墳に葬られた王族あるいは上位階層
・（30号墳といった王族の墓も含む）中形墳の被葬者たちの周辺にそれと強い関係性をもって造営された石槨墓の被葬者

立地		暦年代 遺構	4世紀末	5世紀初	5世紀前葉	5世紀中葉	5世紀後葉	5世紀末	6世紀初
高位丘陵	（博物館北、主山へ続く）	大形墳						**44号**	5号 *45号*
		中形墳・石槨墓	32SW-1 32NW-1	35号	32号 33号	34号	連結石槨		
		石槨墓			32号・33号周辺				
中位丘陵	（東側高位斜面）	小形墳						44号東側斜面一帯	
	（博物館背後）	大形墳				260号、261号、268号			
低位丘陵	（博物館付近）	大形墳（中）	**73号** *74号*	**75号** *30号*					
		小形墳・石槨墓				74号周辺			
						30号周辺			
博物館南側一帯		小形墳						博物館から南へ伸びる丘陵	

- - - - →　王墓の移動

ゴシック体は、発掘調査の結果、王墓と推定可能な古墳
斜体は、発掘調査の結果、王族の墓と推定可能な古墳

図2-1-7　池山洞古墳群における立地・被葬者の階層・年代の関係

・(おそらく古墳群南半部に造営されるようになった)小形墳の被葬者
・中・大形墳の同じmoundの下の石槨墓に葬られた被葬者[13]

といった階層構造を備えていたと思われる。また全体として、社会の成員は、同一古墳群という同一空間に葬られる(葬ることが社会的に認められる)ことで、帰属する社会と一体感をもっていたと考えられる[14]。

嶺南地方のなかで、政治・経済的発展が比較的早くから進行した東莱・金海といった地域では、5世紀中～後半代から集団内部の階層分化も進行し、墳墓を造営できる階層が拡大していったと考えられる。例えば東莱地域では、拡大の結果として、中心古墳群である福泉洞古墳群とは別の空間に短期間に集中的に石槨墓を造営する堂甘洞古墳群のような古墳群が成立したものと考えられる[15]。また、中心古墳群(福泉洞古墳群)自体も、墳墓の数が増えるとともに、別空間へと墓域を移動させていったと考えられる。

一方で、高霊地域(大伽耶)にあっては、別空間ではなく同一空間(池山洞古墳群)内部で同じような現象が進行した。つまり、この章でも検討した、5世紀前半から始まって5世紀後半に激増する割石石槨・板石石槨をもつ石槨墓の集中造営現象である。別空間ではなく、同じ空間内で集中的な造墓活動が進行するのである。このような同じ墓域へ、という求心力の中心に、主山城があったのではないだろうか。実際、古墳群の地に立ってみると、どこでも天気のよい日には主山城を望むことができる。この点は池山洞古墳群の特徴の一つといえよう。

Ⅳ 結論―池山洞古墳群が示す統治のあり方―

池山洞古墳群を造営した集団(大伽耶を政治的に統治し、独立した政治体として機能させていた集団)自らの墓である古墳群の変遷と、古墳群が反映する社会内部の状況は、これまで述べてきたことを基に、以下のようにまとめることができよう。

まず、王墓・王族墓が、低位丘陵に造営される。被葬者には、自己の墓のmoundの下、自己の埋葬施設の中、あるいは自己のために築造中のmoundの中に、(殉葬かどうかは別にして)共に埋葬される複数の中・下位階層の人々が存在した。環頭大刀・装身具等により被葬者は自己の身分を表現していた。

最上位ではないが、相対的に上位の階層集団(以下、上位集団と表記する)も、moundを明瞭にはもたないものの、自己の墓を造営し始めた。

やや遅れて、おそらく階層分化の結果、中・下位階層の集団が王墓・王族墓の周辺に自己の墓を造営し始めた。ただ実態としては、第1章まで検討したように、支配層から墓域を設定され、埋葬施設の構造・規模に規制を受け、副葬品を供給されるという、王・王族の強制力が強く反映したものであった。中・下位集団は内部で、割石石槨と板石石槨に表象されるように、さらに階層分化していたと考えられる。分化した各階層は、埋葬施設の構造・副葬品の供給を通じ、上位支配層に個別的に把握されていた。上位支配層集団自体は、自己の墓に明

瞭なmoundを有する（高塚化）ことで、視覚的にも優越した位置を古墳群内部で占めていた。しかし近接して石槨墓も造営されており、上位〜中・下位の階層が同じ空間（墓域）を共有していた。

　やがて、5世紀代の終わりころから、王・王族への政治的権力の集中・一元化が強化される。結果、上位階層ですら限定された空間内部に造営をせざるをえず、王・王族の墓は、同じmoundの下に設置される場合を除き、石槨墓群あるいは小形墳といったものから隔離されてゆく。小形墳は展開する空間を南へと拡大し、数も激増させてゆく。そして、6世紀を迎える。

　6世紀になると、王・王族の古墳は主山城に近づく北寄り尾根へ、規模の小さな高塚古墳の被葬者集団は南側丘陵へと、まったく逆のベクトル[16]が生じるようになるということである。こういった現象は王・王族への権力の集中（一元化）が生じるにつれて、階層間の溝が深くなった、階層間の隔離現象が強くなったことを表す。朴天秀氏は、これを王統の一元化の結果であるとしている［慶北大学校博物館 2009：612頁以下］。いずれにせよ、最高支配層の政治的影響力が強化された結果とみる点ではかわりないと思う。

　空間的に言えば、地域社会の帰属意識の中心にあったと考えられる主山城に、上位支配層はますます近づいて行き、逆に中・下位層は遠ざかっていくのである。しかしながら、二つの階層集団はあくまでも同じ古墳群の枠内にとどまっており、決定的な分離現象をみせるまでには至らなかったのである。大伽耶中央の統合力は弱まっていったかもしれないが、維持はされていたのである。

　大伽耶社会が仮に、長く存続していれば、池山洞古墳群は、最上位階層の古墳がさらに高位丘陵に展開するのと並行して、中・下位階層の古墳造営は衰退していったであろう。

　中心古墳群である池山洞古墳群の調査結果から、筆者なりに大伽耶政治体の内部を描写してみると、以上のようになる。

　　　［注］
　(1) 中心古墳群については、「一つの政治体が所在した盆地の中央に張り出したさほど高くない稜線に沿って、周辺の古墳群にはみられない大形の封土墳が密集」しているもの、という李盛周氏の概念規定［李盛周 2010：51頁］を高霊に適用したものである。
　(2) 金富軾（撰）、1145年。
　(3) これは、李盛周氏の指摘によれば封土と表記すべきかもしれない［李盛周 2005］。ただ、李盛周氏の考え方にも崔盛洛氏による異論［崔盛洛 2007］もあり、ひとまずmoundと表記しておく。盛土、という表記でもよいかもしれない。
　(4) 以下、本文中で報告書について言及する場合、基本的に本文でふれた報告書［嶺南埋蔵文化財研究院 1998、朴升圭・河眞鎬・朴相銀 2004、2006］をさす。煩瑣になるので、本文中では以下、注としてはふれない。
　(5) 中・小形墳について、報告書にはmoundの有無の明確な記述がない。しかし、当初調査に関わられた曺永鉉氏によれば、当初から小形で低いものではあったが、moundが存在したようである。
　(6) Ⅰ区で検出された遺構のうち、残存状況が良好で規模が明らかなもの61例（割石石槨29、板石石槨32例）の実測値の平均の多重比較・検定を実施したところ、統計的に5％の有意水準

第1節　総合的考察

　　で、長・幅・深のどの要素においても平均に差があることがわかった。
　　　なお、本文中で述べた割石石槨の立地における「若干の例外」は、60号1例で、それも他の割石石槨に比して小形の部類に属する。
(7)　112号石槨墓は竪穴式石槨であり、3期に位置付けたが、出土遺物はこの章でふれた4期、後期新羅様式の陶質土器であり、時期的には3期でも新しい方、4期に近い時期と考えられる。仮に4期の所産としても、第3節の記述には影響がないと考える。
(8)　しかしながら、ここでことわっておかなくてはならないのは、個々の土器の年代観と、石槨の年代との関係についてである。竪穴式石槨の性格上埋葬は一次的であり、その意味では石槨出土の最新の土器の年代を、石槨の年代とすることに無理がないと考えている。例えば3号石槨、40号石槨の場合、出土土器を個々にみる限り、1期に属すると考えるべき個体が含まれている。しかし、なかには2期に属すると考えられるものもあり、最終的に筆者は2期の石槨と判断した。ただ、ここで問題となるのは、こういった石槨が2期のなかでも限りなく1期に近いのか、そうでないのかという判断である。一つの石槨の中に時期幅を有する土器が副葬されるということは、土器の製作と埋納とのあいだに、時間差がはっきりと読み取れるくらい存在するということを意味している。時間差は、土器の使用期間であり保管期間である。土器はある程度の期間使用されるか保管されて副葬されるのである。土器が、被葬者が日常使っていたものを副葬した、というならば、時間差は使用期間を意味し、土器が副葬のためや埋葬儀礼のために保管されていたものを取り出して用いたのなら、それは保管期間を意味する。器台ならば後者の可能性が高く、高坏・坏では、どちらともいえない。また、時期幅が大きいものについては、被葬者が生前愛着をもって大切に取り扱った結果が反映しているのかもしれない。
　　　以上のような被葬者と出土土器との関係は、出土状態（被葬者推定位置に近接してか、足元もしくは頭部に供献されたものか）によって判断できる可能性はある。とはいえ、盗掘等の理由によるかく乱もあり、一つの石槨出土の土器に存在する時期幅から、より詳細な石槨の年代を特定することは難しいのではないかと考える。そのため、今述べてきたように出土した土器のうち最も新しい年代観を示す個体が、原則として竪穴式石槨の年代に限りなく近い、こうした前提のもと、以下の記述を進めたい。
(9)　30号墳を中心とした丘陵のやや北西側、より標高の高い地点に位置する32〜35号墳と周辺の石槨群について、先述した啓明大学校博物館の調査成果を基にした、李盛周氏の次のような指摘である。つまり32〜35号墳は、丘陵斜面の低いほうから32→35号の順に高くなるが、古墳の築造は順、もしくは反対の35→32号墳の順に一方向に向かって行われたのではない、ということである。32〜35号墳は、調査の結果、まず最高所の35号墳が築造され、次に下から2番目の33号墳、さらには一番下の32号墳、最後に33と35号墳の間の空間に34号墳が築造されていることがわかった。
　　　このことから、池山洞古墳群における、古墳群内部の地形的に一つのまとまりを形成する空間においては、単純に標高の低いほうから高いほうへと、または逆方向に線的に築造過程が進行するのではなく、象徴的な1基を中心とした空間が設定され、空間の範囲の縁辺近くに次の墓が築造され、後は空間内部を埋めるよう造営されてゆく、という過程を経る、ということである。それを李盛周氏は、池山洞古墳群の墳墓造営の特徴としてあげている［李盛周2010］。
(10)　時代が下がり3期になると、本文中でも述べたように、割石石槨でも同様の傾向が出現する（先に本文中でもふれた97号・128号・142号石槨の一群）。事例も含め大伽耶滅亡が迫りつつある時代における、秩序の弛緩が進行した結果を示すものかもしれない。
(11)　池山洞2号墳の調査報告［濱田・梅原1922］において、浜田耕作により初めて報告された遺物で、44号墳の調査でも出土し、鎌形鉄器、指頭状鉄器などさまざまな名称が用いられてきた。

後の研究の進展により、鉄製農工具の実物を、製作技法はそのままに縮小したものであることが明らかになった。この第2章では、実用品ではないという点、類例の中には必ずしも縮小されていないものがある点なども考慮して、門田誠一氏の指摘にしたがって鉄製模型農工具、という用語で表記した［門田 2006］。

安順天氏による総合的な研究があり、韓半島では高霊に分布の中心の一つがあること、何らかの埋葬儀礼に伴うもの、高霊では、一定以上の階層の被葬者の墳墓から出土することなどが指摘されている［安順天 1996］。

(12) 同時埋葬という表現は、考古学的には正確ではないように思う。同時に埋葬施設の上にmoundが形成された、というべきであろう。盛土行為の同時性は必ずしも、埋葬の同時性を保証しないからである。実際44号墳の場合、moundを形成する過程で行われた祭祀行為の分析から、一部石槨の埋葬行為完了時の時間差も想定されている［慶北大学校博物館 2009］。

出土した遺構・人骨に対して同時性・（主たる被葬者への）従属性・強制性の3つの要素をもって殉葬か否かを判断するならば、人骨の死因・自他殺の有無などの検証がされていない場合は、慎重になるべきであろう。

44号墳・45号墳の場合、他のもっと「殉葬槨」が少ない、例えば30号墳・73号墳などの事例と比較して、mound下の配置状況が整然と規則性をもった配置とは言い難い（確かに12〜17号石槨が短辺をそろえているように見えるが）。主軸方向も一定方向（放射状でもよいが）をとらず、馬による祭祀の場があったとはいえ、同じmound下の空間のなかに空閑地の占める割合が多すぎるのではないかと思う。ちなみに遺構配置とは直接関係ないが、mound直下の面積のうち、埋葬施設の内部空間が占める割合は12％にすぎない。

当時、王と社会的に密接な関係にあってうち続いた戦乱等で死亡した者たちが、王の死をきっかけに44号墳へ改装された可能性もあるのではないだろうか。

ただし、殉葬の存在を否定するものではない。44号墳主石槨から出土した主たる被葬者以外の人骨はそうであろうし、同様に、例えば咸安道項里、金海大成洞などの中心古墳群中の古墳の埋葬主体部内に、主人公とは別に整然と並んで埋葬された人物は、追葬時の副葬品の整理が行われたわけではなく、主人公の埋葬とほぼ同時に、整然と並べられ、伴う副葬品も乏しい、といった点から殉葬者の可能性は高いものと考える［權五榮 1992 李晟準 2009 李晟準・金秀桓 2011］。

なお、道項里古墳群・大成洞古墳群については、金秀桓氏の論考［金秀桓 2005、2010］を参照。

(13) とはいえ、44号墳のmound直下の石槨墓総体と、30号墳周辺の石槨墓の平面規模を比較すると、統計学的に5％の有意水準で、明らかに前者の規模が劣る。また、安順天氏も指摘しているように［安順天 1996］、前者からは鉄製模型農工具が出土しない。

(14) 古墳群の背後にある主山城は、いざという時そこに集団の成員がまとまって避難する、という機能が存在したと考えられ、主山城に避難することが許容されるということが、社会への帰属意識の象徴となり、ひいては池山洞古墳群が山城の麓に一体となって形成される理由となった。やがて今度は池山洞古墳群中に葬られることが許されることが、社会の一体感を醸成してゆく契機になったものと考えられる。

(15) これについては、福泉洞古墳群について、新たな造墓が空間上無理になった結果、同じ東萊地域の蓮山洞古墳群へと移動したと考える説［李熙濬 2007 李盛周 2010］がある。

李熙濬氏は、移動は慶州（新羅）の勢力による間接統治のための政治的要因が強いことも主張している。また高霊以外に、原因は別にして、咸安では新音里古墳群から道項里＝末山里古墳群へ、金海においても大成洞古墳群から亀山洞古墳群への移動があったのではないかと李盛周氏の指摘［李盛周 2010］がある。

(16) この池山洞古墳群で指摘した支配層の墓域の隔離あるいは分離ともいうべきベクトルは、新羅慶州でも出現している。李熙濬氏［李熙濬 2014］も指摘するように、支配層の古墳が慶州

市内の平地から離れ、周辺の山地へと移動していく、その方向性は、まさにこのベクトルである。

第2節　大形高塚古墳についての考察

1　44号墳—高霊池山洞44号墳に見る大伽耶の階層構造—

Ⅰ　はじめに

　韓半島の三国時代に関心をもつ人々にとっては周知のように、高霊（韓国慶尚北道高霊郡高霊邑）はかつての大伽耶（あるいは伴跛）という政治体の故地（中枢の地）に比定されている[1]。三国時代、韓半島嶺南地方（半島南東部、ほぼ現在の慶尚南北道）に割拠した政治体（史料に加耶と表記される諸国）の一つ、大伽耶［田中1992］の中枢が所在した地である[2]。地理上の位置は図2-2-1に示したとおりである。大伽耶における中心古墳群［李盛周2010］が池山洞古墳群である。

　この第2節の1でとりあげる池山洞44号墳は、大形のmoundをそなえた高塚古墳である。詳しくは後述するように、一つのmoundによって覆われた空間から多数の埋葬施設（竪穴式石槨）が出土したのだが、内容はすべてが均質ではなかった。逆にいえば、44号墳造営当時の大伽耶社会が階層分化していたから、不均質になったといえる。現在までに当初の報告書［尹容鎭・金鍾徹1979］、30年後の再報告書［慶北大学校博物館2009］、2つの調査報告書が発刊されている。以下の記述で報告書の内容に関して言及する場合は、原則として後者（再報告）に基づいて石槨相互の差異を分析し、大伽耶という政治体内部の階層分化の様相を考察してみたい。

　検討に入るにあたり、再報告書［慶北大学校博物館2009］を基に表2-2-1を作成してみた。ここでの目的が陪葬石槨群（後述）に葬られた人々のもつ階層性から、当時の社会復原へと接近することにあり、考古学的検討に耐えるデータを抽出するため、同表に掲げた遺構のうち、副葬品が原位置を保っているもの、あるいは盗掘によって破壊されていないもののデータを主に用いることとしたい。

Ⅱ　44号墳出土の遺構からみた階層性

　ここではまず、論述の前提となる池山洞44号墳の発掘調査の結果を、遺構中心に述べることとする。この際、本書の主題でもある「階層性」という視点から若干の解釈を加えることとする。

第2章 洛東江西岸地域の事例―高霊池山洞古墳群を中心に―

44号墳は、図2-2-1にもあるように主山（城）へと続く狭い尾根の幅の半分以上を占めて造営されていた。図2-2-2に示したように、墳丘の基底部から出土した石列から判断して、長径27m、短径25mの平面楕円形で、調査当時高さ約6mのmoundを有していた。

44号墳に匹敵する規模のmoundを有する古墳を韓半島嶺南地方でもとめると、新羅慶州のいくつかの古墳は別格としても、池山洞古墳群と同様、嶺南地方各地の最高支配層の墓域（中心古墳群）のなかの一墳にもとめることができる［東・田中 1989］。こうした点を勘案すれば、外形上からも、44号墳は大伽耶の王陵水準にある高塚古墳といえる。

44号墳のmoundの直下からは、図2-2-2に示すように、3基の比較的規模の大きな竪穴式石槨と32基の中・小形の竪穴式石槨が出土した。3基の比較的規模の大きな石槨は、配置された位置関係から、再報告では主槨、西槨、南槨とよばれている（当初の報告書では主石室、西石室、南石室と表記された）。以下、3基の石槨を全体として記述するときは主要3石槨、と記述する。長軸を北西から南東に向け、ほぼ平行して中央に主槨と南槨を造営し、主槨の北西、やや離れて長軸を主槨と直交させて西槨を造営する、という位置関係をとっていた。主要

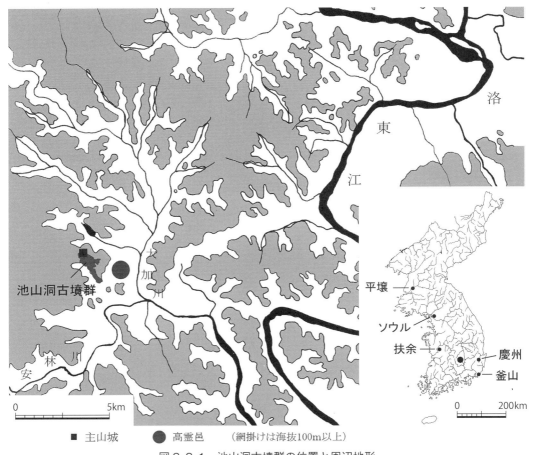

図2-2-1　池山洞古墳群の位置と周辺地形

第2節　大形高塚古墳についての考察

表 2-2-1　陪葬石槨墓一覧

遺構番号	石槨構築材	規模 (cm) 長	幅	深	長軸方向	被葬者の副葬の場所	出土人骨所見	陶質土器主要器種 蓋	有蓋高坏	有台把手付壺	有蓋長頸壺	その他の陶質土器	土器計	その他の遺物・備考
1	板石	-	40	32	非平行	―		5			2	平底短頸壺3	10	盗掘による破壊あり
2	板石	-	46	58	非平行	―							0	盗掘による破壊あり
3	板石	180	40	33	非平行	頭	30代成人	1		1			9	耳飾2
						足		4	1		1	蓋坏1		紡錘車1
4	板石	176	40	33	非平行	頭	年齢性別不明	3	2		1		9	耳飾2
						足		1			2			
5	割石	228	46	36	平行	?	26~28歳女	4	3	1			8	盗掘の痕跡あり (蓋石の一部移動)
6	割石	378	48	36	平行	頭	30代男	5	1		4		10	垂飾付耳飾2、刀子1 紡錘車5
						頭	20代男	6	3			蓋坏3	13	垂飾付耳飾3、針4
7	割石	250	38	52	平行	頭	30代男	4	2		1	把手付平底短頸壺1	8	
						足								刀子2
8	割石	173	40	37	非平行	―							0	盗掘による破壊あり
9	割石	173	49	30	平行	頭	30代男	1				小形壺2	11	
						足		3	3		1			
10	割石	-			平行	―							0	盗掘による破壊あり
11	割石	180	41	34	平行	頭	40代男	3	2	1			8	垂飾付耳飾2、大刀1、鏃12、刀子1
						足		1			1			
12	割石	161	46	28	非平行	―	出土せず						0	盗掘の痕跡がないが、何も出土せず
13	割石	184	43	25	非平行	主槨	30代男・成人女						0	
14	割石	187	44	44	非平行	副槨		9	6	1	4		20	
15	割石	180	45	24	非平行	頭	30代女						12	
						足		6	2	3	1			
16	割石	164	34	26	非平行	?		7	4	1	2	把手付壺1	15	副槨か? 壁の一部破壊の痕あり
17	割石	173	41.5	39	非平行	―							0	蓋石のほとんどが移動
18	割石	-	-	-	平行	?		2	3				5	盗掘による破壊著しい
19	板石	235	42	27	平行	―	20代後半女						0	盗掘による破壊あり
20	板石	333	36	30	平行	―	30代前半女						0	盗掘による破壊著しい
21	板石	290	53	49	平行	頭	8歳前後	3	2	1			7	
						頭	10代後半男	3	2		1	把手付短頸壺1	13	
22	割石	285	41	46	平行	頭	20代女	3	2		1		11	
						足		2	2		1			
23	割石	206	40	35	平行	?	出土せず	3	1	1	1	低平器台1	7	盗掘の痕跡はないが人骨出土せず
24	割石	194	40	51	非平行	頭	40代女						7	
						足		3	2		2			
25	板石	-	-	-	非平行	―	破壊著しく不明	12	1		4	蓋坏4、無蓋高坏1、平底短頸壺3	25	馬具、剣1、斧1 破壊著しい
26	割石	187	56	43	非平行	頭	20代男						2	耳飾1
						足		1	1					
27	割石	205	42	43	非平行	頭	20代女	3	1		1		7	
						足		1		1				刀子1
28	割石	224	50	28	平行	頭	40代女、成人男、6歳前後					小形壺1	6	
						足						蓋坏1、把手付鉢形器台1		
29	割石	143	50	28	平行	頭	60代女	1		2	1	細口平底短頸壺1、把手付短頸壺1、小形壺1	7	耳飾2
30	割石	170	30	24	平行	頭	30代男	3				蓋坏2	14	
						足		3	4		1			
31		138	34	32	平行	副槨か							0	
32	板石	210	40	33	平行	頭	20代女				1		16	垂飾付耳飾2、紡錘車1
						足		7	2	2	1	蓋坏2、鉢形器台1		

※25号は、副葬品区画のみが残っていた (盗掘の程度は不明だが、状態は良い)。全体の規模・人骨については不明。出土の馬具は、鐙子、轡、鞍、雲珠、銅製鈴、鉸具からなる1組。

第 2 章　洛東江西岸地域の事例─高霊池山洞古墳群を中心に─

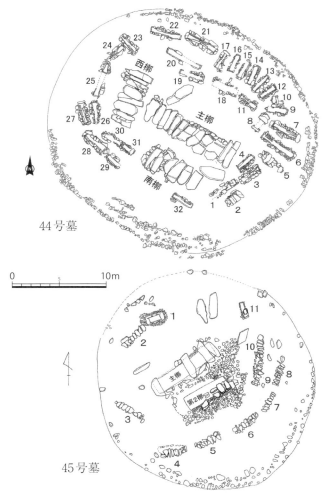

図 2-2-2　44 号墳・45 号墳遺構出土状況

3 石槨は、44 号墳の主人公たる被葬者が葬られた主槨及び副槨として一体で捉えることができる。また、主要 3 石槨の周囲に配置されていた計 32 基の竪穴式石槨群を、以下、陪葬石槨あるいは陪葬石槨群と記述する。なお、主槨は 940×175、南槨は 510×130、西槨は 570×170（単位は cm、長×幅）の平面規模であった。

　ところで、陪葬石槨群自体は、図 2-2-2 をみてもわかるように、主槨の長軸方向を基準に 2 つに分けることができる。つまり、主槨の長軸方向と平行する石槨と、平行しない石槨である。前者の場合、墳丘の平面形に規制されて円弧に沿うよう若干角度を変えている場合もあるが、ほぼ北西〜南東方向に長軸をとる。具体的に列挙すれば、5〜7、11、18〜23、28〜32 号の各石槨が主槨と平行であり、平行石槨群とする。一方、1〜4、8〜10、12〜17、24〜27 号の各石槨は平行せず、非平行石槨群とする。44 号墳の場合、地形的・空間的条件が、長軸方向の決定に物理的な影響をあたえるものではない。それにもかかわらず図 2-2-2 のように、一

42

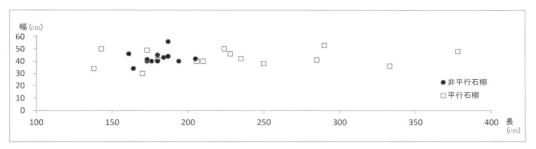

図 2-2-3　陪葬石槨における主格に対する長軸方向と平面規模の関係

定の方向性をもって石槨が配置されている。44 号墳の被葬者の死にあたって 44 号墳を造営した集団、すなわち大伽耶の支配層の意向が働いたためといえる。

　44 号墳の立地する尾根には、周辺に別に石槨群を造営できるような空間がほとんどなく、44 号墳と同時期の石槨墓は、東側、尾根を下った斜面に展開しているとみられる［慶北大学校博物館 2009：610 頁、大東文化財研究院 2010］。これと比べれば、44 号墳陪葬石槨群の被葬者は、視覚的にも空間的にも、44 号墳の被葬者に近い存在であるといえる。

　つまり、陪葬石槨群は、支配層に社会的に近い存在の被葬者を埋葬した遺構であったといえるので、長軸方向による分類も、何らかの意向の反映とみることができる。

　陪葬石槨群の平面規模をグラフにすると図 2-2-3 のようになる。図 2-2-3 からは、平行石槨群と非平行石槨群のあいだに明らかな規模の違いがみてとれる[3]。統計的にみても平行石槨群の方が 1 例を除き、長さが 5％有意水準で非平行石槨群よりも優越するのである。

　ここで差異を見出すことのできた石槨自体の長短の意味は、以下のようにも考えることができる。後述するように陪葬石槨群の遺物出土状況をみると、石槨の両短辺側に、陶質土器をはじめとする副葬品が集中している。石槨の長に差がある（より長い）ということは、遺物（副葬品）を納める空間が、長ければ長いほど大きくなることを意味する。つまり、石槨の長は、被葬者に供える副葬品の収容能力に（実際に供えられたかどうかは別にして）相関するので、何らかの政治・経済・社会的影響力の差が反映しているとみても無理がないように思える。要するに、石槨の規模は、被葬者の社会的階層をある程度反映するものとみなすこともできるのである。

　この点については、申石煕氏の 44 号墳に対する分析とも共通している。申石煕氏は、44 号墳の、筆者のいう陪葬石槨群について、遺された人骨を基に性別・年齢・配置・埋葬姿勢・副葬土器の組成といった属性から、そこに表現された埋葬パターンを抽出しようとしている。本章に関する部分でいえば、後述する埋葬パターンの抽出もさることながら、以下の指摘が重要と考える。

　申石煕氏の指摘は平行石槨である 11 号を意識して、9・10・12〜14 号の 5 基の非平行石槨が長軸を設定している、ということであり、同様な位置関係が、平行石槨の 18 号に対する非平行石槨の 15・16・17 号 3 基とのあいだにもみられる、ということである。申石煕氏は、11 号

の被葬者が、9・10・12〜14号5基の被葬者を管理する者であり、18号の被葬者が15〜17号3基の被葬者を管理する者であったのではないかと述べているが［申石椝2013：510頁］、この点は筆者が、平行石槨が非平行石槨に対し規模が大きいとした分析結果が、被葬者の階層差にも反映しているならば、相通じるものである。申石椝氏の指摘も筆者の考えを傍証するものといえる。平行石槨（11・18号）の被葬者が、非平行石槨（9・10・12〜17号）の被葬者を統括するように石槨が配置されている、ということであり、石槨規模の格差も考え合わせれば、陪葬石槨群の被葬者は、平行石槨の被葬者が非平行石槨の被葬者よりも優越した立場にあったのではないかと想定できるからである[4]。

Ⅲ　44号墳陪葬石槨群出土遺物の意味

①　遺物出土状況について

　遺構を中心とした調査成果の検討をうけ、ここからは陪葬石槨群出土遺物に視点を移してみたい。出土遺物（副葬品）の内容、出土状況を基に、被葬者の階層性を探る手がかりを得たいと考えるからである。遺構、遺物の両者があいまってこそ、44号墳造営当時の社会状況に迫ることができると考えるからである。

　その前に、調査で出土した遺物の検討に必要な盗掘の影響について評価してみたい。44号墳陪葬石槨群の場合、表2-2-1でもわかるように、出土遺物の大半を陶質土器が占める。陶質土器は、被葬者の人骨に近接して出土した例が若干（9号［慶北大学校博物館2009：写真86］、21号［同：図面111］、30号［同：写真145］）にあるが、大部分は石槨の短辺付近に集中して出土している。実際、報告書所収の写真・図面をみる限り、石槨短辺付近からの出土の場合、副葬された陶質土器が石槨の壁材とほとんど接した状態で、原位置を保って出土していることが確認できる（例えば7号［慶北大学校博物館2009：写真83-1］）。このことは、陶質土器とともに出土した人骨が、位置関係に整合性をもって（移動せずに）出土する例（32基中19基、59％）があることからも傍証できるので、本来の副葬品組成と位置関係を保っている確率が高いと思われる。主要3石槨とは異なり、陪葬石槨群の場合は、一部に盗掘被害がみられたものの、影響は限定的であったと評価できる。

②　階層性を示す副葬品

　まず、棺釘・鎹について注目する。主槨からは棺釘・鎹が出土しているのに対し、陪葬石槨群からは出土していない。主要3石槨からはすべて人骨が出土しており、陪葬石槨群も表2-2-1に示すようにすべてではないが人骨が出土している、池山洞古墳群内の他の竪穴式石槨では、木棺の痕跡を検出した事例もあるが、釘、鎹は出土していない。44号墳の各遺構から出土した人骨も同様に考えれば、釘、鎹を用いない板材を組み合わせた木棺に納めて葬られたものと類推できる。だとすれば、主槨から出土した釘・鎹は、槨あるいは大形化した木棺

第 2 節　大形高塚古墳についての考察

［吉井 2000］に用いられたのではないかと考えられる。

　44 号墳出土各遺構の場合、現状では腐朽して存在しないが、主人公たる被葬者は大形の木棺によって、あるいは木槨を設けたうえで埋葬されていたと考えられる。このような遺骸に対する取り扱いの差異は、厚葬の程度の差であり、階層差を表すものといえる。

　前章では、陪葬石槨自体の規模について、長軸の方向により分けた群（平行・非平行石槨群）のあいだには規模の差が認められることを述べた。これと関連して、つぎに垂飾付の耳飾と、陶質土器器台に焦点をあてたい。いずれも、規模で優越するとした平行石槨群からのみ出土しているからである。

　耳飾には、図 2-2-4 のような垂飾付のものと、垂飾がない細環だけのものの 2 種類があった。いずれの例も被葬者の頭蓋骨の両側、耳に装着していた状況を復原できるような位置から出土している。つまり、いずれも棺内からの出土とみなすことができる。耳飾の材質（金銅、青銅）、垂飾の有無、数（1 双か、1 点のみか）による出土状況の違いはない。あるのは葬られた石槨の長軸方向の違いだけである。出土状況か

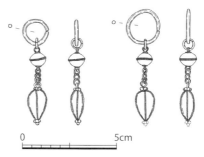

図 2-2-4　出土遺物 1　垂飾付耳飾

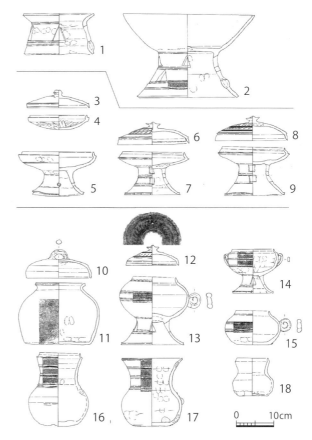

図 2-2-5　出土遺物 2　陶質土器

ら、耳飾に対する盗掘の影響はやはりほとんどないと考えてもよい。

　また、ここでふれた耳飾を含む金属工芸品について、分布・形式、製作技法の分析から、製作主体が大伽耶支配層と考えられることを李漢祥氏が指摘［李漢祥 2009］している。だとすれば、陪葬石槨群の場合、大伽耶支配層が製作させたものを着装していることとなり、耳飾から

も、着装した被葬者と支配層の密接な関係を想定できる。

　もう一つ注目するのが、陶質土器器台である。図2-2-5に主なものを提示した。供献的意味合いが強い［國立金海博物館1999、白井2007］器台の出土例は3基（23、28、32号）3例と少ない。すべて、垂飾付耳飾同様、平行石槨群出土である。器台自体は日常生活で一般的に使用される器種とは区分して考えるべきだが、陪葬石槨群の場合、出土状況を子細にみると、どの場合も他の機種、高坏、壺類などと混在して特別扱いされていない［慶北大学校博物館2009：写真120下段、写真138下段、写真149下段］。出土点数が少ない点は希少性を示しているが、当時の人々が営んだ墓における社会的機能（供献）は、他の日常的に使用されていた器種と同水準にある。

　上でふれた木棺の存在を前提とするならば、各石槨端部からまとまって出土する遺物は、先の木棺痕跡の検出例を敷衍すると、棺外遺物として位置付けることができる。一方で被葬者に近接して出土した副葬品は、棺内出土遺物として位置付けられる[5]。棺外に副葬された陶質土器が、陪葬石槨群の被葬者に対し、直接的に外部から与えられた文物ならば、器台は、規模の優越する側（平行石槨群）からのみ出土することから、相対的に上位の階層に属する被葬者へ供えるべきものという規範があったのであろう。ただし供えた石槨のなかでは特別視されないという、側面もあったのである。

　他の器種では、表2-2-1に示すように、有蓋高坏〔図2-2-5、5～9〕が21基（66％）、有蓋長頸壺〔同16〕が18基（56％）、有台把手付短頸壺〔同13〕[6] 14基（44％）と、3つの器種の出土頻度が高い。石槨1基のなかに2種類または3種類すべてが共伴する例も16基（50％）に達する。特定の種類の陶質土器が高い頻度でみられることから、副葬する陶質土器の器種組成に何らかの社会的な規範があったことが推測できる。ただし、これは器種組成の均質性を示すものであり、階層性を示すものとは言い難い[7]。

　ところで、陪葬石槨群中、最も豊富な副葬品が出土しているのが11号である。人骨から40代男性と推定される被葬者は、耳飾を身につけ、脇には環頭大刀を佩用し[8]、矢を携えていた。先に述べた申石鯤氏の指摘する石槨の位置関係からも、11号は、平行石槨群に属し、9・10・12～14号各石槨に対し上位の立場にあったのではないかと考えられる。

　このように平行石槨群の被葬者のほうが、相対的に副葬品の内容にも優越する傾向があるといえる。垂飾付耳飾、素環頭大刀、鏃などは、被葬者が身につけるか、すぐ脇に置かれた棺内遺物である。今は失われてしまった被葬者の衣服なども考慮すれば、武器を佩用し垂飾付の耳飾を装着した被葬者を復元することで、そこに強調されるのは外見上の違いである。被葬者の外見こそが、階層差の表示であったと考えられる[9]。

③　副葬品の量と組成にみる階層性

　今、棺内遺物などによって表示される被葬者の外観が、階層差も表示するのではないか、ということを指摘した。では、棺外遺物の大部分を占める陶質土器からも、階層差を抽出できる

第 2 節　大形高塚古墳についての考察

のであろうか。先に述べた特定の器種、あるいは特定の位置に副葬するという何らかの規範意識は、同じ行為の反復という意味で陶質土器の副葬内容を平準化・均質化する方向にはたらいているようである。それでもあえて、陶質土器から階層差を抽出しようとする、作業の手がかりとなるのが、副葬点数（量）であろう。前に石槨の規模は、副葬品の埋納能力の差を意味しており、被葬者の社会的階層をある程度反映するのではないかと述べた。だとすれば、石槨内部に最も多く副葬された物品が陶質土器であり、陶質土器の多寡も社会的階層をある程度反映するのではないかと類推できるからである。

　表 2-2-1 の人骨が出土した 20 基のうち、8・19・20 号を除く 17 基が、出土状況から検討の対象にできる。

　表 2-2-2 の 3 群の平均点数は、いずれも 8 点代であまり差がない。ただ、表 2-2-2 の数値は盗掘の影響を最大限排除したものであり、実際、表 2-2-1 にもあるように、副葬品区画からだけでも 25 点出土した 25 号あるいは 20 点出土した 14 号、17 点の 32 号と、平均の 2 倍近いあるいは以上の点数、という相対的に多い例もあることは事実である。また、表 2-2-2 の平均値、標準偏差から見れば、32 号からの 17 点も突出した出土点数であることがわかる。逆に 2 点の出土にとどまった 26 号は突出して少ないといえる。こうした石槨の陪葬石槨群のなかでの位置付けが、問題となる。

　なかでも、25 号の存在をどう考えるべきか。陪葬石槨群の、（長軸方向の主槨に対する）平行・非平行という階層分けの基準が、規模・副葬品の内容からも 25 号には直接適用できないからである。25 号は、図 2-2-2 にもあるように非平行石槨で、周囲の平行石槨群のなかに孤立的に配置されている。あえて、想像をたくましくすれば、主槨との関係ではなく、隣接して長軸方向を平行させる西槨（と殉葬者）と密接な関係をもつ人物が葬られていた、西槨の管理者的立場の人物が葬られていたのかもしれない。25 号の場合、先に述べたように陶質土器の出土点数の多さ、馬具類の出土などから、特殊な位置を占めるとしたが、位置こそが西槨の管理者というべきものであったと考えられるのではないか。

　だとすれば、土器の出土点数が突出して多く、垂飾付耳飾を着装していた 32 号の被葬者も、1 基のみ独立して、隣接する南槨と長軸方向を平行させて配置されていることから、南槨の管理者的立場にあった人物ともいえるかもしれない。ただ、32 号の場合、被葬者が 20 代女性であったという点は、被葬者自体ではなく、被葬者が生前属していた社会的階層が当時重要視さ

表 2-2-2　陶質土器の出土点数

	人骨が原位置から出土した遺構数	出土人骨に基づく被葬者数	陶質土器出土総点数	平均出土点数／人	標準偏差
全体※	17	22	190	8.64	4.10
平行石槨群	10	14	124	8.86	3.20
非平行石槨群	7	8	66	8.25	5.56

※：2 基 1 対のものとして報告されている 13 号・14 号は 2 基で 1 基とカウントしている。
　また 31 号を、その配置から 30 号の副槨と考え両者を合わせて 1 基とカウントしている。
　合わせて、報告から盗掘の影響を除外できない 5 号、19 号、20 号の 3 基を除いている。

れ、年齢・性別といった被葬者の個人的属性は、2義的なものであった可能性をのこしている。

一方で、32号石槨の規模が他の陪葬石槨と明らかな差をみせない点は、そこに被葬者の階層的な限界（当時の社会階層の格差）を示している。しかし25号にしても、おそらく陪葬石槨群のなかでは大きい方に入るが、副槨の規模にも及ばない。

あらためて整理しなおすと、44号墳においては、主槨を頂点とし、2つの副槨（南槨・西槨）と、主・副槨に伴う25号・32号という石槨→（他の）平行石槨群→（他の）非平行石槨群、という序列がみられる。このうちの平行石槨群の44号墳における役割は、先の申敬澈氏の指摘にあるような、複数の非平行石槨群の管理者、あるいは副槨の管理者ともいうべきものであったと考えられる。

Ⅳ　結論に代えて──陪葬石槨群の性格──

44号墳においては、石槨の長、陶質土器器台・垂飾付耳飾の副葬などの属性から、先に検討したように、44号墳の主人が葬られた主槨を頂点とする主要3石槨とに近い関係をもつ一部の石槨─（陪葬石槨群のうちの）平行石槨群─（同）非平行石槨群という順に規模および副葬品内容に差を有する石槨が、同じmoundのもとに配置されていた。ここでいう差が階層間格差を反映しているとすれば、この順番で、階層的に上位から下位へと社会的に位置付けられたものと考えられる。そして、44号墳の陪葬石槨の上位者は、支配層による意図的な石槨の配置・造営をうけ、上位階層は支配層との密接な関係性の表象として、耳飾に代表される、支配層が製作主体であったと考えられる金属工芸品を所持している。

こうした性格をもつ陪葬石槨群が、池山洞古墳群の場合、44号墳出現以前に存在したか、といえば、現在までの考古学的知見では、30号墳に既にみることができる［嶺南埋蔵文化財研究院1998］。ただし、30号墳では、44号墳と同様の位置関係をとる石槨群（仮に場合も以下陪葬石槨群と記述する）は図2-2-6に示すように3基であった。30号墳では3基の陪葬石槨群以外に主槨直下からも石槨が1基出土しているが、盗掘の影響もあり性格を明らかにすることができない。この第2章第2節では主・副槨の周囲に配置される石槨という点を問題にしているので、下部石槨（報告書の名称）の性格付けは保留としておきたい。また、上の3基の石槨と数m離れて30-2と平行して1基の石槨が出土しているが、報告書［嶺南埋蔵文化財研究院1998］に言及がなく30号墳とは直接に関連しないものと考える。3基の陪葬石槨群も、主槨の長軸方向と平行、非平行に分かれる。そのうちの1基からは、44号墳陪葬石槨群の垂飾付耳飾にあたる金属工芸品、金銅冠も出土している。出土した陪葬石槨（30-2）は30号墳の主槨と長軸方向を平行させる。平行石槨群は2基（30-2・3）、非平行石槨は1基（30-1）であった。金銅冠以外は、やはり盗掘の影響もあり、陶質土器、若干の鉄製工具（刀子、斧、鎌）が出土したくらいで、陶質土器の器種構成も含め、両者のあいだに明確な格差を認め難い。逆に言えば金銅冠の存在は際立っている。

第2節　大形高塚古墳についての考察

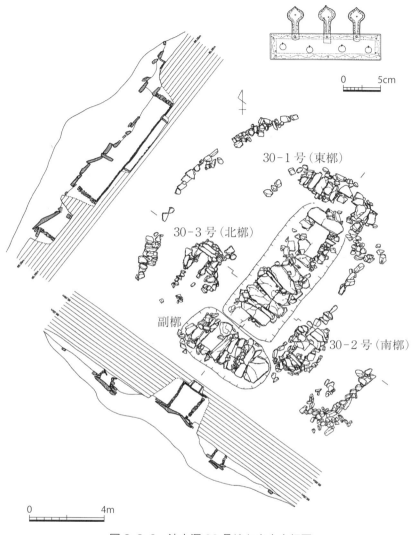

図 2-2-6　池山洞 30 号墳と出土金銅冠

　これまでの研究から導き出された陶質土器編年を中心とした年代研究の成果[10]に従うならば、30 号墳は 5 世紀中葉、44 号墳は 5 世紀後半～末に比定できる。つまり、陪葬石槨群は 44 号墳造営に伴って「出現」したのではなく、「量的に拡大した」ともいえる。

　上で述べた金属工芸品（30 号墳では金銅冠、44 号墳では垂飾付耳飾）の出土も勘案してみると、王族墓または王陵の場合、原則として自己の墳墓のなかに、主人公たる自己を埋葬する主槨と副槨→（金属工芸品を媒介としての）相対的上位の陪葬石槨→下位の陪葬石槨、という階層性を持ち込んでいるともいえる。ただ、30 号墳と 44 号墳を比較すると、表 2-2-3 に示すように副槨規模の相対的比率は 61.5％から 49.5％へと低下している。一方で、陪葬石槨群の位置付け

第2章　洛東江西岸地域の事例—高霊池山洞古墳群を中心に—

表2-2-3　出土石槨の規模の比較

遺構名	主槨の面積（m²）	副槨の（平均）面積（m²）	陪葬石槨群		
			主槨と長軸方向が平行する石槨群の平均面積（m²）	主槨と長軸方向が平行しない石槨群の平均面積（m²）	平均面積（m²）
30号墳	8.13	5	1.76	1.60	1.70
		61.5%	21.7%	19.7%	21.0%
44号墳	16.45	8.16	0.95	0.78	0.87
		49.6%	5.8%	4.7%	5.3%

※ 平均面積の下段の数字は，主槨を100とした時の比率。
※ 30号墳の場合，主槨の下部からもう1基石槨（下部石槨）が出土しているが，その位置付けについては，今後の検討課題としたい。
※ 44号墳の陪葬石槨群の平均面積の算出にあたっては，盗掘による破壊で本来の値が不明な例は除いて算出している。

は、上位との親縁性は維持されているものの、全体で21%から5.3%へと副槨に比べ大きく格差が広がっているといえよう。石槨の規模に反映される主・副槨に対する階層的位置づけは、階層間格差の拡大とみることができる。ただし、陪葬石槨群が内包する2つの階層には、先にふれた申石珟氏の検討結果を再び提示すれば、被葬者の性別、年齢といった属性は反映されていないようである。

44号墳が造営された当時、文献からは大伽耶に対する周辺からの政治・軍事的圧力が強まっていたと想定される［田中1992］。再報告書が指摘するように、44号墳造営段階までは、大形高塚古墳の分布と周辺から収拾された遺物からみて、池山洞古墳群には複数の首長墓系列が存在したようである。44号墳造営を契機として、複数の系列が特定の系列へと収斂してゆくことも再報告書は指摘している［慶北大学校博物館2009：612-614頁］。このような古墳群内部の変化も、外圧に対し内部統制を強めることにより発生したものとみることができる。筆者がここで述べてきた陪葬石槨群の「量的拡大」「格差の拡大」も、結果的に上記再報告書の見解を追認するものといえよう。

ゆるやかな連合勢力とでもよぶべき大伽耶の内部が、王統を中心に結束していく［慶北大学校博物館2009：640頁以下］。そういった政治状況が、支配層の直接的な関与を及ぼす階層を拡大させ、墳墓にも反映しているといえそうである。

［注］
(1) 高靈郡　本大伽耶國。自始祖伊珍阿豉王一云內珍朱智，至道設智王，凡十六世，五百二十年。眞興大王侵滅之，以其地爲大伽耶郡。景德王改名，今因之。領縣二：冶爐縣，本赤火縣，景德王改名，今因之：新復縣，本加尸兮縣，景德王改名，今未詳。（金富軾（撰上）『三国史記雑志 巻三十四 地理一』1145年）。
建置沿革本大伽倻國詳見金海府山川，下自始祖伊珍阿豉王一云內珍朱智，至道設智王，凡十六世，五百二十年按崔致遠釋利貞傳云，伽耶山神正見母主乃爲天神，夷毗訶之所感生大伽倻王惱窒朱日金官國王惱窒青裔二人，則惱窒朱日爲伊珍阿豉王之別稱青裔爲首露王之別稱，然與駕洛國古記六卯之說俱荒誕不可信，又釋順應傳大伽倻國月光太子乃正見之十世孫，父曰異腦王求婚于新羅迎夷粲比枝輩之女，而生太子，則異腦王乃惱窒朱日之八世孫也，然亦ざ不可考，新羅眞興王滅之。以其地為大伽倻郡景德王改令名。高麗初屬京山府。明宗置監務本朝太宗朝改為縣監。（中略）

郡名大伽倻 高陽 靈川。（後略）（李荇・尹殷輔・申公濟ほか（撰上）『新増 東国輿地勝覽 巻之二十九 慶尙道 高霊縣』1530 年）

　　　　※縦書、割注を横書に改変、句読点、内容は引用者による。

(2) 三国時代の大伽耶が直接的に統治した範囲とは当然異なるであろうが、高霊邑に郡庁がおかれる現在の高霊郡は、郡のHP（http://www. goryeong. go. kr 2014 年 12 月アクセス）によれば、2012 年現在山林と河川を除いた平地面積は 107.6km^2 となっている。高霊郡のなかの高霊邑だけでは、14.2km^2 である。奈良県のHPによれば、奈良盆地が 300km^2（http://www. pref. nara. jp/2014 年 12 月アクセス）であり、現代の数値で比較することに多少の無理はあるものの、古墳時代の日本の有力地方に比べ、相当に規模が小さい。農業生産力が耕地面積とある程度相関するならば、大伽耶の政権の基盤に占める農業生産力の比率は、あまり大きなものではなかったと考えられる。

(3) ただし、図 2-2-3 では 30・31 号の 2 基を、図 2-2-2 にみられる配置状況から一体のものとして捉え、両者を合わせた規模によりグラフ化している。

(4) 44 号墳には、図 2-2-2 にも示したが、主槨北東側に 11×4m、南槨南西側に 6×5m ほどの範囲にわたり、遺構がない空間がある。これを空間地と仮称する。空閑地が存在することの意味をあえて考えると、空間地こそが、墓域の中での 44 号墳の被葬者と陪葬石槨群の被葬者たちとの隔たりを、目に見えるかたちで表示したもの、といえるのではないか。特に 44 号墳北東側の、6～18 号、19～21 号、2 つの群と王との社会的な距離（格差）は、空間地によって表象されているとも考えられる。

(5) 陪葬石槨群の被葬者が殉葬者であったとしても、そうでなかったとしても、そこには 44 号墳の被葬者に対し人間を副葬した、という側面があったことは否定できないであろう。つまり、副葬品としての人間である。人物に対し、陶質土器を始めとする種々の器物を副葬するということは、副葬品としての人間に副葬品を供える、という 2 重の意味が存在することとなる。陪葬石槨群の出土遺物は、直接 44 号墳の被葬者にではなく、陪葬石槨群個々の被葬者へ供えられたものである。しかし総合的にみれば、44 号墳の被葬者へ間接的に供えられたものであるという、位置付けができる、ということである。すなわち、陪葬石槨群の副葬品は棺内・棺外に分けることができるが、44 号墳という総体で考えれば、陪葬石槨群の被葬者も含め、すべてが 44 号墳主槨に対する棺外遺物とも考えることができる。44 号墳の造営者からすれば、陪葬石槨の棺内遺物も棺外遺物も、同じく（主槨の被葬者への）棺外遺物なのである。

(6) この第 2 章第 2 節では、本文でも示したように図 2-2-4 の 13・14 で示したような器形をさす。頭部が非常に短いものもある。関連して、図 2-2-4 の 15 で示す器形も、従来碗・盌として報告されているが、把手付短頸壺の小形のものとみることもできると考えている。

(7) 陶質土器の副葬行為に対する規範として、別に先にふれた申石躳氏の提示する［申石躳2013］埋葬パターンというものがある。申石躳氏の抽出した埋葬パターンの一つは、陶質土器高坏の副葬位置が、人骨の性別と相関関係にある、ということである。つまり、基本的に伸展葬された人骨が成人男性の場合、高坏を頭部側に、女性の場合は足元側に置く、というものである。

　さらに申石躳氏は、重要な指摘をしている。屈葬された人骨の存在である。人骨の出土状況を詳細に検討した結果、人骨のなかには屈葬の状態で葬られた場合があることがわかったのである。確かに出土した人骨の頭蓋骨と下肢骨の位置関係をみると、両者間の距離が短く、伸展葬されたとは考え難い。埋葬された人骨はすべて男性であったが、すべて足元側に陶質土器高坏が置かれていた。つまり、埋葬の姿勢により、陶質土器高坏が置かれる地点が異なる、これが申石躳氏の抽出した二つ目の埋葬パターンである。

　三つ目に、高坏と同様のパターンが紡錘車の副葬位置にもみられる、ということがある。

　高坏の副葬位置が人骨の性別によりはっきりと分かれることから、申石躳氏は、当時の大伽耶社会が、性による役割の違いをはっきりともっていた社会であると推定している。報告

内容をみる限り、筆者も見解を支持できる。しかし、申石鈊氏の見出した規範（申石鈊氏の表記では埋葬パターン）は、被葬者の性別・埋葬姿勢とは関連していても、あとで本文でふれる 32 号の内容を考えても、階層性とは明確な関連性をもっていないようである。

陶質土器以外の出土遺物には以下のものがある。縫製具か工具かの意味付けが難しい鉄製針や、轡、鞍、鐙子、雲珠、鈴（鈴は青銅製、他は鉄製）がセットをなすが杏葉は含まない馬具、素環頭大刀、剣、鏃といった武器類、鉄製の刀子、斧といった工具類、紡織具である陶製紡錘車である。馬具は 25 号の副葬品用の区画内からまとまって出土している［慶北大学校博物館 2009：図面 123］。このうち、素環頭大刀、大刀、鏃、針は出土例が 1 点のみだが、平行石槨群からの出土であり、紡錘車・刀子も 1 例を除いてすべて平行石槨群からの出土である。紡錘車は、高坏と同様の埋葬パターン（被葬者の性別により、埋葬位置を異にする）をとることは、上述の申石鈊氏により指摘されていることはすでに述べたとおりである。

(8) 環頭太刀の出土状況について、ここでは被葬者への佩用と解釈したが、石槨壁（あるいは石槨内の木棺）に立てかけてあったものが倒れた、という可能性もある［村田 2010：180-181 頁］。
(9) 一方で、李漢祥氏は、同時期の新羅・百済の金属工芸品の組成との比較から、大伽耶（高霊）の金属工芸品は服飾の部品ではないところが特色であるとしている［李漢祥 2009］。確かに、新羅・百済のように冠から始まって飾履まで被葬者が着装した一貫した装身具のセットは見られないが、少なくとも 44 号墳陪葬石槨群にあっては、被葬者は耳飾は着装しているし、大刀を佩用している。ただ、大刀は素環頭大刀であり、装飾性は少ない。
(10) 松原隆治氏の研究［松原 1982］を嚆矢として、定森秀夫氏により［定森 2015c］一定の枠組みが提示されたのち、数多くの研究者による編年案が提示されている。

2　高塚古墳全般の分析

Ⅰ　はじめに ―2 基の高塚古墳― 44 号墳と 45 号墳―

かつて大伽耶と史書に記された国（政治体）が、それも史書に伽耶（加耶あるいは伽倻などとも）と記された地域のうちに存在した。大伽耶の中枢が置かれていたのは、現在の慶尚北道高霊郡高霊邑[(1)] である。図 2-2-1 と図 2-2-7 に示すように、高霊邑市街地の西のはずれ、標高 160～200 m の丘陵に、池山洞古墳群は分布している。池山洞古墳群は、今述べた大伽耶の支配層が遺した古墳群（中心古墳群）とみなされている。

池山洞古墳群に対するまでの発掘調査・分布調査によれば、古墳群の内容は均質でなく、さまざまな規模の mound を備えた高塚古墳、あるいはほとんど mound（封土）を地表に表示しない小形墳によって構成されていることがわかってきた［大東文化財研究院 2010］。古墳の規模というものが被葬者の階層差を反映するならば、池山洞古墳群は、階層化された社会の所産ともいえる。言い換えれば、古墳群の構成要素のうちに当時の支配層の社会構造の一部が反映しているとも考えられる。

古墳群のなかでも、図 2-2-7 に示したような比較的大形の mound を有する高塚古墳が 2 基発掘調査され報告されている。44 号墳と 45 号墳である。2 基は、1977 年にともに発掘調査

第 2 節　大形高塚古墳についての考察

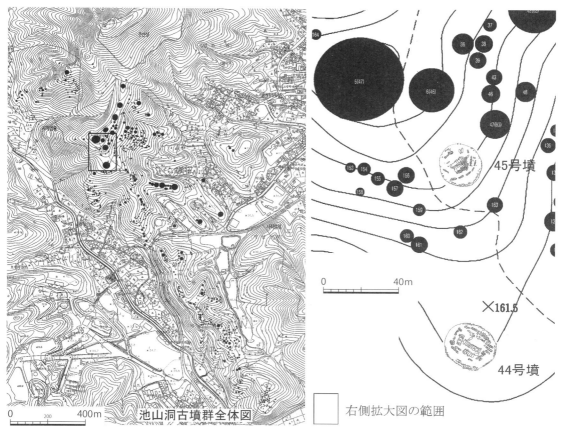

図 2-2-7　44 号墳・45 号墳の位置

された。44 号墳は慶北大学校により、45 号墳は啓明大学校により実施され、1979 年に調査報告書［尹容鎮・金鍾徹 1979］も刊行された。44 号墳は 2009 年に再報告書［慶北大学校博物館 2009］も刊行された。

　図 2-2-2 にも示したように 44 号墳は、基底部から出土した石列から判断して、長径 27m、短径 25m の平面楕円形で、調査当時高さ約 6m の mound を有していた。44 号墳の mound 直下からは、3 基の比較的規模の大きな竪穴式石槨と 32 基の中・小形の竪穴式石槨が出土した。3 基の比較的規模の大きな石槨は、配置された位置関係から、再報告書では主槨、西槨、南槨とよばれている。上述の当初の報告書では主石室、西石室、南石室と表記された遺構である[2]。3 基の石槨は、44 号墳の主人公たる被葬者が葬られた主槨及び副槨として一体で捉えることができる。主槨は 940（長）×175（幅）×210（深）cm、平面積でいえば 16.45m² であり、南郭は 510（長）×130（幅）×185（深）cm、西郭は 570（長）×170（幅）×180（深）cm の規模を有していた。特に主槨は、韓半島嶺南地方（半島南東部）においても、匹敵する規模の埋葬施設の墳墓を見出すことは難しい。

　つぎに 45 号墳の墳丘の平面規模は、基底部の石列などから南北径 23.5m、東西径 22m の楕

円形とみられる。調査当時2.85mの高さのmoundが遺っていた。

　韓半島嶺南地方の三国時代に属する古墳群のうち、直径が20mを超える規模のmoundをもつ古墳が分布する遺跡は、慶州市内の一部の積石木槨墳を別格とすれば[3]、咸安道項里、達城達西、星州星山洞、陜川玉田、昌寧校洞、梁山北亭里など限られた古墳群であり、いずれも古墳群が所在する地域の中心古墳群になる[4]。

　出土した埋葬施設の平面的な位置関係を図2-2-2で示したように、45号墳からは、主たる石槨（報告書でいう第1号石室。以下、主槨と記述する）に長軸を平行させて一回り小さい石槨1基（報告書にいう第2号石室、以下第2槨と記述する）、両者を取り囲むように11基の相対的に小形の石槨（以下、陪葬石槨と表記する[5]）が出土した。ところで、45号墳の主たる石槨の規模は、7104（長）×157〜164（幅）×167〜185（深）cmであった。長・幅のとる最大値[6]から積算した平面積は11.73m^{2}となる。平面積では44号墳主槨の71.3%になる。とはいえ、平面積で11.73m^{2}を超える規模の埋葬施設をもつ古墳は、やはり慶州市内の一部の積石木槨墳を別格とすれば、陜川玉田、咸安道項里など、限られた中心古墳群のなかの限られた古墳に分布している。

　一方、第2槨は、458〜488（長）×140〜150（幅）×166〜177（深）cmの規模で、陶質土器と刀子、耳飾が出土した。かく乱を受けており人骨は出土しなかったが、刀子、耳飾を着装した人物が埋葬されていたと考えられる。人物が殉葬者ならば、殉葬者が副葬品としての人間という意味をもつ以上、第2槨の石槨は副葬品収納のためのもの、一般的な意味での副槨であるといえる。ただ44号墳の場合、主槨の深さに比べ副槨にあたる南槨・西槨の深さが先に述べたように30cm近く浅いのに対し、45号墳では主槨・第2槨の石槨の深さが主槨とほぼ同じ（主槨が167〜185cm、第2槨が166〜177cm）である点からは、単純に副槨とすることに躊躇をおぼえる。例えば、韓半島でも比較的早くに主・副槨式の木槨墓が出現した金海大成洞古墳群の場合［申敬澈・金宰佑2010］や、主・副槨式竪穴式石槨の典型例ともいえる慶山林堂古墳群の場合［鄭永和ほか2000］でも、副槨は主槨より明らかに浅い。池山洞古墳群のなかでも、例えば30号墳［嶺南埋蔵文化財研究院1998］、32号墳［金鍾徹1981］の場合、やはり報告書でいう主石室よりも副槨は浅い[7]。

　とはいえ、44号墳・45号墳の2基は、moundの規模、埋葬施設の規模いずれも、嶺南地方各地の中心古墳群のなかでも盟主墳の水準に属している。だとすれば、遺構規模でみる限り、44号、45号両者の被葬者はともに大伽耶の王もしくは王にきわめて近い王族の墓といえる。嶺南地方水準の規模でみる限り、45号墳は、44号墳よりも劣るとはいえ、王墓（王陵）の可能性がある。

　筆者は、このうち44号墳を対象として、出土した主槨—副槨群—陪葬石槨群が内包する当時の社会背景についての考察を試みた（第2章第2節1を参照）。44号墳陪葬石槨群の調査成果については、そこで表2-2-1のように一覧表にして整理したことがあった。表に基づいて44号墳陪葬石槨群の被葬者のもっていた性格を以下のように整理できた。

1：陪葬石槨群内部で、支配層への社会的距離に応じて2〜3の群に階層分化していた。

2：階層分化は以下の点に表象されている。
  a：石槨の長軸方向
  b：石槨への副葬品の内容・量
3：2とは逆に、被葬者の性別・年齢には表象されない。

こういった特徴は、44号墳という王墓に葬られた人物をとりまいていた社会の一断面を自己の墓のなかへ持ち込んだ結果であるともいえる。本節では、45号墳についても以下、分析することにより同様の側面がみえてくるのか探ってみたい。

Ⅱ　45号墳陪葬石槨群の出土遺物から

45号墳から出土した陪葬石槨の調査結果を、表2-2-4のように一覧表にしてみた。表2-2-4

表2-2-4　45号墳陪葬石槨の調査成果一覧

遺構番号	石槨構築材	規模（cm）			出土人骨所見	被葬者の副葬部位	陶質土器主要器種				その他の陶質土器	土器計	その他の遺物・備考
		長	幅	深			蓋	有蓋高坏	有台把手付壺	有蓋長頸壺			
1	割石	210	90	80	出土せず		2				有蓋短頸壺2、無蓋高坏1、壺片2	7	鉄鏃38
2	板石	290	52	60	40代男	頭	1		1		小型壺1、鉢形器台1	22	鋳造鉄斧1、鉄鏃7、銀垂飾付耳飾2
						腰							刀子3（左2、右1）
						（板石外）	11	4		3	蓋坏2、低平器台1、有蓋平底短頸壺2		
3	割石	270	60	50	出土せず	頭	1		1			10	金銅垂飾付耳飾2
						胸							刀子3
						足	4	3		1			
4	割石	230	45	35	不明							0	土圧・盗掘による破壊著しい
5	板石	250	55	45	出土せず							0	盗掘の跡もないが遺物出土せず
6	割石	270	60	35	出土せず	頭						11	銀耳飾1
						胸							刀子1
						足	5	3	2	1			
7	割石	210	55	30	出土せず	頭	2		1	1		10	金銅耳飾1、銀垂飾付耳飾1
						腰							刀子3　針2
						足	3	3					
8	割石	215	50	35	出土せず		6	4	1	1		12	
9	板石	255	50	40	出土せず		4	3	1			8	10号の副槨か
10	板石	290	60	60	出土せず	頭	2		1	1		10	金耳飾2、針3
						胸							刀子2
						足	3	3					紡錘車1
11	割石	(290)	(70)	―	出土せず						壺片1	1	刀子1、銀垂飾付耳飾1

※石槨の規模に幅がある場合は、最大値を採用した（注4　参照）。
※1号は、内部に板石の槨を持つ二重構造。
※2号の板石は、岩盤を掘削した槨の内側に配列したもの。
※有蓋長頸壺には有蓋中頸壺にあたるものも含む。
※11号は、短壁は板石
※（　）の数値は破壊等の要因により正確な数値が不明な場合の推定値。

第2章　洛東江西岸地域の事例―高霊池山洞古墳群を中心に―

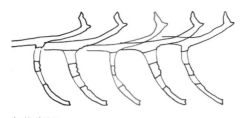
有蓋高坏

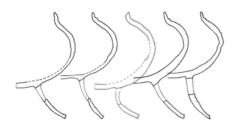
有台把手付壺
（縮尺不同　焼き歪みを補正）

図2-2-8　45号墳陪葬石槨出土陶質土器

からは、以下のような特徴を指摘できる。

まず、副葬する陶質土器の内容にある程度の規範の存在を想定できることである。有蓋高坏、有台把手付壺、有蓋長頸壺（中頸壺も含む）の3つの器種が11基中6基（54.5％）から出土している[8]。盗掘の影響が大きいとされる4号を除けば、10基中6基（60％）の陪葬石槨から出土しているのである。蓋を除いて上記3器種以外が出土した石槨は、1、2、11号の3基（11号は破片のみ）である。この点は44号墳と共通する。

出土した陶質土器からは、45号墳の各遺構の造営にあたりほとんど時期差がないことを示している。実際陪葬石槨から出土した有蓋高坏・有台把手付壺を例にとって、焼成時の歪みを補正したうえで図2-2-8のように比較してみると、型式差がほとんどないことが首肯できる。これまでの陶質土器編年研究成果からみて、有蓋高坏、有台把手付壺は、調整や施文、焼成といった要素よりも、器形に時期差が最も反映されると考えられるので、そこに差異がほとんどないということは、時期差があまりない[9]ことを示している。

陶質土器以外では、耳飾、刀子（粧刀）の2種類の出土頻度が高い。耳飾の材質は金、金銅、銀の3種類があり、銀が多い（6例中4例、67％を占める）。刀子は鉄製である。耳飾と刀子は11基中6基から出土し、両者は必ず共伴している。出土状況からみて、耳飾は遺体の頭部推定位置から、刀子は遺体の胸あるいは腰の近くから出土している。耳飾はおそらく遺体が着装した状態で、刀子は遺体の胴体の上あるいは下に添えられていたものと想定される。44号墳の場合耳飾は32基中8基（25％）、刀子は同4基（12.5％）であり、45号墳の方が上述のように出土頻度が高い。言い換えれば、耳飾を着装できる階層で、刀子をおそらく護符のように身につける［村上1988］習俗をもった人々が、選択的に葬られたといえる。

それ以外にも、陪葬石槨群における副葬品の種類は限定的である。針、斧といった鉄製工具、鉄鏃、陶製紡錘車である。斧（鋳造鉄斧）を除けば、すべて44号墳陪葬石槨群出土の副葬品と共通している［慶北大学校博物館2009］。

なお、第2章第1節でもふれたが、李漢祥氏が明らかにしたように［李漢祥2009］、大伽耶社会においては、装身具類は、製作・供給（賜与）に支配者層の強い意向がはたらいていたと想定できる。とすれば、高い頻度で耳飾を着装できたという点で、上位支配層（ここでは王・王族）と直接・密接な社会関係を、生前もっていた人物とも位置付けることができる。

武器としては、上述のように鏃があったが、1例のみ2号の棺内にあたる場所から出土して

いる［尹容鎭・金鍾徹1979：234頁、図22］。出土状態をみると、人骨の出土位置に乱れはなく、同一石槨内を区切って設けられた副葬品区画の陶質土器も原位置を保っていることから、出土した鏃も2次的な遺物の移動はほとんどなく、原位置を保っていたものとみられる。

　同じく2号石槨では、遺体の頭部付近から陶質土器鉢形器台が、副葬品区画からは低平器台が出土している。器台が出土したのは2号石槨のみである。器種により取り扱われ方（副葬された場所）が異なる点は興味深い。低平器台が、副葬品区画のなかで他の器種と同じように取り扱われている点は、44号墳の場合と共通する。

　器台の副葬行為あるいは副葬品区画を別に設ける点から、2号石槨の被葬者は、陪葬石槨群の被葬者のなかで優越した立場にあった人物、言い換えれば45号墳陪葬石槨群被葬者全体を統括する立場の人物、と想定できる。ただ、副葬品の内容でいえば、上述の鏃・器台以外には他の石槨と差がない点は、被葬者の階層上の限界も示している。

　そこでもう一度、被葬者全体の職能（社会的機能）という面でいえば、特徴的な副葬品もなく不明、といわざるをえない。

Ⅲ　出土遺構から

①　支配層との社会的距離

　表2-2-5に石槨の規模に対するいくつかの分析値を掲出してみた。また試みに、44号墳の陪葬石槨群と、45号墳の陪葬石槨群の平面積をグラフにしてみると図2-2-9のようになる。図2-2-9をみると、両者のとる値の範囲は44号墳のほうが広いようにみえる。ところが、表2-2-5に示したように相互の標準偏差をみるとほとんど差がない。埋葬される石槨の規模が被葬者の生前の社会的な位置を反映しているならば、2基の古墳の内部に取り込まれた社会背景（社会を構成する階層全体の幅）には、それほど差がなかったようにみえる。つまり、当然だが、2基の古墳を造営した社会は同じ社会、三国時代大伽耶であり、大きな変化がそこには

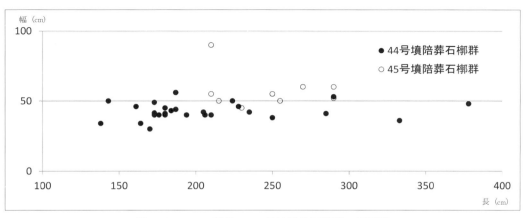

図2-2-9　44号墳・45号墳陪葬石槨群の平面積

表 2-2-5　高塚古墳の埋葬施設出土状況

		王・王族墓			説　明	上位階層墓			
		44号墳	45号墳	30号墳		32号墳	33号墳	34号墳	35号墳
長径		27.0	23.5	18.0	m。	11.2	8.2	15.0	12.8
短径		25.0	22.0	15.0	m。	10.0	7.0	11.5	11.3
平面積		530.14	406.05	212.06	m²。小数点以下第3位を四捨五入。	87.96	45.08	135.48	113.60
主槨		16.45	11.73	8.13	内部の面積（m²）※	5.57	3.87	7.22	6.73
		1.00	0.71	0.49	44号墳を1とした時の値	0.34	0.24	0.44	0.41
		3.1%	2.9%	3.8%	平面積に占める割合。小数点第2位を四捨五入。	6.3%	8.6%	5.3%	5.9%
副槨		6.63	7.32	5.00	内部の面積（m²）。44号墳の場合平均では8.16	1.00	−	1.72	−
		9.69							
		0.40	0.62	0.62	それぞれの主槨を1としたときの値	0.18	−	0.24	−
		0.59							
		3.1%	1.8%	2.4%	平面積に占める割合。小数点第2位を四捨五入。	1.1%	−	1.3%	−
陪葬石槨群	（平均）	0.87	1.40	1.70	内部の面積（m²）。不明なものは除外。	−			
		0.05	0.12	0.21	それぞれの主槨を1としたときの値				
		0.05	0.09	0.10	44号墳の主槨を1としたときの値				
		3.01	2.95	0.91	それぞれの標準偏差				
	（推定全体）	28.77	16.05	5.11	内部の面積（m²）の合計。小数点以下第3位を四捨五入。算出に当たり、一部復元した値を用いている。	−			
	（推定占有率）	5.4%	4.0%	2.4%	平面積に占める割合。小数点第2位を四捨五入。				
埋葬施設全体の占有率		11.6%	8.6%	8.6%	平面積に占める割合。小数点第2位を四捨五入。	7.5%	8.6%	6.6%	5.9%

※44号墳の福槨の値は、上段が南槨、下段が西槨のもの。
※陪葬石槨群の数値の算定については、注（9）を参照。

なかったということを表しているのではないか。後の、大伽耶の政治的滅亡へと社会が変動する以前の所産であることをあらためて確認できる。

　本章第2節の1で分析した結果からは、44号墳の場合、主槨のとる長軸方向に、個々の陪葬石槨の長軸方向が平行かどうかで、規模に差があった。しかし、45号墳で同様の資料操作（統計処理）を実施したが、そういった傾向はうかがうことができなかった。

　つぎに表2-2-5をみると、44号墳の場合主槨の面積を1とした場合、陪葬石槨群の平均面積は0.05であるのに対し、45号墳で同じ操作をすると0.12になり、相対的に差が減少している。同じく面積の比較において、44号墳を基準にして、それを1とした場合、44号墳の陪葬石槨群は0.05であるのに対し、45号墳は0.09となり、やはり相対的に大きくなっている。石槨の面積の大小が被葬者の社会的地位をある程度反映するとならば、44号墳よりも45号墳の陪葬石槨群の被葬者が、支配層（主槨）との格差が縮まっているようにみえる。

　この点は、先に副葬品で検討したように44号墳に比べ45号墳の方が陪葬石槨群からの耳飾出土の頻度が高い（耳飾を着装できる階層に属する人物の割合が高い）という点にも反映しているかもしれない。つまり、44号墳の場合よりも、45号墳の方が陪葬石槨群の被葬者と主人公

第 2 節　大形高塚古墳についての考察

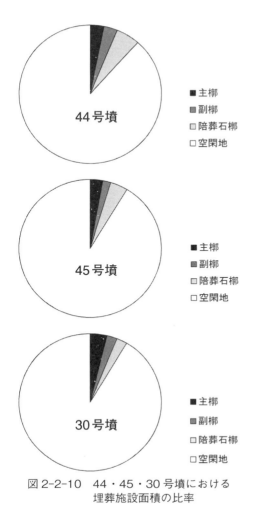

図 2-2-10　44・45・30 号墳における
埋葬施設面積の比率

のあいだの社会階層の幅が相対的に小さい、といえるのではないだろうか。

　支配層との格差という点で、もう一つ指摘できるのは、44 号墳、45 号墳、両者の立地の違いである。図 2-2-2 にも示されているように、実際現地でもよくわかるが、44 号墳周辺には小形の古墳が造られていない。言い換えれば余地がない。対して 45 号墳は、周囲に小形の古墳が造られている。44 号墳は、1 つの mound 内部 32 基の陪葬石槨群をとりこんでいた。同じ性格の遺構が、45 号墳の場合、mound から出て周囲の小形墳として独立して造営された可能性がある。もしそうならば、44 号墳に比べ 45 号墳の被葬者に従属する階層の自立性が相対的に高いわけであり、上で述べた数値に反映しているともいえる。

② 古墳造営に関して

　44 号墳は先に述べたように、長径 27m、短径 25m の平面楕円形であり、単純に平面積を計算すると $(27×1/2)×(25×1/2)×π$、で求めることができる。45 号墳の場合も同様に $(23.5×1/2)×(22×1/2)×π$、で求めることができる。全面積のなかに占める埋葬施設内部空間の面積の割合を、報告書掲載の数値から算出すると、表 2-2-5 および図 2-2-10 のようになる[10]。mound が占有する範囲のうちで、埋葬施設の内部空間が占める部分は、44 号墳で 11.6%、45 号墳で 8.6% である。44 号墳が 3% ほど高いのは、表 2-2-5 をみてもわかるように、副槨が 2 基あるためで、仮に 1 基のみであったら、10% 代になると想定できる。主槨は、44 号墳が 3.1%、45 号墳が 2.9% とほとんど差がない。

　こうした互いに近い値をとる点からみて、44 号墳、45 号墳を造営した集団は、以下のような設計（計画？）思想をもって古墳を造営していたように思える。

1：古墳の平面積と主槨の規模（平面積）とのあいだには、ある程度の相関性（平面積の 3% 前後を占める）をもたせていた。言い換えれば、主槨の平面積、mound の平面積、どちらか一方が決まれば、もう一方の規模も規定されていたのではないか。
2：同様に、副槨、陪葬石槨群の数や規模も平面積と一定の比率をもって、造営されたといえる。

要するに、44号墳、45号墳を造営しようとした集団は、造営するにあたり、埋葬施設の数、規模をあらかじめ考慮に入れたうえで平面積を決めていた、あるいは平面積を決定したうえで、内部に配置する主槨、副槨、陪葬石槨群の規模や数を決めていたと思われるのである。そして、決められた平面積を確保できる空間を選地したのであろう。

　別な見方をすれば、結果として平面積に対し一定比率の埋葬施設の規模が造営された残りの部分、空閑地とも言ってよい部分も、平面積のなかで一定の比率をもって設定されているのである。空間地が何らかの儀礼の場ならば、一定規模の古墳には、一定規模の儀礼空間を必要とした、ということもいえるのではないか[11]。

　以上の分析結果に関して、別の視点からも検証してみたい。同じ池山洞古墳群中の高塚古墳である32〜35号墳の調査結果との比較である。32〜35号墳は、調査結果からみて、被葬者は王または王族よりも下位の支配階層に属する人物と考えられる［田中・東1989：309頁］。

　32〜35号墳、4基の高塚古墳を対象として、44、45、30号墳と同じような分析を実施した結果は、表2-2-5に示したとおりである。（以下、44、45、30号墳を一体で扱う場合には、王・王族墓と、32〜35号墳を一体で扱うときには上位階層墓、と本文、表に表記する）。

　上位階層墓は主槨のみ、あるいは主槨と副槨で構成され、陪葬石槨にあたるような埋葬施設は造営されていない。平面積も王・王族に比べ一回り小さく、実際統計処理による検定を行うと、5％の有意水準で王・王族墓とのあいだに格差が認められる[12]。同様の統計処理による検定を、主槨の平面積に対する比率に対して実施しても、同じ結果がえられる。以上のような統計処理の結果と、上で述べた埋葬施設の規模が一定比率をとる点を考え合わせると、ある特定の階層に属する被葬者（王あるいは王族）の墳墓を造営する際には、埋葬施設やmoundの平面積について、一定以上の規模をとるべき、という規範があった、言い換えれば最低限の規模の基準があったと思える。moundの高さにも、同様の基準があった可能性がある。

Ⅳ　大形高塚古墳についていえること

　ここまで44号墳との比較を中心に45号墳の調査成果から考えられる点を、いくつか述べてきた。あらためて、整理・要約することで結論に替えたい。

　44号墳、45号墳ともに、moundや主たる埋葬施設は、嶺南地方でみても有数の規模であり、王の墓としてもおかしくない。

　44号墳の陪葬石槨群と45号墳の陪葬石槨群の平面規模を比較すると、標準偏差はほぼ同じであった。平面規模自体が被葬者の社会階層をある程度反映するとして、標準偏差からは、とる値の幅にはあまり違いがないことになり、同じような社会背景のもと造営されたといえる。

　出土遺物、副葬品からも同様のことがいえる。出土した陶質土器で、特定の器種（有蓋高坏、有台把手付壺、有蓋長頸壺）の出土頻度が高い点が共通している点、つまり副葬品に陶質土器を入れるということだけでなく、さらにどのような器種を選定するのかという点にも、共通の思

想基盤があったとみられる。

　一方でそれぞれの陪葬石槨群の調査成果をみる限り、主人公と陪葬石槨群被葬者のあいだの社会的距離に差異があることもよみとれる。つまり、主人公と陪葬石槨群被葬者とのあいだの社会的距離は、45号墳の方が短い（近い）と考えられるのである。これは以下の2点により指摘できる。

　一つ目には、副葬品の内容から、陶質土器以外では、耳飾・刀子の出土頻度が45号墳では高いという傾向。二つ目は遺構規模の差（格差）の減少である。ただし、支配層との関係性がうかがわれるだけで、具体的な生前の被葬者の職能（社会的機能）はよくわからない。

　とはいえ、45号墳陪葬石槨群内部にも階層差が内包されており、2号は副葬品の内容に他の石槨と比べ優越性が認められ、陪葬石槨群を統括する立場の人物ではなかったかと想定できる。

　別に、古墳の設計思想という観点から、平面積に対する埋葬施設の規模、数、などに一定の比率があるので、古墳造営の設計図的なものが造営開始の段階である程度用意されていた可能性もある。

［注］
(1) 例えば、金富軾（1145年撰上）、『三国史記 雑志 巻三十四 地理一』には、
　　高靈郡 本大加耶國。自始祖伊珍阿豉王一云内珍朱智，至道設智王，凡十六世，五百二十年。眞興大王侵滅之，以其地爲大加耶郡。景德王改名，今因之。領縣二：冶爐縣，本赤火縣，景德王改名，今因之：新復縣，本加尸兮縣，景德王改名，今未詳。
　　（縦書、割注を横書に改変、句読点、内容は引用者による）と記されている。
(2) 日本考古学でいえば、古く高橋健自、喜田貞吉らのいわゆる「棺・槨論争」にまで遡ることができるが、「槨」なのか、「石室」なのか、ということである。
　　45号墳から出土した、この第2節の2でいう主槨あるいは第2槨としたものを、報告書では第1号石室、第2号石室、と「石室」という用語で呼称している。同じことは44号墳の場合でもいえることで、当初の報告では「石室」と呼称していた埋葬施設を、再報告では「槨」と呼称変更している。
　　池山洞古墳群の場合、32〜35号墳の調査報告でも主たる埋葬施設に対し「石室」という用語を使用している。
　　吉井秀夫氏が考えるように［吉井2000］、内部に大形化した木棺が納められていたとすれば、棺を覆うという意味で石槨であるし、現在では腐朽してしまったが「石槨」の内側に、さらに木槨・木棺の2重構造が存在したとすれば、槨を覆うという意味で石室と呼ぶべきかもしれない。また、場合でも木棺が2重の槨に覆われていたのだと解釈すれば石槨でよいかもしれない。この第2節の2ではとりあえず、内部に棺が存在したであろうという推定から、ここでは槨という用語を用いる。
(3) 最近の慶州市内に分布する古墳の規模に基づく、新羅王陵についての研究で提示されたデータ［尹相悳2014］によれば、規模が判明している新羅前期古墳（4世紀後半〜6世紀初）のうち、（平面楕円形のため）長軸が20mを超える例は、瓢形墳をそれぞれ別個に数えて、78基中42基（53.8％）に達する。仮に20mの倍、40mを超える例は21基（26.9％）にのぼる。
(4) ここにあげた古墳群は、それぞれの調査報告書に基づいての記述である。ただ、煩雑になるので具体的な報告書をここで、あげることはしない。本文中の遺構規模についての記述のなかであげた古墳群名も同様である。

(5) 11基の石槨は、それぞれに被葬者と被葬者に対する副葬品と理解できる遺物が埋葬されており、主槨に対する副葬品埋納のための副槨的機能をもった遺構であるとは単純にはいえない。そこで、陪葬石槨（群）という名称でよぶこととした。同じ理由から 30 号墳・44 号墳出土の、主＝副槨を囲むように出土した中・小形の石槨墓も陪葬石槨群とよぶこととする。

(6) 出土した石槨は土圧による変形を受けた結果として、測定部位により値が異なるものとみられる。土圧により、造営当初の規模が狭まることはあっても、拡がることは遺構出土状況から考え難いので、最大値が本来の規模を示すと判断して、考察の際に使用することとした。

(7) 例えば本文中にふれた報告書に記載された値でいえば、墓壙の深さは以下のようであった。
　　大成洞 1 号墳の場合、主槨：（最大）300 cm、副槨：（最大）84 cm、
　　造永 E 1 号墳の場合、主槨：170〜180 cm、副槨：130 cm。
　　池山洞 30 号墳の場合、主槨：200 cm、副槨：145 cm。
　　池山洞 32 号墳の場合、主槨：116〜120 cm、副槨：60 cm。

(8) 3 つの器種のうち、有台把手付壺の出土位置のみが、復元被葬者の足元、頭部付近の 2 つに分れている。45 号墳のうちで、唯一人骨が出土した 2 号の場合、被葬者の頭部付近から出土している。2 号石槨出土の人骨は 40 代男性であった。44 号墳で申石毉氏が見出した陶質土器の埋葬パターンは、器種は異なるが被葬者の埋葬姿勢（屈葬・伸展葬）、性別による副葬位置の使い分けであった［申石毉 2013］。45 号墳は完全に 44 号墳と同じパターンをとるとはいえないが、45 号墳独自のパターンがあったとすれば、2 号と同じ、頭部付近から出土した 3 号は男性、足元にあった 6、7、10 号は女性が葬られていた可能性がある。

(9) もちろん、器形の差が地域差に起因している場合もあるが、ここでとり上げた 45 号墳陪葬石槨群出土陶質土器は、いずれも高霊地域様式土器の範疇に入る［慶北大学校博物館 2009：578 頁以下］ので、地域差を考慮しなくてもよいと考える。

(10) 面積の積算にあたっては、基本的に報告書掲載の値によって算出しているが、盗掘等により本来の規模が不明の石槨（11 号）については、表 2-2-4 に掲載の推定値を用いて算出している。結果として値が若干増減する可能性を残しているが、本文中でふれるパーセント自体にはほとんど影響を与えないものと考えている。

(11) 表 2-2-5 には、参考までに同じ王・王族の墓とみられるが、時期的に 44・45 号墳よりは古い 30 号墳の分析結果も例示しておいた。30 号墳では、44 号墳と同様の位置関係をとる石槨群（仮に場合も以下陪葬石槨群と記述する）は 3 基出土した。（30 号墳では 3 基の陪葬石槨群以外に主槨直下からも石槨が 1 基出土しているが、盗掘の影響もあり性格を明らかにすることができない。この第 2 章第 2 節では主・副槨の周囲に配置される石槨という点を問題にしているので、下部石槨（報告書の名称）の性格付けは保留としておきたい。）3 基の石槨と数 m 離れて陪葬石槨 30-2 と平行して 1 基の石槨が出土しているが、報告書［嶺南埋蔵文化財研究院 1998］に言及がなく 30 号墳とは直接に関連しないものと考えた。以上の前提のもとでの分析である。主槨の比率が高く、副槨のそれが低い、という相違点があるが、総体で見た場合、埋葬施設の占める比率は 45 号墳と同じになる。

(12) 統計分析による検定を実施するにあたっては、下記のインターネット上のサイトを利用した（いずれも 2014 年 4 月アクセス）。
　　http://www.kisnet.or.jp/nappa/software/star/（js-STAR 2012）
　　http://www.hju.ac.jp/~kiriki/anova4（A NOVA4 on the web）

3　小　結

　ここまで、発掘調査され、報告された池山洞古墳群では大形の部類に入る高塚古墳2基について、被葬者からみた階層的位置づけに焦点をあてて考察してみた。
　44号墳は、主槨あるいは副槨の長軸方向との関係が、陪葬石槨群被葬者の階層的位置づけに影響をあたえていたことがうかがえる。ところが、45号墳の場合とはまったく異なる階層的原理のもと陪葬石槨群が配置されていると考えられる。先に44号墳の埋葬パターンについての考察を発表した申石燹氏も、44号墳で析出したパターンが45号墳には、そのまま適用できないことを表明している（筆者への私信による）。ただ、2基の高塚古墳は、後述する李熙濬氏の指摘する、大伽耶が領域国家となった段階の高塚古墳であり、高塚古墳内部の陪葬石槨群の配置・内容には当時の階層関係が、反映していることは誤りない。ただ、階層関係の反映のされ方が、2基の高塚古墳のあいだで、異なっているのである。言い換えれば、同じ大伽耶の支配層が造営した高塚古墳の内部において、階層社会の反映という要素に対し共通の基盤を見出し難いということである。
　この問題の解明についての糸口をあたえてくれるのが、李熙濬氏の考察である［李熙濬2014］。李熙濬氏は、両者の陪葬石槨群配置が異なる原因として、被葬者の当時の社会的階層差をあげている［李熙濬2014：68頁］。44号墳は、被葬者が王であり、45号墳はより下位の人物が被葬者であるため、そこに石槨群配置の差が生じたとするわけである。
　同じく李熙濬氏によれば、5世紀初め段階の73・75号墳段階では、殉葬者が、ほぼ主槨のなかに限定されていたのが、30号墳段階で主槨の周囲、あるいは主槨の下に別に槨（李熙濬氏は殉葬槨と考えている）を設けるようになる。さらに発展したものが、大形墳である44号墳であるとする。こうした発展過程は、大伽耶が領域国家へと発展していくのと軌を一にしているとする［李熙濬2014：67頁］。李熙濬氏の指摘を発掘調査の成果から言い換えれば、同一mound下に設けられた殉葬槨の数が増えることに伴って、moundの規模も大きくなったことが領域国家化を反映している、となる。領域国家化が政治的発展を意味するならば、発展段階はmoundの規模や同一mound下にある殉葬槨の数と相関していると考えるわけである。また、政治的発展が当該社会内部の階層化の進展も意味するのならば、古墳の規模に反映される、とするわけである。
　44号墳・45号墳の主たる被葬者の階層性については、筆者も44号・45号墳mound下の遺構配置が異なる原因であると考える。しかしながら政治的発展という側面ではなく、第2章第1節でも検討したように、45号墳の方が44号墳よりも、主たる被葬者と陪葬石槨群の被葬者のあいだの社会的距離が近いため、という側面で考えるべきであると思う。この点こそが、高塚古墳2基における陪葬石槨群の配置の差の主たる要因である。
　社会的距離に関連するならば、両者それぞれの主たる被葬者の、陪葬石槨群に対する位置付けが異なった結果、石槨群配置の相違が生じたのである。

第2章　洛東江西岸地域の事例―高霊池山洞古墳群を中心に―

さきに第2章第1節で、44号墳陪葬石槨に葬られた人物像について、
　1：主たる被葬者
　2：主たる被葬者の埋葬施設と長軸方向を共通させて葬られた人物
　3：副槨と長軸を共通させ、副槨の管理者的立場であった可能性のある人物
　4：主たる被葬者の埋葬施設とは長軸方向を共通させることなく、場合によっては上記2に属する人物による管理を受けていた可能性のある人物
　5：主たる被葬者とともに、あるいは副槨内部に葬られた殉葬者

の5種類があることを示した。

以上、5種類の被葬者の階層関係を述べれば、上位から、1→2・3→4、となり、5については2・3のグループか、4か、ともさらに下位になるのかは不明である。5のグループは、それだけで一つの階層を形成するのではなく、2～4の階層上の人物が殉葬という点だけを共通させていたのかもしれない。このように多層性をもった階層関係が1基の高塚古墳のなかに投影されているのである。一方で、45号墳は、
　1：主たる被葬者
　2：主たる被葬者の埋葬施設と長軸方向を共通させて葬られた人物
　3：主たる被葬者の埋葬施設とは長軸方向を共通させることのない人物
　4：主たる被葬者、あるいは副槨内部に葬られた殉葬者

の4種類となる。45号墳の場合、3にあたる石槨は1基のみで、場合によっては旧地形上の制約に拠った結果であり、本来は2に属する可能性がある。そういったことも含め、多層性では44号墳よりは劣る。一方で、2の階層内部には、さらに上下2つの階層が存在した可能性もある。しかしこの点は、44号墳でもいえる余地を残している。

整理すれば、45号墳の場合、44号墳の3にあたるものがなく、また4にあたるものもなかった可能性があるわけである。この意味で包含する階層性の幅が44号墳に比べ狭いといえる[1]。2節で考察したような両者の社会的距離の違いを、陪葬された人物が背景にもつ階層性の幅の狭さからも傍証できる。つまり、44号墳の方が、内包する階層性の裾野の幅が広いということが、2基の高塚古墳における垓葬石槨群遺構配置の差、あるいは埋葬パターンの差を作り出したといえるのである。

また、遺構配置の問題とは別に、池山洞古墳群の高塚古墳には、遺構配置とmoundの規模のあいだに、何らかの相関関係があるのではないかということも指摘させていただいた。

［注］
（1）もちろん、44号墳の場合、同一moundの内部に包含されていた階層性が、45号墳の場合周辺に立地する小形墳、というかたちで展開していた可能性があることを前節で指摘した。この点は今後の発掘調査を待つほかはない。

第3節　大伽耶高霊と周縁部

I　陝川倉里古墳群を考察する意味

　大韓民国（以下、韓国と表記）慶尚南道陝川郡大幷面、調査当時の地名でいえば、倉里山49番地一帯に倉里古墳群は所在する。所在した、といったほうがよいかもしれない。何故なら、倉里古墳群は現在、陝川ダムによって形成されたダム湖の底になっているからである。

　古墳群自体は錦（金）城山（海抜592m）から北へ伸びる稜線の一つ（海抜145〜185m）の頂部から西側にかけて立地していた。

　調査の契機は上述のダム建設のための事前調査であり、1886〜87年にかけて、東亜大学校博物館により発掘調査が行われた。1987年に調査報告書も刊行されている［沈奉謹 1987］。以下、報告書の内容に言及する場合は、単に報告書と記述することで、言及箇所で出典を個々にあげることはしない。

　ダム湖建設のための事前調査という性格のためか、広範囲にわたり、ほぼ古墳群全体が発掘調査されている。筆者がこれまでもいくつかの古墳群を対象に行ってきた「古墳群から当時の社会構造を探る」という目的にもかなうことが、まず倉里古墳群を考察対象に選んだ理由である。韓国においても経済成長に伴い20世紀後半から国内各地で大面積の発掘調査が、埋蔵文化財研究院を中心に実施されるようになった。そういった現象の嚆矢とも位置づけられる調査である。同じような大面積の調査といっても、一古墳群の全貌を把握できるような調査事例ばかりではないので、倉里古墳群の調査事例は貴重である。

　つぎに、倉里古墳群を考察の対象にした理由は、その地理的な位置である。筆者はこれまで、高霊池山洞古墳群を対象にして、発掘調査結果の背景にある社会の様相を探ってきた。池山洞古墳群の所在する高霊（慶尚北道高霊邑）は、文献史料上に「大伽耶」と表記される政治体の中枢が存在したことがわかっている［東・田中 1989、末松 1971］。池山洞古墳群は、発掘調査成果から周辺の同時期の古墳群に比べ、遺構規模・副葬品の内容が優越しており、大伽耶の支配層の遺した古墳群、中心古墳群であることが確かめられている。

　一方、後述するように、倉里古墳群は地理的にも大伽耶が対外的に通交する途上に位置し、副葬土器も高霊地域様式土器が主流であることから、大伽耶高霊社会の周縁部に位置づけられる集団が遺した古墳群、と規定できる。つまり倉里古墳群のみで一般化することは危険ではあるものの、倉里古墳群からは、大伽耶高霊社会の周縁部の様相を探ることができるのではないか、と考えられるのである。そこで中枢と周縁部両方の社会構造を探ることにより、大伽耶社会を立体的に浮かび上がらせることができるのではないか、と考えたのが、倉里古墳群を分析対象に選んだ理由である。

　つぎのIIで、交通路を中心とした視点でみた倉里古墳群の人文地理学的環境をまず述べてみる。大伽耶中枢と周縁は、当然のごとく交通路を媒介にして結びついていた。交通路があって

第 2 章　洛東江西岸地域の事例―高霊池山洞古墳群を中心に―

こそ、大伽耶社会が維持されるからである。
　第 3 節では、以下、政治体としての大伽耶高霊を構成していた社会集団のうち、中心をなす高霊に所在した集団を大伽耶中枢と表記する。同様に倉里古墳群を造営した在地集団を倉里集団と表記する。政治体自体をさす場合には、大伽耶高霊、別な点では新羅慶州といったように、文献史料上の名称に現行の比定地名を添えて表記する。大伽耶高霊全体をさす場合は、大伽耶社会と表記する。
　大伽耶社会を素描する場合、大伽耶中枢の所在地は高霊 1 か所であることは、中心古墳群である池山洞古墳群の所在も含めはっきりとしている。中枢の反対概念として、周縁をあげることができる。しかしながら周縁は 1 か所ではない。倉里古墳群の所在地だけではなく、後でふれる同じ陝川地域にある三嘉古墳群なども、大伽耶の周縁として位置づけることができる。したがって、複数ある周縁のなかで、本稿で取りあげる倉里古墳群を区別するため、大伽耶周縁ではなく、そのなかの一つという意味を含め、倉里集団という表記をすることとした。倉里社会ではなく集団としたのは、社会としてしまうと当時倉里に存在した人間社会全体をさすことになってしまい、倉里古墳群を造営した集団よりも広い範囲をさすことになってしまうからである。同様に、池山洞社会あるいは池山洞集団という表記をとらないのは、そうすることで、必ずしも倉里集団に政治的・文化的影響を与えたわけではない、高霊の大伽耶社会における中・下位階層の集団も含んでしまうからである。

Ⅱ　倉里古墳群の人文地理的環境

　陝川、といえば、韓国における三国時代の文献史料には「多羅」とみえる政治体が所在したとされる［東・田中 1989、末松 1971］。現在の慶尚南道陝川郡を東西に貫流し、東流する洛東江支流の一つ黄江が、洛東江に合流する地点から約 4km 手前北岸に今も多羅里という地名が遺ることからもうかがうことができる。黄江を中心とした水系一帯を、一つのまとまり（政治体）として成立したのが「多羅」ではなかったかと考える。
　政治体の名称比定の手がかりにもなった多羅里の地名が示すように、かつてはそこに政治体中枢があったと考えられる。実際多羅里の近くには、副葬品・遺構に周辺の古墳群に比べ優越性がみられる陝川玉田古墳群が所在する［趙栄済 1997、2000 他に巻末にあげた玉田古墳群に関する調査報告書も参照］。換言すれば玉田古墳群が多羅の中心古墳群であったとみられる。図 2-3-1：4 に示した場所である。
　ただ、倉里古墳群は同じ陝川郡にあるとはいえ、上述の多羅里からも黄江を西へ流れをさかのぼって約 47km、陝川郡西部に所在する。後述する古墳群築造の経緯にも関係があるので、ここで倉里古墳群の地理的環境について、もう少し述べておく。
　倉里古墳群の所在する場所への交通を考えると、まずは水上交通を想定できる。黄江と洛東江の合流点の海抜は約 4m で、倉里古墳群が所在する地点の黄江の海抜はダム湖形成以前には

第3節　大伽耶高霊と周縁部

約100mになる。倉里古墳群の場所から合流点までは黄江をさかのぼること約47kmで到達する。47kmで100m上がるわけである。筆者の居住する濃尾平野でいえば木曽川の古墳時代の推定海岸線（海抜約2m）から47kmさかのぼった岐阜県加茂郡川辺町付近では海抜約90mで、黄江の方が若干急流になる。淀川〜木津川でいえば、大阪市の国道479号の橋梁付近（海抜約2m）から47kmさかのぼった京都府相楽郡精華町と木津川市の境界付近で、海抜は約33mである。現在の河道と古墳時代の河道が相違していることは自明であるが、川の傾斜の度合い（地形は）極端には異ならないと考えている。日本の例と比較しても、黄江は急流といってもよい。

　河川を利用した舟運は、流れを下る場合はよいが、運び終わった船を今度はさかのぼらせることが必要になる。しかも、後で述べるように黄江を下り洛東江へ向かうのは、大伽耶高霊が志向する韓半島南岸への進出方向とは逆方向になる。

　韓国における三国時代、日本における古墳時代の舟運の技術水準がどうであったかは、筆者には確実なことは言えないが、当時の水量、上述の地形的要因を考慮すれば、大量輸送（三国時代でいえば軍事的物資・兵力の輸送）は、舟運によったとすれば困難を伴うものであったであろう。現在はダム湖に沈んでいるが、かつてはこの倉里の場所は、黄江が大きく蛇行し、川原が発達していたため、物資を再び整えるための広い空間として利用されていた可能性もある。実際、倉里という地名も、報告書によれば、朝鮮時代、ここにあった軍倉に由来するらしい。

　陸上交通でいえば、黄江に沿って約24km東へ向かい、そこから旧街道を北上すれば約20kmで、文献史料でもみえる韓半島嶺南地方でも強力な政治体、大伽耶の中枢の地、現在の高霊（邑）へ到達する。反対に西へ向かうと、咸陽（邑）を経て約70kmで全羅南道南原（市）に至り、さらに進めば韓半島南岸へと向かう。

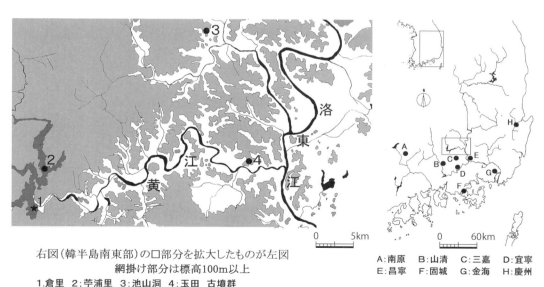

右図（韓半島南東部）の口部分を拡大したものが左図
網掛け部分は標高100m以上
1.倉里　2.苧浦里　3.池山洞　4.玉田　古墳群

A:南原　B:山清　C:三嘉　D:宜寧
E:昌寧　F:固城　G:金海　H:慶州

図2-3-1　倉里古墳群とその周辺の地理的環境

南原からは、蟾津江を下ること約60kmで南海岸へ出る。蟾津江河口からは、海路を通じての通航が可能である。南原の地は海抜約114mで、60kmで河口に至るということは、傾斜の度合いからすれば、上で述べた日本の木曽川とほぼ同じである。舟を航行させるためには河床地形・川幅などの条件も考慮しなくてはならないが、水上交通は十分に可能であろう。大伽耶高霊の志向する進出方向とも、重なっている［田中1992、李熙濬2017など］。

　また、地形的にみて倉里古墳群の所在する地点は、黄江流域平野と山地の変換点になり、先に述べたように南原へと向かう陸上交通路は、咸陽までは山間部を通る隘路になる。

　以上のことから、倉里古墳群の所在する地点は、大伽耶（高霊）が、多羅（陜川）を直接通過することなく、蟾津江を通じ対外的に通交する場合の、結節点の一つとなるのである。こうした地理的環境を前提に、以下、倉里古墳群の性格を考えてみたい。

　ところで、東亜大学校博物館による発掘調査の結果、倉里古墳群の遺構は図2-3-2に示すように大きくA・Bの2つの地区に分かれて分布することがわかった。この2つの地区を一緒に扱ってよいか、という問題を、論を進める前にふれておかなくてはならない。報告書でみる限り、A・B両地区の副葬品組成は、ほとんど違わない。また、副葬土器の年代観もほぼ一致している。構成する埋葬施設の種類、比率もほとんど変わらない。

　何よりも同時期の所産で、50mほどしか離れることなく古墳群を造営しているので、当時は互いに視覚的にも認めあえる距離であったであろう。つまりA・B両地区を造営した集団の性格には大きな違いがなかったとみられる。そうしたことから、A・B両地区を一つのものとして扱ってよいと考える。

Ⅲ　遺物から

　本節のⅠにおいて、倉里古墳群を大伽耶社会の周縁部に位置付けた。そこで、このⅢで検討の対象とするものは、基本的に竪穴式石槨墓（以下、石槨墓と表記）と、石棺墓・甕棺墓の高霊地域様式土器を中心とする出土品である。何故なら、石槨墓・石棺墓・甕棺墓3種類の埋葬施設に副葬された土器が高霊地域様式土器であり、大伽耶中枢の文化的影響下にあったという意味で、大伽耶社会周縁部の検討という目的に合致するものであるからである。後述することであるが、倉里古墳群には、慶州地域様式土器が出土する横口式石室墓（以下、石室墓と表記）、石槨墓や石棺墓もある。そこからもうかがわれるように、倉里集団に政治的・文化的影響を与える政治体が変わることで、大伽耶社会周縁部と、必ずしも位置付けることのできない時期もあることから、その部分を除外して考える必要があるからである。

　なお、出土遺物は、陶質土器が大部分を占める。陶質土器以外の軟質土器、土垂も若干出土している。ただ、紡錘車を含む土製品全体の出土点数（後述する）のなかで、甕棺を除く軟質土器と土垂を合わせた全体数量の出土比率は15.3％にとどまる。他に、鉄製武器類、装身具類などがあったが、出土点数では陶質土器が圧倒する。装身具類も耳飾（耳環）とガラス製玉が

第 3 節　大伽耶高霊と周縁部

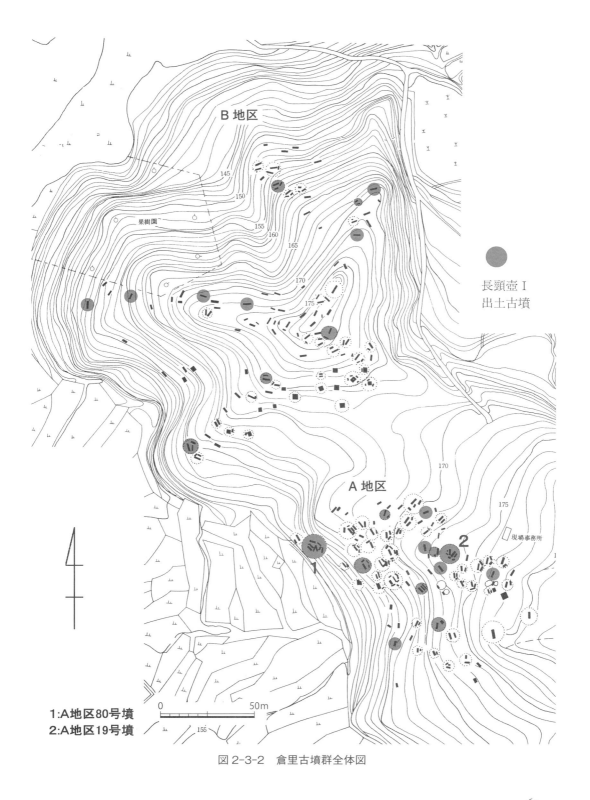

1:A地区80号墳
2:A地区19号墳

図 2-3-2　倉里古墳群全体図

第2章　洛東江西岸地域の事例―高霊池山洞古墳群を中心に―

ほぼすべてを占めることは後述する。

　ここからは便宜上、陶質土器と、その他鉄器類、装身具類にわけて副葬品の内容を検討する。

①　土器類

　上述のように、出土遺物の大半は陶質土器が占めていた。陶質土器からまずいえることは、古墳群の年代である。倉里古墳群の詳しい時期区分・暦年代を設定する場合には、出土した陶質土器が手がかりになる。

　倉里古墳群から出土した陶質土器は、ごく一部に在地系とみられる例があるが、ほとんどすべてが、高霊地域様式と慶州地域様式に分類される［李熙濬1995：398頁］。操り返すが、後者は基本的に石室墓から出土する。前者は石槨墓・石棺墓の出土例がほとんどになる。倉里古墳群の出土陶質土器は、巨視的にみて高霊地域様式→慶州地域様式と変遷して行ったことが想定できる。この点は、倉里古墳群だけでなく南東約10kmに所在する陝川三嘉古墳群とも共通する［高正龍1996］。倉里古墳群をとりまく政治勢力の消長と並行する現象であるともいえる[1]。

　倉里古墳群から高霊地域様式土器が出土するということは、倉里古墳群が、大伽耶中枢から強い物質的影響力をうけていたことを意味している。土器は在地で生産されたにしても、大伽耶中枢から供給されたものであったとしても、大伽耶中枢の関与が表れている。言い換えれば倉里集団は大伽耶中枢から日常生活・副葬用土器の供給を受けていたのが、後になって新羅慶州から供給を受けるようになった、ということである。後述するように、土器だけでなくさまざまな物品が、大伽耶中枢からもたらされたであろう。物質的な影響は、文化的影響の一側面であり、文化的影響は政治・経済的影響とも重なる部分がある。倉里古墳群の成立にも、大伽耶中枢の影響が大きく作用したものと考えられる。すなわち、上で述べたような大伽耶中枢が対外的に通交するために、倉里古墳群の所在する地域を重要視していたことを反映していた結果であると考えられる。

　古墳群出土の高霊地域様式土器は、松原隆治氏の研究［松原1982］を嚆矢として、さまざまな研究者による編年案が提示されてきた（第2章第1節参照）。そこでは基本的な相対編年について、ほぼ一致をみている。

　結論的に言えば、倉里古墳群出土陶質土器は、高霊池山洞古墳群でいえば44号墳とほぼ同じ時期を挟んで、前後する時期と考えられる。以下、具体的な器種を基に述べることにする。

　まず、倉里古墳群石槨墓・石棺墓の副葬品のなかで、最も出土頻度が高い器種である長頸壺をとりあげる。長頸壺には、外側あるいは内側に蓋受けをもつ有蓋長頸壺と、もたない無蓋長頸壺に大きく分かれる。有蓋無蓋それぞれにさらに台脚が付くものがあり、無蓋のものには耳が3か所付くものもあった。長頸壺には、こういったものをすべて含む。A・B両地区で、416点の土器・土製品が報告されているが、なかでも石槨墓・石棺墓からは、115点（うちA地区が47点）で、27.6％を占める。したがって、倉里古墳群の年代関係をみるには、図2-3-3

第3節 大伽耶高霊と周縁部

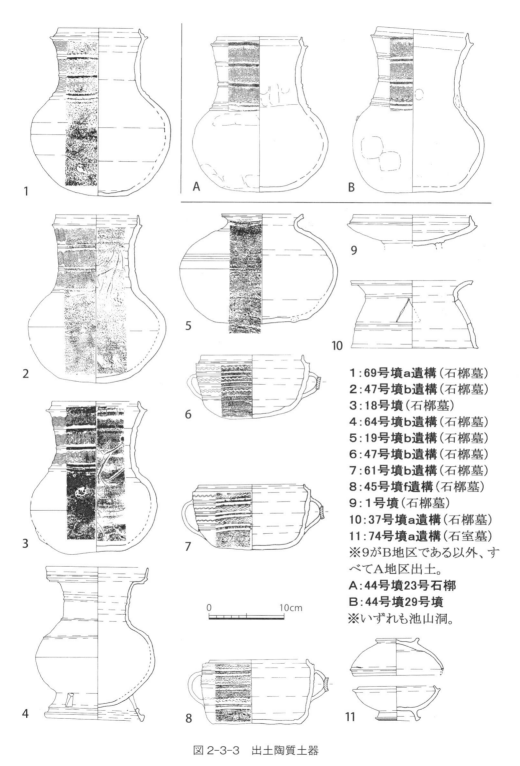

図2-3-3 出土陶質土器

に示すように、まず長頸壺を基準におくことになる。

長頸壺は、これまでの土器編年研究の成果から、基本的に底部と胴部の形状の変化を追うことにより、大きく3つの段階に細分できる。

長頸壺Ⅰ：球形に近い胴部に丸底のものである（図2-3-3：1）。

長頸壺Ⅱ：球形に近い胴部は同じだが、底部の丸底の弧線が緩やかになる（半径が大きくなる）が完全に平底化せず、平底気味になるものである（図2-3-3：2）。

長頸壺Ⅲ：胴部は横長扁球形になり、底部は平底になるものである（図2-3-3：3）。

なお長頸壺Ⅳ（図2-3-3：4）として図示したものは、最も新しい有段口縁をもつもので、慶州地域様式に属する。

長頸壺以外で、相対年代の指標となる機種をあげるとすれば、両耳付碗がある。両耳付碗は、以下の3つに細分できる。

両耳付碗1：胴部最大径が肩もしくは上半にあり、底部は弧線を描き丸底をなす（図2-3-3：6）。

両耳付碗2：胴部最大径が肩もしくは上半にあり、底部の弧線が緩やかになり、平底に近い丸底になる（図2-3-3：7）。

両耳付碗3：胴部最大径が肩もしくは上半にあり、底部は明瞭な平底（図2-3-3：8）。

このうち、長頸壺Ⅱと両耳付碗1と2が、長頸壺Ⅲと両耳付碗2が、A地区の場合29号墳c遺構、46号墳c遺構、62号墳a遺構の3基で共伴する（B地区にはない。）。両耳付碗3と長頸壺の共伴関係はみられなかったが、両耳付碗1と2の関係は、長頸壺により1→2と想定でき、そこから3への変遷も想定できる。おそらく両耳付碗3は、長頸壺Ⅲ以降と同じ段階になると考えられる。こうしたことから、長頸壺を共伴しない両耳付碗の出土例があればそれも位置付けが可能となる。

暦年代に関しては、池山洞44号墳の年代観をあてはめることにより、出土陶質土器にある

表2-3　長頸壺出土遺構

長頸壺の類型	倉里古墳群		池山洞古墳群
	A地区	B地区	44号墳
Ⅰ	7、19f、23a、24、29b、31、34、50b、62a、69a、77	11a、36b、46b、60、63、69、72、81、85a、87、93	6
Ⅱ	10、19b、19c、23a、29c、41a、47b、57c、62a、63a、69a、77、80c、81b	2、6、11a、30、33、34a、46c、47c、51、52、58、60、62、65、75、83、85b、88、89、97a	主槨、南槨、西槨、1、3、4、6、7、9、11、14、16、22、25、28、30、32
Ⅲ	10、18、19f、41d、45a、45c、46c、80a、80d、80e	3、15、19b、32b、44b、61、70、74、76、86、89、91a、91b、97b、101	南槨、4、6、8、14、21、24、27、29
Ⅳ	8、64a、64b、73b、74a、76、80a、80d	17a、23b、23c、24、38、74	

凡例
　倉里古墳群は、数字は報告書による古墳番号、アルファベットは遺構名。
　池山洞44号墳の数字は、報告書による陪葬石槨群の番号。

第3節　大伽耶高霊と周縁部

程度付与できる。倉里古墳群からは、池山洞44号墳出土品との類例が出土しているからである。池山洞44号墳自体は、複数の埋葬施設を持ち、そこからさまざまな器種の陶質土器が出土している［慶北大学校博物館2009］。複数の埋葬施設は、調査の結果ほぼ同時埋葬と考えられ、出土した陶質土器の年代も限定的（6世紀初）に捉えることができるからである。

　蓋でいえば、A地区37号墳a遺構出土例は、44号墳出土例に類例をもとめることができる。また、上で細分した長頸壺のうち、長頸壺ⅡおよびⅢが、池山洞44号墳から出土している。池山洞44号墳は、年代を先にも述べたように6世紀初にある程度限定して考えることができる。表2-3からは、長頸壺Ⅱ（図2-3-3：A）が出土した遺構が最も多い。長頸壺Ⅲ（図2-3-3：B）もまとまって出土しており、最も新しい段階の長頸壺Ⅲを、6世紀初におくことができるものと考える。長頸壺Ⅱには、5世紀末頃の暦年代をあたえることができる。したがって、倉里古墳群石槨墓・石棺墓の暦年代は、5世紀後半～6世紀前半とみることができる。

　　② その他
　Ⅱにおいて、陶質土器の年代観を基に、倉里古墳群の造営期間を、5世紀後半から6世紀前半ではないかとした。この期間は、いうまでもなく韓国の歴史区分でいえば三国時代にあたり、なかでも後半（後期）に属する。社会の発展段階を問題とする歴史学的には、特定の社会集団内部で階層化が進行し、支配層の形成と、他とは区別される一定の地理的空間を、軍事的・政治的に統治する政治体が成立していた時代である。つまり、ここで問題にしている大伽耶社会も、内部では階層化された社会組織を形成し、同様に階層化された他の政治体との間で、平和的であれ軍事的であれ、何らかの関係をもちつつ存続していた時代なのである。

　社会内部の階層化という問題は、社会の発展段階を問題とする歴史学的な事象であるが、考古学の発掘調査の成果を解釈する場合に、有効な視点となる。特に、政治体を構成する社会集団が遺した墳墓、古墳群の調査成果を解釈する場合に有効である。筆者がかつて分析した、大伽耶高霊の中心古墳群である、池山洞古墳群の調査成果についても適用できるものであった（第2章第1節参照）。

　以上、歴史的にみて倉里古墳群を遺した集団も、一定程度階層化されていたということである。したがって、倉里古墳群の調査成果にも、階層化が一定程度反映していると考えられる。そこで、土器以外の副葬品のもつ意味を、こうした視点のものと、解釈してみたい。

　倉里古墳群から出土した土器・土製品を除く副葬品は、武器類、装身具類、馬具類、工具類、葬具に大きく分けることができる。葬具は、棺釘・鎹といった木棺の材料にあたるものである。したがって、石棺墓はそれ自体が「棺」であり、木棺をさらに中へ据えるということはないので、また、甕棺墓も同様であり、石槨墓からだけ出土する。

　武器類には、大刀・剣・鉾・鏃があり、いずれも鉄器であった。鏃が2点、鉾が1点（前43点中、6.5％）石棺墓から出土している以外は、すべて石槨墓からの出土である。後で埋葬施設について述べる際、石槨墓と石棺墓のあいだに、規模において明瞭な差がみられることが、階

層差に由来するのではないかと考えた。もしもそうならば、鉄器副葬の石槨墓への偏在も同様に階層差の反映を意味しているのではないか。

　倉里古墳群に対する盗掘の影響を考えれば、現状での武器類の出土量からの検討はあまり建設的ではない。武器類の種類が、太刀・剣・鏃・鉾であったという点を指摘するにとどまる。仮に上記武器類のすべてを副葬していた被葬者がいたとしても、武装を一定程度していたという評価はできるが、甲冑を伴わないなど、武人としての専門性は強くない。

　ただ、武器類を副葬した被葬者は、生前、大伽耶中枢から武器の供給を受けることができた人物であり、大伽耶中枢との社会的関係を有していたという意味で、倉里集団内部でも階層的優位性をもっていたものと考えられる。

　装身具類には、先にふれたように確実に装身具といえるものは耳飾・ガラス製玉のみであった。耳飾は環のみであり、大伽耶中枢の池山洞44号・45号墳陪葬石槨群のように、垂飾付きのものはない。倉里古墳群出土の装身具類は、環のみからなる耳飾が大部分を占める。

　大伽耶中枢においては、装身具類は政治体内部で製作され、配布されたことが想定されている［李漢祥2009］。倉里古墳群出土の耳飾も、在地で製作されたというよりは、土器にみられる大伽耶中枢の強い存在感からして、大伽耶中枢で製作され配布されたものと考えるべきであろう。だとすれば、そこに垂飾付耳飾がないことは、大伽耶中枢の意向が働いた結果であるとみられる。本来副葬されていた垂飾付耳飾が、選択的に盗掘された、という可能性も残しているが、皆無である点からは、確率的にその可能性は低いと考える。すなわち、垂飾がない耳飾のみ、という点は周縁部という位置づけを、大伽耶中枢が行っていた結果であると考えられる。

　耳環は、材質により金製・金銅製・鉄地金張製・鉄製の4種類に分かれる。鉄製のものは鉄地金張りの金箔が脱落したものである可能性を残している。最も例が多いのは金銅製で、25例中20例を占める。金製は2例、鉄地金張と鉄製合わせて3例になる。耳飾であることは確実で、出土例が1基あたり2個1組（1双）が最大なので、被葬者に着装して副葬されたと考えられる。被葬者から分離して、供献されたものはないようである。

　つまり上述のように大伽耶中枢から、装身具類（耳環）を配布され、それを直接着装して副葬された人物にとって、生前そなえていた大伽耶中枢との何らかの社会的関係を耳環は表象しているものとみられる。材質からみて金製の方が、金銅製よりもより上位階層の被葬者が着装していたと考えるのが自然である。金製耳環が、いずれも石槨墓からの出土である点は、着装した被葬者の、階層差の表現である可能性がある。

　馬具類に属するとしてもよいものには、鉄製鉸具があった。しかし、孤例であり、確実に馬具だとはいえない。工具類は、いずれも鉄器で、石槨墓・石棺墓出土のものは、刀子・鎌・斧があった。刀子・鎌・斧の副葬からは、はっきりとした階層性を捉えにくい。被葬者の職能を表しているのかもしれないが、具体的にそれを指摘することもできない。

　以上の出土副葬品の検討からは、結果的に、倉里古墳群の被葬者には武人性という部分が弱

第3節　大伽耶高霊と周縁部

く、大伽耶中枢から配布、供給された武器類、装身具類の所有に階層性を見出すことができたのみであった。なかでも、明瞭に被葬者の階層的優位を示すものが装身具、耳環の材質であろうとも考えた。つまり、倉里古墳群に葬られた被葬者は、おそらく、金製耳環を着装していた人物が金銅製耳環を着装していた人物よりも階層的に上位にあったと考えたのである。

　いずれにせよ、大伽耶中枢から供給された装身具類、武器類、さらには陶質土器を、大伽耶中枢の技術的支援のもと造られた、石槨墓という自己の墓に副葬することにより、倉里古墳群集団は大伽耶中枢との関係を再確認し、社会的一体感を感じ、それが社会の安定をもたらしたのではないだろうか。

Ⅳ　遺構から

①　石槨墓の優位性

　埋葬施設の構造には、竪穴式石槨、板石石棺、横口式石室、甕棺の4種類があることはすでに述べてきた。中心となる埋葬施設は、割石で四壁を構築するか、一部下部構造に板石も用いる石槨墓になる。A地区166基・B地区144基、両者を合わせ全体で310基の埋葬施設が出土したなかで、石槨墓は229基、73.9％を占める。先に述べたように、内部から釘・鎹が出土する事例があることから、内部に木棺が安置されていたとみられる。次に多いのは板状の石で構築した石棺墓であった。文字どおり板石を組んだ石棺であり、直接石棺のみを埋納する場合と、周囲を割石で囲むものがあった。全体で46基、14.8％を占める。石槨墓の5分の1程度である。なお、A地区では24基、14.5％、B地区では22基、15.3％になる。多少の差はあるものの、石槨墓の5分の1程度という比率は変わらない。

　3番目に多いものが石室墓になる。全体で26基、8.4％を占める。A地区では10基、6％、B地区では16基、11.1％になる。このように、A地区とB地区では比率が異なり、B地区はA地区の2倍近くになる。最も少ないものが甕棺墓で、全体で9基、2.9％を占めるに過ぎない。A地区は6基、3.6％、B地区は3基、2.1％となる。甕棺墓も、割石で周囲を囲むものと、直に埋納されたものとがあった。

　4種類の埋葬施設は、単独の埋葬施設（以下、単槨墓と表記する。）あるいは複数の埋葬施設（以下、多槨墓と表記する。）による群を単位として分布している。報告書では、群ごとに、例えばA地区1号墳のように遺構番号をふり、多槨墓の場合、構成する各遺構にアルファベット番号をふっている。この章では群（報告書の番号がふられた単位）について記述する際、墓あるいは古墳という用語を用いる。倉里古墳群の場合、単槨墓には石槨墓あるいは石棺墓があり、多槨墓は石槨墓あるいは石室墓を中心に、別の石槨墓・石棺墓・甕棺墓を組み合わせている。

　また、この章では石室墓を除き、基本的に埋葬は一次葬であったと考え、論を進める。石槨墓は追葬ができないわけではないが、もしそうならば何故、後述する多槨墓を造営する必要があったのかの、理由付けが必要になる。

第2章　洛東江西岸地域の事例―高霊池山洞古墳群を中心に―

　倉里古墳群において各種墓制の特徴をみると、石槨墓が有力な墓制である理由は、以下のように整理できる。

　まず、量的な面での優勢である。先に倉里古墳群全体の74％近くを石槨墓が占めることを述べた。地区別でも、A地区で166基中126基、75.9％、B地区では144基中103基、71.5％を占める。このように他の種類の埋葬施設よりも明らかに多い。

　第2に、個々の埋葬施設の規模の優勢がある。埋葬施設の規模と種類の関係をみると、甕棺墓は別にして、石槨墓と石棺墓のあいだには、5％の優位水準で平面規模に格差があることが、統計学的に検証できる[2]。埋葬施設の規模が、被葬者の生前の地位（経済的・政治的・階層的）の差を反映しているならば、石棺墓の被葬者と、石槨墓の被葬者の集団間には、何らかの格差があったことがわかる。石棺墓、甕棺墓は、多槨墓の中心となる埋葬施設にならないという点も格差の存在を表している。

　第3に、副葬品の優勢である。この点は前述した。

　一方で、石棺墓は石槨墓との関係からみて以下のような特徴を示す。

①：石棺墓は、石槨墓同様、単槨墓をなす場合もある。
②：後述する多槨墓の一部を構成する場合、中心の埋葬施設にはならず、中心となる石槨墓の周囲に、同時期かやや遅れて造られる。
③：石室墓にも伴うこともあるので、比較的新しい時期にも造営されていた。

　石槨墓と石棺墓の関係については、後に大伽耶中枢の池山洞古墳群との比較に関連して、さらに詳しく分析したい。ひとまずは、倉里古墳群から出土した埋葬施設のうちで、石槨墓が石棺墓・甕棺墓に対し優位な位置にあることを指摘しておきたい。

②　多槨墓

　倉里古墳群にみられる特徴的な墓制に、多槨墓がある。同一封土の下に複数の埋葬施設が造営されるもので、李盛周氏のいう第4古墳築造類型にあたる［李盛周2010：66頁］。同時に複数の埋葬施設を設けるのではなく、同一空間（墓域）に、時間の経過とともに埋葬施設を追加して行き、結果的に複数の埋葬施設からなる古墳が造営されるものである。実際、A地区19号墳（図2-3-2：2）、同80号（図2-3-2：1）では、埋葬施設の切り合い関係と、先にⅢにおいてで設定した長頸壺類の新旧が整合することを確認できる。

　先に触れた三嘉古墳群にもみられる墓制である［沈奉謹1982］。三嘉古墳群のほか、山清（例えば明洞・生草古墳群）、宜寧（例えば泉谷里古墳群）、昌寧（例えば友江里古墳群）地域にも分布し［李盛周2010］、大伽耶高霊を中心とすると、南側周縁部に沿うように分布する点からは、大伽耶高霊周縁部の墓制の特徴の一つ、といえるのかもしれない[3]。

　構成する埋葬施設がすべて石槨墓ではなく、石室墓・石棺墓・甕棺墓からも構成される古墳を「多槨」と呼ぶべきではないかもしれないが、報告書でも単槨墳、多槨墳を使用しており、実際に半数以上が石槨墓のみで構成されているので、ここでも複数の埋葬施設を持つ墓制、と

いう意味で便宜的ではあるが、多槨墓という表記を採用することとした。

　倉里古墳群では、封土の痕跡が出土した範囲の中に、出土した複数の埋葬施設が存在することにより多槨墓と判断された。多槨墓は、金海大成洞古墳群・同礼安里古墳群にみられるような、先行する埋葬施設の大部分を破壊するような重複造営行為はみられない。このことは、上の李盛周氏の分類基準にもあるように、多槨墓の場合、最初に埋葬施設が築かれた段階で、ある程度計画的に埋葬施設を追加していくために、一定面積を占有する、ということが考慮されていたことを示している。

Ⅴ　大伽耶中枢と周縁部の関係

　以上、大伽耶中枢と周縁部を、池山洞古墳群と倉里古墳群をそれぞれ例にとって、両者の間で共通する要素、相違する要素をいくつか指摘できた。

　大伽耶中枢の池山洞44号・45号墳の陪葬石槨群と倉里古墳群の、同じ石槨墓との規模の比較を行ってみると、ほぼ同じであり、それでもやや異なるところもある、という評価ができる。何故なら、図2-3-4に石槨墓の（平面）規模をグラフ化してみたが、倉里古墳群の方が長・幅いずれも陪葬石槨群を上回るものが多いことがわかる点に相違がみられるからである。一方で、倉里古墳群の石槨墓がとる値の分布範囲の下位にあたる範囲が、陪葬石槨群の分布範囲と重なっている点は同様の傾向とみることができるからである。つまり規模だけでいえば、倉里

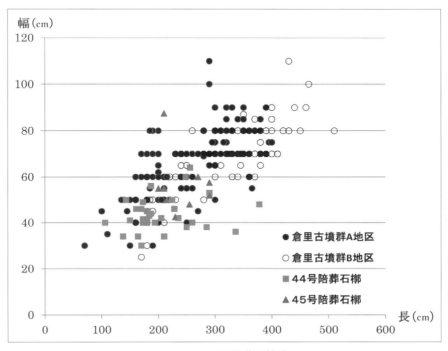

図2-3-4　石槨墓の規模

第 2 章　洛東江西岸地域の事例―高霊池山洞古墳群を中心に―

古墳群の石槨墓は、大伽耶中枢で支配層に直属する陪葬石槨墓よりも全体的に大きい（広い）ということである。

　反対に、両者が相違している点は、遺物でいえばその質と量である。同規模の埋葬施設（竪穴式石槨）で比較しても、時期差という要因を考慮しても、池山洞古墳群の優越性は明らかである。埋葬施設でいえば、倉里古墳群では複数の埋葬施設が集合して一つの遺構をなす（多槨）場合があるが、池山洞古墳群にはみられない、という相違点がある。そこに、繰り返しになるが、大伽耶中枢が倉里集団をどう見ていた（評価していた）かが表れている。

　もう一つ相違する点は、多槨墓についてである。多槨墓は、出土遺物からみて、例えば大伽耶中枢の池山洞44号墳・45号墳のように、同一の封土下にあるすべての埋葬施設がほぼ同時期の所産ではなく、すでに述べてきたように、ある程度の時間幅をもって徐々に形成されていった結果であるとみることができる。

　先にも述べたように倉里古墳群のほか、三嘉・昌寧・山清・宜寧と、大伽耶高霊の南側周縁に共通点して造営されていることは、多槨墓造営についても大伽耶中枢の何らかの関与があった可能性を残している。

　ところで、倉里古墳群の場合、他の場所から墓域を移転させたのではないとすれば、前代からの継続性がなく、突然に造営が開始された感が強い。倉里古墳群近隣で相対的に規模の大きい古墳群、黄江対岸約6km北の、図2-3-1：2に示した陜川苧浦里古墳群でも、墓域を移動させることなく、石室墓へと墓制を暫時移行させている［東・田中1989：301頁］。苧浦里古墳群からさらに約3km黄江をさかのぼった場所にある陜川鳳渓里古墳群は、倉里古墳群よりも先行するものではあるが、そこから苧浦里古墳群の地を超えて墓域を倉里へと移動させたとも考え難い。要するに倉里古墳群の調査成果をみる限り、そこに「前史」がないのである。李熙濬氏の指摘［李熙濬2017：208頁以下］するように、陜川ダム水没地域が大伽耶高霊とは別の政治体であったとしても、倉里古墳群造営開始段階では、すでに大伽耶高霊の影響下にあったものと考えられる。だとすれば、造営の契機に大伽耶中枢からの技術的支援があったことは十分に想定できる。倉里古墳群の石槨墓は、大伽耶中枢からの働きかけがきっかけとなって造営が始まったとも考えられる。

　さらに石槨墓が倉里古墳群のなかで優勢な墓制であることは、石槨墓造営集団が、大伽耶中枢の影響力を背景として、倉里集団のなかで一定の存在感をもっていたことを示している。言い換えれば、大伽耶中枢の影響力を考えると、集団内の有力者が、大伽耶中枢の支援と許容を背景として、石槨墓を造り始めたと考えられる。とはいえ、きっかけはそうであったとしても、実際の社会状況の現場（親族組織）へと適用し多槨墓という表現をとったものが、倉里集団であり、共通して多槨墓を造営した他地域の集団であったのであろう。

　ここまでの分析は、倉里古墳群の場合、本節のⅡで分析した副葬土器からも傍証できるのではないかと考える。先に長頸壺を3段階（新羅慶州の影響下までを含めれば4段階）に区分することで、古墳群に暦年代を付与した。最も早い時期とした長頸壺Ⅰが出土した古墳の分布を、

図2-3-2のなかに示してみた。先に表2-3に示した古墳である。

　古墳の分布は、図2-3-2をみてもわかるように、A地区とB地区で、様相が異なっているようにみえる。A地区は丘陵の西側斜面全体に拡がるように分布し、B地区は派生する各尾根の稜線上に分布している。A地区では地区全体を囲むように、B地区では稜線上に一定間隔をおいて、出土古墳が分布しているということである。しかし実は、長頸壺Ⅰ出土古墳の分布様相は共通しているのである。

　何故ならば、いずれの地区も、特にA地区では顕著だが、造墓空間・範囲（墓域）を現実の空間上に設定する際の目印になるような位置に、長頸壺Ⅰ出土古墳が分布しているのである。分布状況は、倉里古墳群が造営を開始する時点で、一定の範囲を墓域として設定するような操作が行われていたことを示すものと考えられる。では、操作を行った主体が誰かといえば、今まで述べてきた遺構・副葬品の分析からみても、大伽耶中枢であったことは容易に想定できる。こうした墓域の設定行為は、大伽耶中枢の池山洞古墳群の中・小形石槨墓群からも、先に筆者は抽出することができた（第2章第1節参照）ものである。

　この想定が許されるのならば、在地集団の政治的・経済的発展の結果、古墳群が造営されるようになったのではない、ということになる。つまり、社会の内在的な発展ではなく、外部からの促しにより古墳群が造営されるようになったということであり、促した主体こそが、大伽耶中枢であったといえるのである。

　本節のⅣで述べたように倉里集団のなかでも、石棺墓（を造営した集団）は、石槨墓（を造営した集団）に対し従属的な立場に置かれていたと考えられる。優劣の背景に、今述べたような大伽耶中枢による石槨墓造営への促しがあったとすれば、両集団の関係は理解しやすい。ただし、石棺墓の単槨墓が存在することから、絶対的に石槨墓が石棺墓に対し、造墓活動を規制をしていたとはいえない。単独で石棺墓を造る余地があったのである。だとすれば、文化的な相違（例えば石棺墓が集団外部からの配偶者の墓である可能性）は想定し難い。繰り返すが、当時倉里に所在した集団は階層分化しており、上位階層は大伽耶中枢の支援を受けて石槨墓を造営し、下位階層は石棺墓を造営したとみられる。

　しかしながら石槨墓と石棺墓は墓域を画然と区分されているわけではない。墓域を共有して、同一空間に混在させている。異なる墓制をとる集団の墓域を同一空間に設定し、埋葬施設が混在する点は、池山洞古墳群でも共通（第2章第1節参照）する。ただし、池山洞古墳群では同じ竪穴式石槨の、割石石槨と板石石槨の2種類であった。筆者は、池山洞古墳群の場合、混在の理由を2種類の墓制をとる集団を個々に支配層が掌握し、政治的（軍事的）規制により同じ場所に2集団の造墓空間を設定した結果に求めた。倉里古墳群でも同じことがいえるのではないか。支配層が、階層的にも優劣にある2集団を個々に掌握し、共通の墓域を設定したのではないか。単槨墓の石棺墓が存在するのもそういった理由によるのではないか。大伽耶中枢が、階層的に下位にあたる集団を掌握する仕方には、共通点があるのではないだろうか。

　倉里古墳群で、2種類の墓制をとる各集団が、大伽耶中枢により造墓空間を設定され、造営

第2章　洛東江西岸地域の事例―高霊池山洞古墳群を中心に―

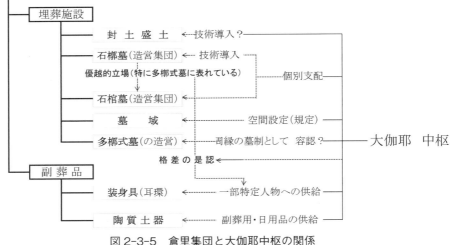

図2-3-5　倉里集団と大伽耶中枢の関係

を開始したのではないかと、上で述べた。ともに大伽耶中枢の政治的影響下にある遺構であり、大伽耶中枢の池山洞古墳での分析結果を、倉里古墳群へも敷衍できるのではないかと考えたからである。倉里古墳群の場合、ある程度階層化していた社会を、大伽耶中枢がそれを温存するかたちで、しかも集団を個別的に掌握していたと考えられる。

Ⅵ　結　語

　ここまで、大伽耶高霊のうちで、政治的・文化的影響力が及んだ地理的空間の周縁部に倉里古墳群を位置付け、一方で池山洞古墳群を大伽耶高霊の中枢部に位置付けたうえで、両者の比較を中心に大伽耶社会を記述してみた。
　大伽耶中枢が、周縁部に対し陶質土器という日常生活用品を全面的に供給するのと並行し、一部の人物に装身具類を供給することで、物質面から政治的影響力を行使していたことを、倉里古墳群の調査成果は示しているように思う。それでも、大伽耶中枢は垂飾のない耳飾に表象されるような一定の格差をもって、倉里集団に対し装身具類を供給していたのである。また、在地社会の一部の人物に対し、おそらく中枢の技術的援助のもと、石槨墓の造営を許容していたのである。
　中枢との格差でいえば、上で述べた陶質土器についても、副葬品のなかに大形の（鉢形）器台、有蓋平底壺がみられない点も、考古学的にみて格差の表現として捉えることができる。
　大形の器台がみられない点について、埋葬習俗の面から（器台を副葬する習慣がなかった）の解釈が可能のようにみえる。しかし倉里集団にとって、石槨墓の造営活動自体が厚葬であり、器台も厚葬に伴う器種であるならば、導入しなかったとは考え難い。やはり、大伽耶中枢の意向により、器台は副葬品として供給されなかったものと考えられる。

第3節　大伽耶高霊と周縁部

　こうした影響力の行使は、土器・装身具類といった物質的な側面とともに、中枢と同じ墓制をとるという葬制上、言い換えれば文化的な側面の両方からもたらされたといえる。以上、筆者がここまで考えてきたことは、図2-3-5のように整理できる。

　大伽耶中枢が、倉里集団に対しさまざまな影響を何故あたえたのかといえば、影響力を行使することが、大伽耶中枢が南海岸への通行路を確保することに繋がり、交易・軍事力の移動など、政治的・経済的な利益が大きいからである。

　大伽耶中枢は、その目的にかなう地点の集団に対し、構成員の選別をし、選別した一部の構成員に石槨墓造営を許容し、技術を供与し、装身具類のような威信財を供与したのである。

　さらに大伽耶中枢は、石棺墓（甕棺墓も？）を造営する集団を、温存しつつ劣位におくことで、倉里集団を分断し個別的に支配していたのであろう。大伽耶中枢が、足元の池山洞古墳群の中・下位集団に対し行ったこと（第2章第1節参照）を、踏襲したのである。裏返せば、倉里集団の一部階層は、大伽耶に取り込まれ、その関与を受けることにより石槨墓を造営できるようになることにより、集団内部に一定の地位・影響力の行使できる立場を確保することができたのであろう。

　大伽耶高霊の領域自体も含まれる韓半島嶺南地方では、5世紀後半から6世紀にかけて、中・小形古墳の造営数が急激に増加する傾向がみられることが、諸地域の発掘調査結果からも浮かび上がっている［李盛周2010：57頁など］。筆者が先に分析した大伽耶中枢の池山洞古墳群内部でも、同様の傾向がみてとれる。こうした現象が発生した要因について、諸地域社会内部の階層分化と自律的発展の結果ということが考えられるかもしれない。筆者も早くから政治的な影響力をつけていた金海と近隣の東萊地域では、そうあったと考えている（第3章第1節参照）。しかし、倉里集団の属する大伽耶周縁においては、自律的要因を全く否定はしないまでも、より強力な上位集団の意向がはたらいたという要因もあることを、今回の倉里古墳群の分析からはいえるように思う。

　それは、墓域の設定、遺構の違いに表象される集団ごとの個別的コントロールからもわかるように、大伽耶中枢が、足元の下位集団に対し行っていたことを、ほぼそのまま踏襲していたと考えることにより、調査成果を整合的に理解できることからもいえる。

　同様のことは、やはり筆者がかつて分析した釜山徳川洞古墳群の造営でも（この場合は、新羅慶州との関係になるが）適用できることを指摘したことがあった（第3章第3節参照）。

　倉里古墳群の場合、多槨墓を構成する複数の埋葬施設の被葬者間に、何らかの社会的紐帯（例えば血縁、あるいは擬制的血縁関係）が存在し、大伽耶中枢により解体・再編成されなかった結果、維持された社会組織に基づいて多槨墓を形成したとみられる。本節のⅣでふれた同じ石槨墓同士の平面規模の違い（倉里の方が全体的に大きい）も、大伽耶中枢から直接的に介入をうけた陪葬石槨墓群と、介入がそこまで直接的でなかった周縁部、といった地理的な差が背景にあるのかもしれない。一方で、池山洞古墳の場合、中枢により近い立場から、支配層の影響力が強くおよび、被葬者間の紐帯を形成できず、個別的に支配層に従属していた結果であると

推測できる。三嘉古墳群においても、調査が部分的ではあるが、同じく多槨墓が存在することから、大伽耶中枢との関係もよく似たものであったとみられる。

一方で、中枢と周縁の関係の微妙さを示す事例もある。本節のⅢで指摘した上位階層を対象とした副葬品（例えば金製耳環）が出土した古墳の立地である。副葬品内容から、被葬者が倉里集団全体で上位階層に属するのではないかと考えられるような古墳の立地をみると、他の古墳との差異（立地上の優遇）を見出し難い点である。特別な立地をとることがない。副葬品の質と古墳の立地は相関しないのである。古墳の配置に大伽耶中枢の関与する比率は低かったと思われる。

言い換えれば、中枢との社会関係性は、在地において必ずしも社会的評価に結びついていないのである。

同じことを、多槨墓でいうならば、古墳の分布にあたり、比較的大面積を占める、A地区19号墳（図2-3-2：2）・45号墳・80号墳（図2-3-2：1）も、立地の上で優越性を表現していない。同時期の池山洞古墳群において、44号墳のような大形の古墳が、他の古墳から離れてより標高の高いところに分布を移していくような現象［李盛周2010、木村2012］が倉里古墳群にみられないのである。

大伽耶中枢が足元の池山洞古墳中の中・小形石槨墓や倉里古墳群に対する関与の仕方は、複数の集団を個別的に支配し、墓域の設定も行っているという点で、共通しているものの、両者それぞれへの関与の深さが異なっていたのである。倉里集団のような周縁部への大伽耶中枢の関与が、ある意味表面的であったことは、倉里古墳群が石室墓を造営するようになったとき、それほどの混乱もみせず、土器の供給が慶州地域から（あるいは慶州の指導のもと生産されるよう）になっている点からもうかがうことができる。

実際のところ、出土した陶質土器の器種のうち、石室墓からのみ出土しているものは、有台壺のみ（1点）であり、陶質土器以外でも鉄製環頭飾、鉄製鐸、鉄鉗[4]のみであり、他の副葬品はすべて、石槨墓、石棺墓と共通し、そこに変化はない。副葬品の組成に変化がないことから、被葬者の性格についても大きな変化がなかったとみられる。ただ、土器の供給先が大伽耶から新羅へと変わっただけなのである。

その後、新羅による三国統一の過程のなかで、この倉里の場所の戦略的・政治的意味での重要性が希薄になっていった結果、石室墓を最後に新羅の影響力の行使も希薄になっていき、最終的には、古墳群造営も停止してしまったのであろう。

［注］
(1) この現象は、大伽耶中枢が政治的な機能を消滅（滅亡）させた結果であると、史料からも解釈できる。したがって、同様の現象は大伽耶中枢、池山洞古墳群にもみることができる［大阪歴史博物館2017：61頁］。
(2) 統計分析による検定を実施するにあたっては、下記のインターネット上のサイトを利用した（いずれも2017年2月アクセス）。

http://www.kisnet.or.jp/nappa/software/star/（js-STAR 2012）
　　http://www.hju.ac.jp/~kiriki/anova4（A NOVA4 on the web）
（3）李盛周氏は、この種の墓制をとる古墳群には、固城（小伽耶）地域様式土器［定森2015a］が出土する例と高霊（大伽耶）地域様式土器が出土する例の2種があることを指摘し、系譜的に固城からの影響を考えている［李盛周2010］。筆者は、系譜上の問題とは別に、倉里古墳群のように、高霊地域様式土器がもっぱら出土する例は、大伽耶高霊の強い影響のもと成立したと考えている。
（4）鉗は、B地区26号出土1点のみであったが、実測図によれば長さ9.4cm程度で、鍛冶具とは考えにくい［濱崎2008］。何らかの鉄器加工が行われていた可能性を示すものであるが、例えば武器類の現地生産、加工を示すものにはならない。
　　この鉗と鐸は、洛東江東岸地域に出土例が多く、新羅慶州との関連が強い遺物とされる［大阪歴史博物館2017、57頁、60-61頁］。倉里古墳群出土陶質土器が、慶州地域様式へと変化することと、無関係ではない。

[補記]

　本書の原稿をまとめている最中に、李熙濬氏の『대가야고고학연구』（2017年2月刊　巻末参考文献参照）という著作に接することができた。筆者としても非常に参考となる著作で、一部第2章の第4節において、陝川ダム水没地区で調査された、いくつかの古墳群の評価に関する部分で、筆者の理解した範囲で、李熙濬氏の見解も紹介させていただいた。
　李熙濬氏は同書の第8章小結部分で、池山洞古墳群について、麻立干期新羅慶州における、部（六部）集団のように、大伽耶の中核的支配層の墓域であろうという見解を述べている。そして、池山洞古墳群の大形高塚古墳の分布する北半が、部の中でもより有力な集団の墓域であり、南半もそれにつぐ集団の墓域であろう、としている。
　筆者は、本書第2章第1節で、王族による大形墳の立地が志向するのと反対方向にある点から、池山洞古墳群南半部を、大伽耶高霊内部の「垂直的」な関係性を表象するものとして取り上げた。それに対し、李熙濬氏は、そのような「垂直性」よりも、同じ支配層を構成するものとしての「水平性」を考慮すべきではないか、と言いたいのではないか、というのが筆者なりの、理解である。
　この点について、筆者も単純な「垂直性」ではなく、同じ池山洞古墳群という枠組みの中で展開していることを、新羅慶州の支配層との対比で、述べているところである。池山洞古墳群南半部の発掘調査が進展すれば、そのあたりもより明瞭になってゆくものと考えている。

第3章　洛東江東岸地域の事例
―新羅周縁部を中心に―

第1節　東萊―堂甘洞古墳群―

Ⅰ　はじめに

　大韓民國の南東部、現在の慶尚南道・同北道を、洛東江が南北に流れ、釜山市の西で日本海へと注いでいる。第1章でも述べたが、水系一帯には三国時代に属する古墳群が数多くあり、東萊堂甘洞古墳群もその一つである。ただし、堂甘洞古墳群は、厳密な意味では、洛東江流域に位置していない。洛東江河口部左岸に、江に沿ってやや低い丘陵が南北に連なっている。丘陵をこえて東側へ出ると、そこは洛東江とは別の、水営江が造り出した狭い平野になる。平野をとりまく丘陵に、堂甘洞古墳群は位置しているからである。古墳群の立地する水系が洛東江と水営江というように異なっていても、考古学的調査の内容には共通するものが多いので、筆者は、堂甘洞古墳群も含めて、慶尚北道・同南道・全羅南道の一部を含む地域一帯の古墳群を、洛東江水系のみではなく周辺の水系も含めて、という意味で、洛東江水系一帯古墳群と、呼ぶことにしている［木村1987］。このことも冒頭で述べた。
　ところで、ここでとり上げる堂甘洞古墳群は、繰り返しになるが、水営江水系の造り出した東萊地域に立地している。地域の中心古墳群は、福泉洞古墳群であり、そこに東萊地域の最高位の集団が葬られてきたことは周知の事実である。そして、福泉洞古墳群には、慶州盆地、言い換えれば文献上新羅と呼ばれた政治体の中枢からの文化的影響が強い（例えば陶質土器）とみなされていることも周知の事実である。堂甘洞古墳群は福泉洞古墳群造営集団よりも下位の集団が造営したものと考えられる。ただ、後述する釜山德川洞古墳群ほど、直接的に新羅の影響を受けていない。古墳群を検討することにより、新羅の影響下にある支配層の下位階層の性格を以下に考察してみたい。
　なお、本節をはじめ、第3章全体で言及する遺構名の表記については、原則報告書の表記にしたがった。そのため、mound をもっていなくても、○○号墳、とする場合などである。

Ⅱ　立地と環境

　堂甘洞古墳群は、1981年に鄭澄元・申敬澈両氏を中心とした釜山大学校博物館によって、38基が発掘調査された。そのうち4基は李氏朝鮮時代の木棺墓、1基は時期不明の石槨墓（朝鮮時代の可能性が高い）であったため、三国時代に属するものは計33基（うち2基は主・副槨の

関係であるが、出土遺構数という意味で別個に計上した。）であった。以下、1984 年になって刊行
された発掘調査報告書［鄭澄元・申敬澈 1984］にしたがって古墳群の内容を述べてみる。

　古墳群の所在地は、釜山（広域市）釜山鎮区堂甘3洞である。図 3-1-1 で示したように、
周辺には、福泉洞・蓮山洞・社稷洞などの三国時代に属する古墳群が存在している。他に、北
方の水営江上流には五倫台・老圃洞の各古墳群が、逆の南方水営江下流には槐亭洞古墳群も所
在している。

　古墳群は、東西に延びる標高 65～85 m の丘陵上の、頂部から南西～南東にかけての斜面上
に立地する。便宜上、調査はA・Bの2地区に分けて行われた。雑木林のなかの遺構は調査前
に甚だしい盗掘と破壊を受けていたので、調査の主眼は遺構におかれ、遺物の調査はそれに付
随したものに留まってしまった。墳丘は、確認されなかった。当初から存在しなかった可能性
もある。

　なお、調査成果を基に、表 3-1 を作成してみた。

Ⅲ　遺物からみた被葬者の性格

　はじめに遺物について述べてみたい。しかし、上述のように、古墳群は盗掘を甚だしく被っ
ていたため、遺物が完全に原位置を保っていたものは、ほとんどなかった。したがって、一遺
構内における遺物の本来のセット関係およびオリジナルな出土状態をほとんど知ることができ
なかった。また、一つの古墳からある種の遺物が出土されないからといって、最初から副葬さ
れなかったのか、それとも盗掘によって失われたのかの識別も、非常に困難であった。さら
に別の側面として、古墳群が完掘されたわけではないので、今回出土したものが、古墳群中の
遺物のすべてではない、ということを想定せざるをえなかった。

　出土した遺物を検討するにあたっては、以上の前提によらなくてはならない。したがって、
今回の発掘調査結果からは、遺物の量的側面の考察を行うことは、非常に困難である。そこ
で、遺物の質的側面（＝種類）という観点から、発掘調査結果をみてみたい。

　堂甘洞古墳群から出土した遺物は、陶質土器を中心とする土器類と鉄器以外のものはな
かった。

　装身具を中心にした金・銀・金銅・青銅製品については、調査結果をみる限り、当初よりな
かったとも、副葬されていたがすべて盗掘によって失われたとも、どちらにもとることがで
きる。上記副葬品の当初からの有無については現在となっては不明である、といわざるをえ
ない。

　筆者は、以上の理由から遺物の検討をするにあたって、金・銀・金銅・青銅製品は無視せざ
るをえなかった。とにかく、現状では副葬品のなかにはみられない、というかたちで論を進め
てゆくことにする。

　まず、陶質土器であるが、高坏以外では壺・器台・把手付小形短頸壺（表 3-1 でいう盌類）

第1節 東萊―堂甘洞古墳群―

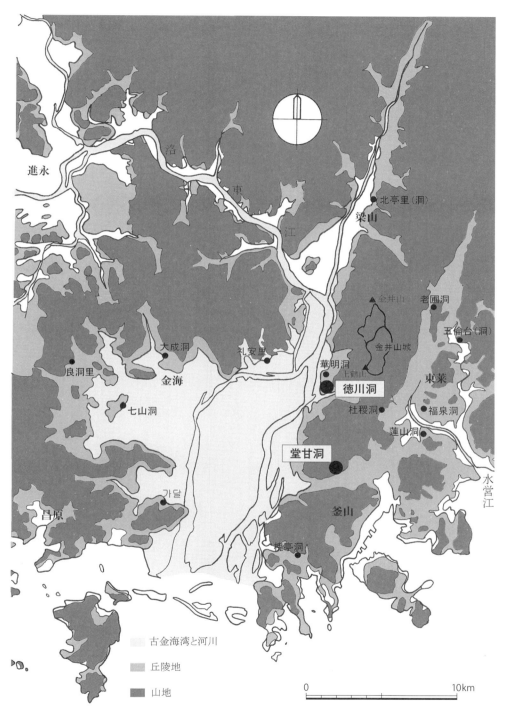

図 3-1-1　金海・東萊地域の古墳群と古金海湾

第3章　洛東江東岸地域の事例―新羅周縁部を中心に―

表3-1　調査成果一覧

遺構番号	遺構（単位cm）				陶質土器				軟質土器	紡錘車	武器	工具		馬具	鋌	備考
	平面	長	幅	深	高坏	盌類	壺類	器台				鍛造斧	その他			
1	B	253	58	(78)					○							軟質平底甕
2	(B)	270	65		○						○					
3	B	200	55	60	○	○				○	△	○				高坏昌寧地域様式　鍛造斧
4	B	315	55	75												
5	A₁	315	70	75	△		○				△					(高坏昌寧地域様式　鏃)鉢形器台　鍛造斧
6	(B)	(65)	60													
7	B	310	80	80	△		△				○	○				主槨　鏃・矛
7	B	155	75	55								○				副槨
8	B	(270)	65	58	△		○	△				○				(大刀) 丸底短頸壺　鍛造斧・鎌
9	(C)	490	80		○		△				○		○			鏃・矛・大刀・刀子・鋳造斧、鎌
10																民墓
11	B	340	81	75	○	△	△			○		○				高坏は蓋、鍛造斧
12	A₂/B	(100)	35	(35)								○				鍛造斧
13																民墓
14	(B)	275	60	(65)			△									
15	A₁/B	280	65		○								○			刀子・鎌
16																破壊著しい
17		300	50	(50)					○							
18	(A₁)	270	60	54												
19	A₁/C	270	50	55	○				○							
20																民墓
21																民墓
22																民墓
23	(A₂)	430	80	70	○	○			△		○	○				両把手付盌・有台把手付盌・牛角把手　鏃・矛・剣、鍛造斧・(刀子)
24	B	140	40	(48)												
25		(114)														
26	A₂/C				△	○	△				○					丸底短頸壺　鍛造斧
27	A₂/D	(245)	67	(55)	○		○				○	○				鍛造斧・鎌・(鍛造斧)
28		(330)	(50)									○				刀子
29	D	330	55	65												
30	(A₂)	(155)	65	(45)												
31	A/D	(270)	50	(53)	△	△	△									両耳付短頸壺
32	D	(280)	50	(60)								○				鎌
33	D	420	70	78			○					○				鉢形器台　平底壺、刀子
34	C/D	(210)	60		○	△						△				(鋳造斧)
35	B	230	55		○							○				鎌
36	A₁	(250)	70							○		○				鏃・鏃、刀子
37	B	300	65	(55)	○	○						○		○		鎌
38		427	65	43		○	○		○	○		○		○		丸底短頸壺・長頸壺・台付長頸壺・鉢形器台　鏃・矛、鍛造斧　鉸具、鐙

※平面（プラン）は報告書の分類による。（　）は残存部分の形式。
※遺構規模の値に幅がある場合には、土圧等の変形を考慮し最大値をとる。
※遺構規模の値のうち斜字は推定値、（　）は現状の値。
※出土遺物のうち、○は当該遺構出土が確実なもの、△は内部攪乱土中などから出土のもの。報告書にいう周辺採集遺物は含まない。

第1節　東萊―堂甘洞古墳群―

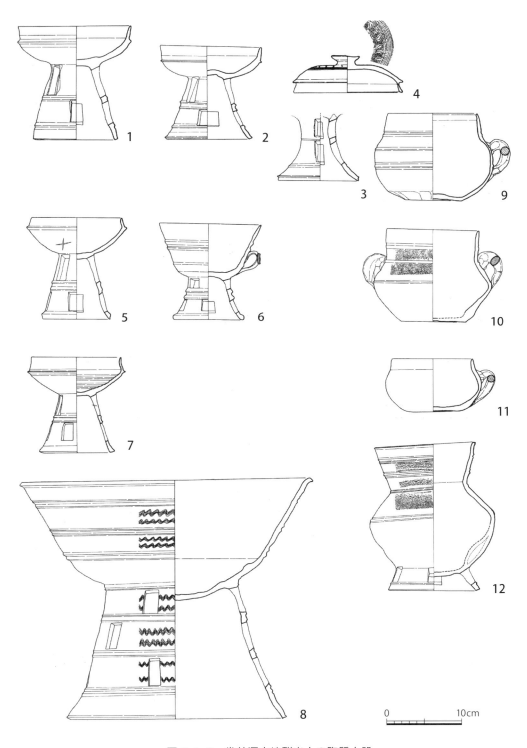

図 3-1-2　堂甘洞古墳群出土の陶質土器

などがあった。主なものは、図3-1-2を参照されたい。図3-1-2では、上から下へ、時期的に古いものから、新しいものへと配列してみた。

高坏が33基中15基（45.5％）から出土しているのに対し、他の器種は多いもので把手付小形短頸壺[1]が6基（7点・18％）から出土している程度である。ただ、数値も、遺構内かく乱土出土の場合も計上しているので、「確実な」遺構に伴う例だけに限定すれば、高坏は9基（27％）、把手付小形短頸壺でいえば5基（15％）になる。高坏は、各種の器形のものが出土しているが、坏部の形状からは大きく有蓋のものと無蓋のものの2種類に、脚部は透孔が2段交互に開くものと2段直列に開くものの2種類に、それぞれ分かれた。器形のうえからさらに細分可能である。把手付小形短頸壺は、（図示していないが）把手の形状が棒状のもの、把手が両側に付くもの、台脚が付くものがあった。それ以外の壺は、長頸壺・短頸壺・大形壺の3種類があった。他に1点、縁部がラッパ状に開き最大径が口縁部にくるものがある把手付坏もあった。器台は、筒形のものと鉢形のものとの2種類がそれぞれあったが、器形全体が分かるものは鉢形器台であった。

陶質土器以外のものでは軟質土器の双耳壺・壺・平底甕・（器種不明の）把手と紡錘車があった。

一方、鉄器をみると、鏃・鉇・刀子・鎌・刀・剣・斧・馬具・鋌があった。確実に遺構に伴う例でいえば、鏃は33基中8基（24％）から出土し、図3-1-3に示したように、全体の形から報告者によって刀子式・三角刺突式・菱形式・柳葉式の4形式に分けられている。後2形式は茎部の長短で2つにそれぞれさらに細分されている。斧は、11基（33％）から出土し、柄に対して刃が垂直に付き、中途にあまりはっきりしない肩をもつ鍛造のもの9点と、肩をもたない鋳造のもの6点の2種類があった。鎌は東潮氏の分類による曲刃のものばかり7点［東1999b］であり、7基（21％）から出土している。図3-1-4に示した通りである。その他、鉇・刀子については単に大きさの大小による違いがあるのみで、鋌については断片ばかりで、また刀・剣・馬具については1点ずつしか出土しておらず、分類ができなかった。

堂甘洞古墳群出土の遺物については以上であり、鉄器はほとんど利器ばかりであり、甲冑の類いは1点も出土しなかった。

遺物の種類・形式をみた後で、そこから年代差について検討してみる。陶質土器では高坏が種類・点数ともに多い。上で述べた、脚に2段直列透孔をもつものは、屈曲が著しく、やや古い様相を示す。2段交互透孔をもつものは、脚端の外反の程度による時期差を認めることができるが、形式とわずかに知られる組み合わせ関係（共伴関係）からでは、年代差を広くとらえることはできない。むしろ、いわゆる昌寧地域様式土器の高坏［定森2015a 國立金海博物館・昌寧郡・우리文化財研究院2014：154頁］が存在することの方が注目される。

他の器種においても同様である。同じことを鉄器でみても、形式差はやはりほとんどない。唯一多様な種類が出土した鏃や、東潮氏が詳細な研究を行っている斧［東1999a］・鎌［東1999b］についても、形式差を年代差としてとらえることは、ほとんどできない。つまり、

第1節　東萊─堂甘洞古墳群─

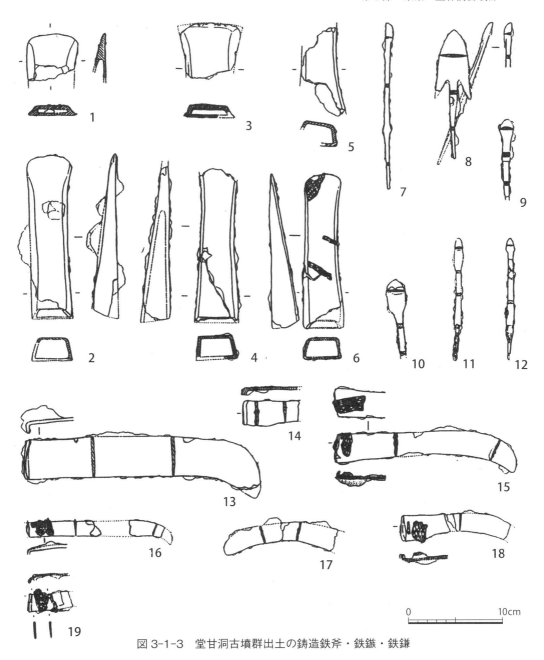

図 3-1-3　堂甘洞古墳群出土の鋳造鉄斧・鉄鏃・鉄鎌

遺物からみる限り、ほぼ同時期に古墳群中に副葬されたものとしてとらえることができる。たとえ、年代差があるにしても短いものである（遺構については、年代差の設定が後述するように可能であり、調査者により遺構の相対編年案が組み立てられている）。

では、暦年代はどうであろうか。調査者は、陶質土器高坏・鉄鏃を中心に考察して、報告書［鄭澄元・申敬澈 1984］のなかで5世紀後半～6世紀初頭の年代を、堂甘洞古墳群に与えて

91

第 3 章　洛東江東岸地域の事例―新羅周縁部を中心に―

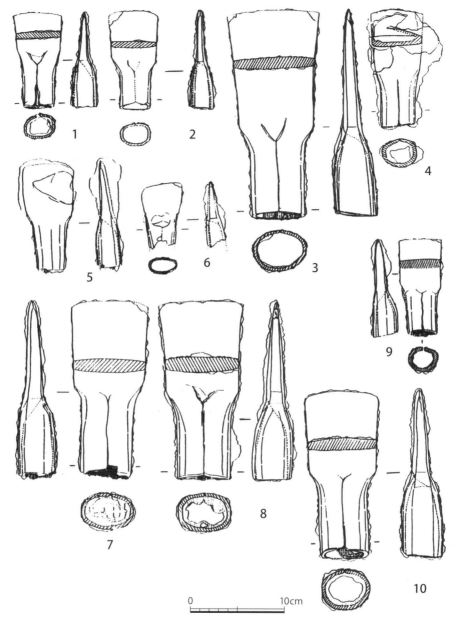

図 3-1-4　堂甘洞古墳群出土の鍛造鉄斧

いる。

　確かに、出土した高坏はヴァラエティに富んでいるが、脚がまだ短小化していない点、脚端の折り返しが顕著でない点、五倫台 9-10 号墳［金廷鶴・鄭澄元 1973］・福泉洞 1 号墳（東亜大学校調査）［金東鎬 1971］などから出土した同一器種と、器形的に共通するものがある点などによって、ほぼ 5 世紀後半代に収まるとみることができる。

鉄器も同様で、報告者が参考にした鏃以外にも、斧・鎌について前述の東氏の研究がある。まず斧であるが、東氏の分類によれば、鋳造品はAⅡcに、鍛造品はBⅢc・BⅣbにそれぞれあたる。暦年代に関しても、AⅡc類・BⅣb類は年代を明確にしていないが、BⅢc類は3～8世紀、しかもなかでも三国時代（4～7世紀？）に年代の中心がおかれている。斧については、このように年代をはっきりと特定できないが、鎌については、やはり先の東氏によれば、直刃のものがなく曲刃のものしかない点では大邱達城古墳群・昌寧桂城面古墳群の様相に共通する新しい要素であるとされ、新しい要素に対して5世紀後半以降の年代が与えられている。

以上のことから考えてみると、遺物からみた堂甘洞古墳群の暦年代は5世紀後半からのごく短期間、とすることができよう。

今度は、遺物から検討できる別の側面、遺物からみた被葬者の性格付けを、最後に検討してみたい。この場合も、遺物の種類のうえからの検討に留めざるをえない。

陶質土器は、繰り返しになるが、器種は高坏が中心であった。高坏の出土した状態は、石槨内の一方の端に被葬者に対して供献されたようなかたちがほとんど（例えば、3・8・27・38の各号墳）であった。他に高坏同様、なかに何らかの供物を入れたうえで副葬されたと思われる把手付小形短頸壺・大形壺・長頸壺・短頸壺と、おそらくそれに伴うものであろう、高坏よりさらに供献的色彩の強い器台も出土している。この副葬された土器は、土器の内容物を被葬者に捧げるためのもの、あるいは死者とのあいだで行われた共食儀礼の場で用いられたものを副葬した、2つの場合を想定できる。

鉄器については、つぎのようなことに気が付く。盗掘で1種類の遺物しか出土しなかった古墳を除くと、鎌の出土した古墳4基のすべて（100％）から斧が、3基（75％）から刀子が出土している。同じく刀子が出土した古墳4基のうち、斧・鎌・鏃がそれぞれ3基ずつ（75％）出土している。斧を視野の中心におくと、出土した8基のうち、6基（75％）から鏃が出土している。つまり、鎌は斧・刀子と、刀子は斧・鎌・鏃と、斧は鏃と各々密接な関連をもって出土しているのである。関係をさらに整理すると、斧と刀子は密接な関係をもち、両者に鎌・鏃がそれぞれ密接な関連をもっている、ということになる[2]。要するに堂甘洞古墳群の被葬者は、斧・刀子・鏃・鎌といった鉄器（鉄製利器）を副葬品の中心においていたのである。そして斧・刀子・鏃・鎌は、武器としても農具（鏃は狩猟道具か？）としても、刀子は護符としても［村上1988］使用することができるものである。

他方、遺物の中心的位置は占めないまでも、明らかに武器としての用途以外考えにくい、鉾・剣・刀といったものも同時に出土しているのも事実である。

以上すべての鉄器が武器として使用されたものを副葬したのならば、被葬者は武人的性格の強い人物と考えられるし、斧・刀子・鏃・鎌が、東潮氏の考えるように農具として使用されたもので、それを副葬したのならば、被葬者は農民層のなかの有力者、とすることができる（仮に刀子を除いても同様である。）。

両者のうちで、どちらが堂甘洞古墳群被葬者の真の性格に近いであろうか。斧・刀子・鎌

は、半島に鉄器が流入する時期に農具として将来され、後三国時代にまで系譜的にたどることができる［東1999b］点から、東氏と同様、斧・刀子・鎌は基本的に武器ではなく農具であると、筆者は考えるものである。農具が、副葬品の中心をなす器種のほとんどを占める、ということは、被葬者の性格が基本的に農民であることを示している[3]といえる。

　もちろん前述した、武器としての用途以外考えにくいもの、鉾・剣・刀（おそらく鏃も）の存在も無視できない。こういったものが副葬されていた被葬者は単なる農民ではないであろう。つまり、常時鉄製武器を保持していた農民、換言すれば、一旦事あればただちに兵士となれる農民、と考えられるのである。事実、鉾・剣・刀はほとんどすべてが、つぎのⅣで分類する大形墳から出土している（盗掘等の影響を考慮しても、大形墳以外の発見例が1例のみでしかない）。

　要するに、被葬者のなかには、副葬品に武器をもつことができ比較的大形の古墳に葬られる人と、農具のみで中・小形墳に葬られる人の、2者が存在したことになるのである。

Ⅳ　遺構からみた被葬者の性格

　本章のⅡ～Ⅲにかけて、立地および出土した遺物に関して述べ、後若干の検討も加えてみた。つぎに、遺構について同様にみてみたい。

　出土した各遺構は、方位の統一性はみられなかったが、主軸は、ほぼ等高線の走る方向と一致させていた。遺構はすべて竪穴式石槨であり、7号墳のみが独立した副槨をもつ複室墳であった以外は、単槨墳であった[4]。図3-1-5に示したとおりである。調査者によって、平面プランの築造技法からA1～Dの5形式に、側壁の最下段と中間部の構築技法をそれぞれ3形式に分け、両者の組み合わせから9形式に石槨が分類された[5]。分類をさらに組み合わせ、調査者によって、遺物からではなく遺構による堂甘洞古墳群の相対編年案が組み立てられている。相対編年の結果、遺構は大きく3段階に分けられた。

　報告者による遺構の相対編年案は、以下のようである。

・第1段階（最も古い時期）に属するもの、2、3、5、7、11、34、37の各号墳。
・第2段階に属するもの、8、9、23、29、31の各号墳。
・第3段階（最も新しい時期）に属するもの、19、26、27、33、35、38の各号墳。

　検出された遺構のうちで7号墳は、先述したように独立した副槨をもつ点、主槨・副槨が一列に並び両方が竪穴式石槨である点[6]、石槨最上面が地上面とほぼ同一であった点[7]、主槨の床面が副槨のより低い点、などから調査者は遺構の相対編年のうちで最古の段階に属するものとしている。暦年代は他の古墳群、例えば五倫台9-10号墳・福泉洞21-22号墳などの年代観を参考にしたうえで、5世紀60年代に設定されている。さらに古墳群の造営期間についても、同様の理由で前述の5世紀60年代から6世紀初頭のごく短い間に想定されている。

　以上の遺構に関する調査者の見解を受けて、以下、少しく検討を行ってみたい。

　図3-1-5に示した遺構配置をみると、検出された遺構のなかには、主軸方向がほとんど

同一のものがあることに気が付く。同一軸をとるものは2〜4基単位[8]で分布しており、先述の遺構の相対編年案を参考にして、相対的に古い時期の遺構を起点とする遺構群を想定すると以下のように群を分けることができる。

　　・1、2
　　・3、4、5
　　・7、8
　　・11、12、16
　　・14、15
　　・18、29、30
　　・37、31、32
　　・34、35

9と17号の2基も1つの群をなす可能性を残している。

　一方、検出された遺構のうちで、石槨内面の平面規模が判明しているものについて、縦軸に長辺、横軸に短辺をとって図3-1-6のようにグラフ化してみた（グラフの数値は、調査報告書記載の実測値による。）。グラフをみると、遺構の平面規模は短辺の長さはそれほど差が大きくないものの、長辺の長さの差によって、大きく3つのグループに分かれることがみてとれる。

　小形のものは3号墳と18号墳の2基のみ。

　大形のものは7・9・23・33の各号墳[9]（7号墳は、主槨と副槨が縦に一列に並んでいるので両者を合わせた全長でグラフのポイントをおとしている）。

　中形のものが残りすべてである。

　つぎに、大・中・小の分類を先に提示した図3-1-5の遺構配置に再び重ね合わせてみると、大形墳はそれのみで一つのグループを作ることはなく、中・小形墳の作るグループのうちの1基をなしている。例えば、7号墳は8、11、16号墳の、9号墳は8、15号墳の、33号墳は37、31、32号墳の各グループ中の1基である。しかしながら、各グループ内の大形墳の造営順位では、7号墳が最初のものであるとか、9・33号墳が最後のものであるとか、順不同である。

　各グループを築造した主体は、何らかの系譜的につながりをもつ人間集団であると考えられる。そういった集団が累代で遺した古墳の数が3〜4基しかない、ということは、先に遺物の検討からも導き出されたような、古墳群全体の造営期間が短い、数世代にしかわたらない、ということを示している。

　系譜的につながる集団が数世代にわたって築造した数基の古墳が、さらに集合した結果できあがったものが、一つの古墳群であるとすれば、そこにおける大形墳というものの位置付けはどうなるのであろうか。

　堂甘洞古墳群にみられる大形墳は、小・中形墳とは立地において一連のものなので、大形墳の被葬者が、堂甘洞古墳群を遺した集団から浮き上がった者ではなく、古墳造営当時に当該集

第3章 洛東江東岸地域の事例―新羅周縁部を中心に―

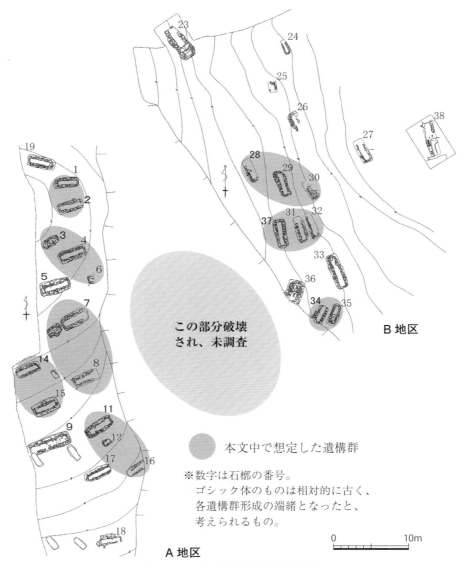

図3-1-5 堂甘洞古墳群遺構配置図

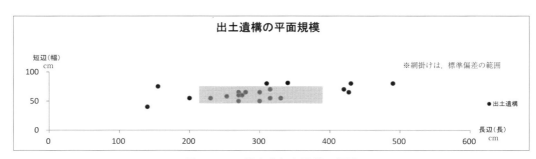

図3-1-6 検出された遺構の規模

団間で、政治的・経済的にみて比較的優位に立った、という程度の者の所産であることを示している。しかし、大形墳のみのグループが存在しないことから、古墳群を遺した集団中に、世襲的に継続した有力者がいなかったことも想定できる。このような大形墳の在り方は、逆にいえば集団内の有力者の地位が不安定で、時どきの何らかの状況に左右されたことを示している、と考えられるのである。

V まとめ—史的展望—

　堂甘洞古墳群とほぼ同時期・同一地域に築造されていた福泉洞古墳群［鄭澄元・申敬澈 1982, 1983］では、豊富な副葬品をもった大形墳が、時代をおって連綿かつ整然と築造され続けている。福泉洞古墳群の被葬者は、このような遺跡全体の質的・量的側面から、東萊地域にかつて存在した政治体の世襲的な首長層としてとらえられる。一方、堂甘洞古墳群は、福泉洞古墳群との対比においてみる限り、首長層よりは下位の階層の所産と考えられる。したがって、少なくとも地域においては、首長には世襲制が確立していたが、下位の階層[10]については、先述したように世襲制の成立がみられず、階層内の有力者の位置は不安定なものであった、とみることができる。

　さらにいえば、堂甘洞古墳群中の大形墳も中・小形墳も副葬することができた土器・鉄器に関しては種類にほとんど差がない（量的な側面については、盗掘の影響が大きく、判断できない。）。つまり、質的側面を根拠とするだけでは危険かもしれないが、堂甘洞古墳群を遺した集団における有力者といっても、出土した遺物の組成からみる限り、集団内でそれほど隔絶した力をもっていたとは考えにくいのである。

　では、堂甘洞古墳群に葬られた有力者（首長層の下位階層中の有力者）と、福泉洞古墳群に葬られた有力者（首長層）との関係はどうであろうか。堂甘洞の例でいえば、福泉洞古墳群が造営を開始してから、約1世紀半遅れて、首長層のみならず下位の階層まで古墳を造営するようになった[11]。換言すれば、首長層の政治体内部での権力は、5世紀半ば以降の段階では、古墳の造営を排他的に実行できなかった点からみて、絶対的なものではなかったことが考えられる。

　前述したように、首長層の下位階層中の、有力者の安定度が、それほど高くないのにもかかわらず、このように首長層に対してある程度の政治的力関係をもつようになった、ということには、2つの要因を挙げることができる。

　一つは、経済力の発達である。前に述べた大形墳であれ小形墳であれ、古墳を造り上げること自体、ある程度の経済力を有していないとできないことであろう。副葬品からみても、被葬者の経済力の発展がうかがわれる。と、いうのは、実物の武器を副葬できたということが、副葬される量を上回る量が供給されたことを示している（そうでなければ、戦闘体制が維持できないであろう）からである。またそういった武器は、首長の所有物の配布を受けたのではなく、

個人的（または階層として）に所有したもの（要するに自前で武器を用意した）とみられる（そうでなくては、副葬品として、自身の墓のなかへもって行けなかったであろう）ので、武器を手に入れられるだけの経済力があったことを、考えなくてはならないからである。以上、堂甘洞古墳群の被葬者は、首長層からある程度経済的に自立していた、とすることができよう[12]。

　しかし、遺された古墳群をみる限りでは、首長層との間には大きな格差がある。何故ならば、副葬品（馬具・甲冑・装身具等）にうかがわれるように、首長層は本質的に武器を自己の所有物の中心におく人々、換言すれば戦闘的武人的な性格が強いのに対して、堂甘洞古墳群を造営した階層は、やはり副葬品からうかがわれるように、本質的に農具を中心におく農民的性格の強い人々であったからであろう。経済的に力をもっていたとはいえ、首長層との間には隔絶したものがあったからでもあろう。

　もう一つは階層は、リーダー個人ではなく集団として、首長層に相対していたのであろうということである。5世紀後半代の洛東江水系一帯において、個々の政治的内部は武人である首長層と、有力農民層、一般の農民層などの連合によって成立していた、と想定される。

　一つ一つの領域が地形上完結性の強い地域にあっては、地域防衛のために国民皆兵的なかたちをとらざるをえなかったであろう。しかし、領域内の人々が個々勝手に首長層の指揮に従っていては、軍事力の統率がうまくゆかない。そこで首長層の指揮下、一般の農民を兵士として統率し、ことにあたるのが大形墳に葬られた有力農民層であると考えられる。古墳群の被葬者集団中の有力者（＝大形墳の被葬者）が、戦時にはリーダーとして主に鉄鏃で武装した兵士たちを率いて、自らは鉾・剣・刀を帯びて、首長の指揮下、戦闘にあたったのであろう。

　さらに先に述べたように有力農民層は、地位は不安定なものの、一般の農民から浮き上がった存在ではない。ということは、一般の農民層の代表としての側面をももっていたのであり、その意味で、有力農民層は一般農民層を背景として、集団で首長層に相対していた、と考えられる。

　こういった階層間の結び付きが強固な段階では、政治体自身は容易に百済・新羅という周囲をとりまく地理的完結性を超えた領域を統治する政治体による、征服・統合を受けることはなかった。ところが、関係が弱まったとき、例えば卓淳国の場合（『日本書紀 巻十九 欽明天皇二年夏四月および五年春三月の各条』[13]）のように、首長層の方が、新羅に内通してしまうと、政治体はもろくも崩壊してしまうのである。史料でみる限り、地域に成立した諸政治体は、武人・農民2つの階層の、バランスの上に成立していたのであろうし、バランスを維持しようとする力が働いている間は、政治体内部の結束も維持されていたであろう。

　ただ、堂甘洞古墳群の所在する東莱地域に成立した政治体の場合、古墳群が造営されていた当時、新羅慶州の勢力に対し、いま述べた水準までの政治的自立性をもっていなかった［李熙濬2007：260-269頁］。むしろ新羅慶州勢力による東莱の首長層への干渉の結果、首長層の社会内部への統制力の低下がもたらされ、新羅慶州による間接統治、あるいは軍事的側面を理由に社会内部の統制を強化する必要もなかったとみられる政治的状況の成立などが、下位集団に経

済的自立を促したものと考えられる。結果として社会内部の階層分化の進展と並行して、堂甘洞古墳群の造営へとつながっていったものと考えられる。

［注］
(1) 第2章第2節1の注（6）を参照。
(2) もちろん、本来ならば相関係数等を求めて、統計学的に数値を処理しなくてはならない［柳井・岩坪 1976］のであるが、母集団の数があまりに少ない（一桁）ことから、そこまでの処理を行う意味が認められないので、今回は粗っぽく、単にそれぞれの間のパーセンティジを出すのみに留まった。
(3) このような首長層の下位階層の遺した古墳群のみならず、首長層の遺した古墳群からも、鉄製農具と推定できる遺物は出土している。だからといって、首長層が農業を生業の中心においていた人々であった、とはいえない。副葬された鉄器の大部分が武器だから（例えば福泉洞 10-11 号墳）である。首長層に副葬された鉄製農具は、自体富の象徴ともいえるし、実際、首長層が直接的に支配した人々に農耕をやらせるためのもの、とも考えられる。
　ちなみに、新羅（慶州）の王陵に比定される古墳出土の鉄製農具についても、同様であろう。
(4) 報告者によれば、単室墳にも実際に副槨をもたないものと副槨をなかに取り込んで外見上は単室墳にみえるもの（後者の代表的なものは 9 号墳と 33 号墳）との2種類がある、ということである。
(5) 平面プランについては、以下のような形式分類である。
　　Ａ1：時計の回転と反対方向に側壁を造ってゆく形式。
　　Ａ2：時計の回転する方向に側壁を造ってゆく形式。
　　Ｂ：両長壁をまず築造後、両短壁を築造する形式。
　　Ｃ：両短壁をまず築造後、両長壁を築造する形式。
　　Ｄ：四壁を同時に築造したと思われる形式。
　同じく側壁の築造技法については、以下のような形式分類である。
　最下段は、
　　Ⅰ：石の最大面を上下にもってくる平積。
　　Ⅱ：石の最大面を左右にもってくる垂積。
　　Ⅲ：両者の混用。
　中間部は、
　　Ａ：平積した石のこぐち面を内側にもってくる横平積。
　　Ｂ：平積した石のこば面を内側にもってくる縦平積。
　　Ｃ：両者の混用。
(6) 申敬澈氏によれば［鄭澄元・申敬澈 1984：Ⅳ 考察］半島南部の三国時代に属する諸大形古墳の内部主体は、独立した副槨をもち両者が一列に並ぶ点は変わらないものの、構造が両者共に土壙木槨であったものが主槨のみ竪穴式石槨となり、さらに両者共に竪穴式石槨となり、最後に両者は一つになり単槨墳となると考えられている。そして堂甘洞 7 号墳の場合、両者が共に竪穴式石槨であり、五倫台第 9-10 号墳［金廷鶴・鄭澄元 1973］と同じく、複室墳の最後の段階に属するものに位置付けられている。
(7) 注(5)と同じく申敬澈氏によれば［鄭澄元・申敬澈 1984：Ⅳ 考察］、半島南部の三国時代の諸墳は年代が下るにしたがって、内部主体が地上化する傾向がみられるという。そう考えるならば、7 号墳石槨の最上段のレベルが地表面とほぼ同一であることは、地上化する傾向がはっきりしてくる端緒（5 世紀後半）にあたる、とされる。
(8) かつて松井忠春氏が指摘したように、地域の三国時代古墳には、2基1対志向というものが存在するようで、現れ方の一つなのかもしれない［松井 1990］。

(9) 7・9・23・33の各号墳が大形墳の範疇に入る、としたわけであるが、さらに7・9号墳の2基と、両者よりやや小形の23・33号墳の、2つのグループに細分される。細分の意味付けは、今後の課題としたい。

(10) あくまでも下位の階層である。首長をとりまく階層・直属の階層については、福泉洞古墳群で現に検出されているように、首長が葬られた大形墳の周囲の小形墳として表れている、と考えられるからである［木村1987］。

(11) 第2章で検討した高霊池山洞古墳群でも、こういった中小形墓が多く造られるようになる時期が確認されている。ただし、池山洞古墳群では、「同じ」池山洞古墳群の造墓空間の内部で展開するのに対し、東萊では、堂甘洞古墳群と福泉洞古墳群の様相にみられるように、別個の造墓空間で展開する。時期も高霊では1世紀近く遅れる。

(12) 出土した鉄器は、当時の社会において権威を得るために不必要になったものを副葬した結果である、との考え方もある。が、もしもそうだとしても、不必要になった鉄器を鋳直すなどして再利用することなく副葬する、という点に、より多くの鉄器が供給された実態をみるべきであろう。ひいては、被葬者の経済力の発展を考えるべきであろう。
　　また、先に本文中でも簡単にふれたが、昌寧地域様式土器を入手していたことも、通婚関係の結果かもしれないが、独自に昌寧の集団と交渉し、土器を入手できるだけの経済的な力を想定できるのかもしれない。

(13) 欽明紀二年四月の条では、任那復興問題について、百済の聖（明）王（26代 A.D.523～554在位）が、伽耶小国家（政治体）が何故新羅によって滅ぼされたのかを語る言葉のなかに、現在の慶尚北道大邱市にあたる［坂本・家永・井上・大野1965、金基雄1978、東・田中1989］卓淳国が滅んだ原因を以下のように言っている。「（前略）非_新羅自強故、所_能為_也。（中略）其卓淳、上下携貳。主欲_自附_、内_應新羅_。由_是見_亡_。」（原文縦書、返り点は坂本・家永・井上・大野：1965による。）つまり伽耶諸国が新羅に滅ぼされていったのは、単に新羅が強勢であったからだけではなく、伽耶諸国のなかにも原因があった。卓淳国の場合、支配者層が新羅に「内應」して、国家内の「上下」の考え方が「貳」つに分裂してしまった、それが滅ぼされた原因である。聖王の言葉の内容を要約すると以上のようである。聖王の言葉にある「上下」のうち、「上」にあたるものが、福泉洞古墳群を遺した階層（＝首長層）であろうし、「下」にあたるなかに堂甘洞古墳群を遺した階層も含まれるのであろう。
　　同様に、欽明紀五年三月の条でも、百済の聖（明）王は、「（前略）至_於卓淳_、亦復然之。假使卓淳國主、不_為_下内_應新羅_招_上寇、豈至_滅乎。歴_観諸國敗亡之禍_、皆由_内應貳心人一者_（後略）。」（返り点は坂本・家永・井上・大野1965による。）と、卓淳国以外の「諸國」も、新羅に対する「内應貳心」の結果滅亡したのだということを指摘している。

第2節　義城 ―長林洞古墳群―

I　はじめに

　筆者は従来から、三国時代の洛東江および周辺の小河川水系（以下、洛東江水系一帯と記述する）に存在していたと考えられる政治体（文献史学でいうところの伽耶）の性格について、考古学的に少しでも考究したいと考えていた。ここでいう政治体は、当時の生活の場であったと考えられる集落址がほとんど調査されていないという現状からみて、考古学的には水系一帯に

展開する古墳群の分布と年代（編年）からうかびあがらせることができる。つまり、洛東江水系一帯の限定された小平野の周辺丘陵に、年代を同じくして複数の古墳群が展開する状況を、当時の政治体の考古学的表象と捉えるのである［木村1985］。古墳群の性格を考究することが、とりもなおさず、政治体の性格を考究するいとぐちの一つになると考えられるのである。

　つぎにここでとりあげるのが義城長林洞古墳群である。長林洞古墳群の所在する地域は洛東江の最上流にも近く、金龍星氏の指摘するように［金龍星1990］、文献史料でみる限り、新羅が百済・高句麗と境界を接していた場所と考えられ、政治的経営に新羅が留意したと思われる地域である。さらに、先に検討した東莱地域（第3章第1節参照）とは洛東江の南北に対称的な位置関係にもあたる。こういった地理的な関心から、本古墳群をとりあげてみるのである。

　以下、1983年に刊行された調査報告書［尹容鎮1983］の記述を基にして、若干の私見をまじえつつ、調査経過と古墳群の内容を簡単にふりかえることにする。

Ⅱ　調査経過

　1980年に、これまで古墳群の所在が知られていなかった丘陵で、本古墳群が盗掘され破壊されている状況が慶尚北道当局に知られるところとなった。事後処理のため、尹容鎮氏を中心とした慶北大学校博物館が調査を行い、義城郡当局が遺跡の復旧を行うことになった。

　報告書によれば、分布していた100余基が全体にわたって盗掘をうけていた。調査の対象となったのは66基であるが、19基（調査対象の29％）が完全な盗掘を受けていた。調査は、図3-2-1に示したように古墳の密集分布状態によって、Ⅰ～Ⅷ地区に分けて行われた。

Ⅲ　立地と環境

　古墳群の所在する大韓民国慶尚北道義城郡丹村面長林洞は、前述したように洛東江上流にあたる。古墳群周辺の地形は、図3-2-2のとおりである。長林洞古墳群は、正確には洛東江支流で北流する眉川のさらに支流である望栗川流域に所在し、東西に長い標高150m前後、幅20～60mの丘陵の、頂部から斜面にかけての全体に分布している。

　報告書の記載によれば、この長林洞古墳群よりさらに上流の（望栗川流域を含んだかたちでの）眉川流域には、丹村面観徳洞、同併方洞、同後坪洞古墳群など［以上、尹容鎮1983］が所在し、最上流部に至る。逆に眉川を北へ下ってゆくと、洛東江と合流する近くの安東郡一直面には安東造塔洞古墳群が位置する［秦弘燮1975］。造塔洞古墳群のやや下流で眉川の川幅はいったん狭くなり、両岸に山地がせまる地点がある。このように、眉川流域は、上流部から造塔洞古墳群の所在するあたりまで、狭いながらも一定の地理的まとまりを形成しているようである。

　眉川との合流点より洛東江を上流に行くと、安東地域の中心地安東市に至る。周辺で調査された古墳群には、中佳邱洞［秦弘燮1977］、馬洞［李浩官1974］、恩義洞［任世權1988］、水谷2

第3章　洛東江東岸地域の事例―新羅周縁部を中心に―

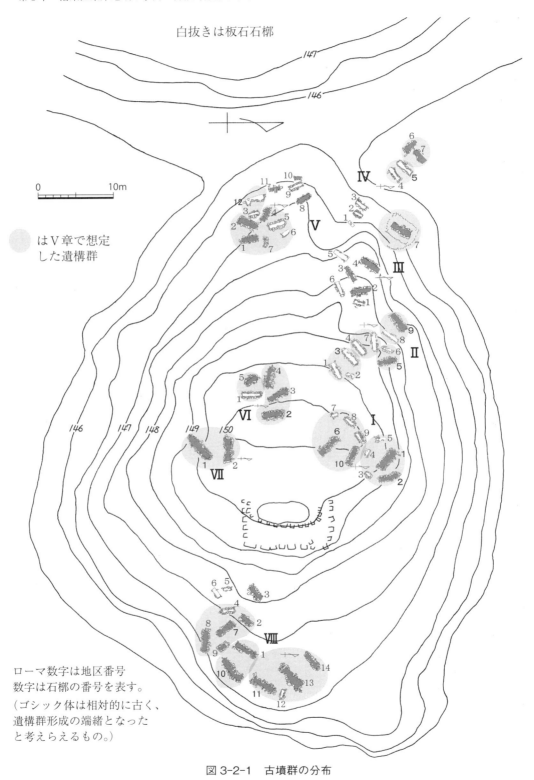

図 3-2-1　古墳群の分布

第 2 節 義城―長林洞古墳群―

表 3-2-1 周辺の古墳群の内容

古墳群			出土遺物にみられる指標						遺構にみられる指標							築造期間
			装身具（出字形冠・耳環・腰佩）	装身具（耳環・帯金具）	装身具（耳環）	鉄製利器	鉄製馬具	鉄鋌	土器のみまたは無遺物	大型竪穴系横口式石槨	副槨	小型竪穴系横口式石槨	外護列石	陪葬としての小型竪穴式石槨	小型土壙	甕棺	AD 500 600
安東地域	洛東江流域	枝洞															
		中佳邱洞															
		馬洞															
	眉川流域	長林洞															
		造塔洞															

洞、栗里、枝洞［以上、尹容鎭ほか 1989］などがあり、新安洞・新世洞、玉洞［以上、文化財管理局 1977］などの古墳群の存在も知られている。

このうち、調査が一部にしかおよんでないものの、比較的内容が判明する枝洞、造塔洞、中佳邱洞、馬洞［金元龍 1979］、そしてこの長林洞古墳群について、報告書等を基に内容の一覧表を作ると表 3-2-1 のようになる。

表に表現しきれない点を若干述べると、馬洞古墳群で、等高線に沿って「縦列方向に明確な時間的経過を顕現［松井 1990］」させている遺構のグループがあり、単位集団の析出も可能な部分があることと、枝洞古墳群の 2 号墳からは出字形金銅冠、青銅製腰佩などが出土しており、安東地域の中心古墳群（または首長と新羅慶州が認定していた者？の古墳群）と考えられるが、枝洞の他の古墳からは銅製耳鐶、陶質土器くらいしか出土していない、ということがある。

ほかには、恩義洞古墳群の調査が知られており、遺物の内容は、基本的に副葬品が貧弱で、陶質土器が中心であった。鉄製品もあったが、利器が中心で甲冑、馬具の類はなかった。遺構は大、小 2 種類の竪穴式石槨からなっていた。この点では、階層分化がみられるようである。年代は、陶質土器の様相から 5 世紀後半を前後とする時期にわたるようだが詳細は不明である。

長林洞古墳群と安東市中心部との間は、地図上の直線距離にして約 19km であるが、比高差はあまりなく、河川を利用すれば通行は比較的容易であると考えられる。

一方、長林洞古墳群が所在するのは義城郡で、中心の義城邑は山をこえた反対側になる。義城地域で調査された義城塔里古墳［金載元・尹武炳 1962］、同大里古墳［金基雄 1968］、同鶴尾里古墳群［慶北大学校博物館 2002］は義城邑の南にあたり、義城邑と同一の水系になる。上記

3古墳群は、地名は異なるが同一古墳群とみてよいと考える［慶北大学校博物館2002：図面2］。副葬品に豊富な銀製、金銅製の装身具類（冠、腰佩、帯金具、飾履、耳飾など）や装飾付太刀、鉄製馬具が出土している点や、大規模な封土の下に複数の内部主体（積石木槨、竪穴系横口式石室）が造られていた点などからすると義城の中心古墳群と考えられる。後述するように新羅慶州、高句麗双方の影響下の当該地域における首長層の墓域と想定できる。年代は、定森氏のいうように［定森2015d］5世紀中葉から後葉にかけてと考えられる。

そうなると長林洞古墳群は、南北に塔里（大里）、枝洞2つの中心古墳群にはさまれていることになり、帰属が問題になる。

地理的には長林洞から義城邑へは分水嶺をこえることになり、義城邑の際を流れる南大川とは水系を異にする。長林洞から義城邑に出ようとすると標高300m前後の山地をこえなくてはならない。長林洞からの比高差は150m前後、直線距離にして約9.3kmになる。

さらに長林洞古墳群の所在する地域に関して、『三国史記 巻三十四 雑志第三 地理一』によれば、新羅景徳王代（A.D.742〜765）の行政区域では安東地域に属していて、のちに義城地域に属するようになったことがわかる。

したがって以上のような、地理的条件と文献の記載をみるかぎり、長林洞古墳群の所在する眉川流域は一定のまとまりはもっていたものの、かつて安東地域に存在した小国（『三国史記 巻三十四 雑志第三 地理一』によれば古陁耶国？）に属し[1]の周縁部を構成した人々、もしくは後身の人々によって築造されたものとみることができよう。

ただ、Ⅳ以降でも述べるように、土器様式の面では義城邑地域の影響を免れてはいないこともあり、安東地域に属していたにしても、完全に周辺地域と隔絶していたとはいえないのも確かである。

Ⅳ　遺　物

埋葬施設内の土器で、原位置を保っていたものは一方の短辺側に整然と立ち並べられた状態で出土している。基本的に盗掘を免れたものであり、本来埋納された遺物のごく一部でしかない。報告書に記載されている遺物から長林洞古墳群の検討を行うには、この前提に基づかなくてはならない。また、実際に蓋石が完全に遺存していて、盗掘の形跡がなかったと報告されているⅧ-12（報告書でいうⅧ地区12号槨のこと、以下同様に記述する）のような例があるので、遺物の出土がなくても、盗掘のためだけではなく、最初から何も副葬されなかったということも想定しなくてはならない。

とりあえず、出土した遺物の内容を報告書により述べる。

出土した遺物は土製品が大部分であり（土製品だけで遺物総点数の87％を占める）、このうちでも陶質土器が主流を占める。陶質土器の器種は、有蓋高坏、無蓋高坏、把手付坏、坏、蓋、鉢、台付長頸壺、長頸壺、有台短頸壺、短頸壺、台付無頸壺などがあるが、報告書でも指摘さ

第2節 義城—長林洞古墳群—

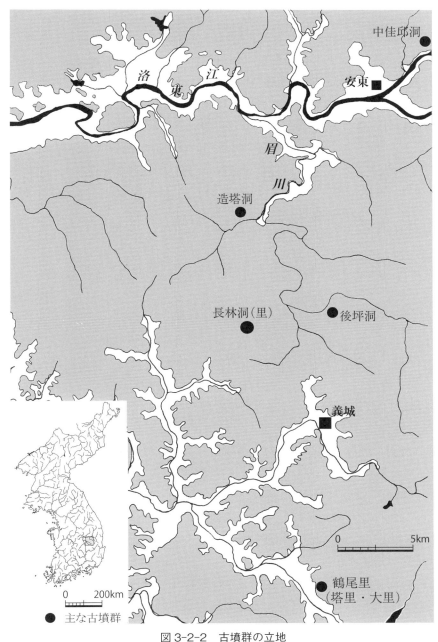

図 3-2-2 古墳群の立地

れているように、中心となる器種は、高坏（有蓋、無蓋の両方）、把手付坏、長頸壺（有台、無台の両方）の3つである。

他には赤色軟質土器があり、器種は把手付坏、坏、短頸壺などがある。土器以外には紡錘車がある。

土製品以外では、若干の金属製品がある。金属製品は、大きく青（金）銅製品と鉄製品に分

けることができる。前者は耳環のみ（装身具）であるのに対し、後者は刀、刀子、鎌、鏃など利器または武器で、1点のみが帯金具（装身具）である。ほかに不明鉄片などがあるが、同じ鉄製品の甲冑、馬具の類いや金、銀製品などは出土していない。

　以上が、出土した遺物のほとんどである。表3-2-2に一覧にしてみた。このうちで、赤色軟質土器、鉄製品は、ある程度年月を経過した後は比較的に脆くなっているので破損し易く、盗掘を免れたり、たとえ盗掘をうけても破片が石槨内に残存する率が高い。したがって、現状で赤色軟質土器、鉄製品のみられない石槨には、初めから両者が副葬されなかった可能性が高い。反対に、陶質土器、青（金）銅製品は比較的堅牢で盗掘の影響がどのくらいか推量ることができない。こういった意味では、後述するように石槨の規模の大小により金属製品の有無があるのは、やはりある程度の階層分化の証左とすることができる。

　遺物から考察すべきことは、性格論（何故、副葬されたのか、など）と年代論の2つに大きく収斂することができる。

　はじめに、遺物の性格について考えてみたい。土器の器種は、前述したように陶質土器の高坏、把手付坏、長頸壺の3器種が中心となる。3種類のいずれかが出土した古墳は、何らかの土器が出土した古墳36基中の86％（31基）にもおよぶ[2]。ただし、31基における2種の器形の一致係数を試みにとると、それぞれ0.17（高坏と把手付坏）、0.4（高坏と長頸壺）、0.41（把手付坏と長頸壺）となる。結果からすると、長頸壺を一方に含む組み合わせの一致係数が高いことがわかる。陶質土器のうちで長頸壺だけが選択的に盗掘から免れたとは考えにくいので、長頸壺が他の2者と互いに組み合わさっているというかたちをとっていたのが実態となろう［柳井・岩坪1976］。これは供献されたものとみるべきであり、定森秀夫氏の指摘するように［定森2015d：註10］泗川、高霊地域などの古墳にみられる土器の組み合わせとは異なっている点[3]から、義城地域の独自性をそこにみるべきである。なお長林洞古墳群にみられる陶質土器の組み合わせの傾向は、中佳邱洞、馬洞で調査された古墳でも確認できる。

　ところで遺物の組成からすると、さきに第1節で筆者が検討した東莱堂甘洞古墳群の組成と比較して、基本的に同様の農民的性格を被葬者がもっていたことが考えられる。ただし鉄製品に武器、利器的側面が若干強く（そこには後述するように、地理的要因が考えられるが）かつ装身具が存在する点と、青（金）銅製装身具―ただし耳環のみだが―が出土している点は異なっている。盗掘の影響を考慮するにしても、副葬品は全体に貧弱であり種類も限られていることから、長林洞古墳群の被葬者は―内部で階層分化していても―全体的に首長層よりは下位の階層に属する者に位置付けられよう。そして遺物組成、性格は、古墳群の造営期間全体を通じて基本的に変化がない。

　つぎに、遺物からみた古墳群の年代と、そこから派生することを検討してみたい。

　遺物から古墳群の年代を考えるにあたっては、やはり中心となる陶質土器を主にしなくてはならない。図3-2-3に、年代の指標とできる古墳群出土の高坏について、図示してみた。陶質土器の年代について、筆者は、主として長林洞古墳群を含む洛東江水系一帯の、他の古墳群

第 2 節　義城―長林洞古墳群―

表 3-2-2　調査成果一覧

地区番号	石槨番号	遺構				陶質土器						軟質土器	土器小計	備考その他の副葬品
		石材	規模（単位cm）			蓋	高坏	壺		把手付坏	その他			
			長	幅	深			長頸壺	短頸壺					
Ⅰ	1	割石	293	73	(78)								2	
	2	割石	233	67	(53)	1				1			2	
	3	板石	84	31	42	1			1				2	短頸壺は小形
	4	板石	97	32	(50)									
	5	板石	105	32	(46)									
	6	割石		68	(80)	2	1						3	高坏1点有蓋
	7	板石	82	32	(27)									
	8	板石	140	50	44									
	9	板石	135	47	(50)							1	1	
	10	割石	225	58	(90)	1				1			2	
Ⅱ	1	板石	260	47	47									紡錘車1
	2	板石	98	38	(37)									
	3	板石	250	50	(48)	5	1						6	高坏2点有蓋
	4	板石	221	57	55									
	5	割石	233	56	(52)	1	1			2			4	高坏は有蓋
	6	割石	111	30	(63)									
	7	板石	226	54	(60)					1		1	1	軟質坏
	8	割石	193	53	(44)									
	9	割石	270	72	(43)	3						1	3	軟質牛角把手
Ⅲ	1	板石	154	52	(35)									
	2	割石	270	67	(70)									
	3	割石	225	46	(83)			1					1	
	4	割石	296	70	(60)				1				1	
	5	板石	164	70	37									
	6	板石	183	46	(50)									
	7	割石	262	75	(76)	4	1		2	1		1	8	高坏1点有蓋　軟質広口壺　鉸具（馬具か）1
Ⅳ	1							1					1	破壊著しい
	2	板石	117	34	(38)									
	3	板石	150	45	(37)									
	4	板石	186	45	(43)									
	5	板石	220	60	(53)	1							1	
	6	割石	197	60	(22)	1	1						2	高坏は有蓋
	7		210	60	(20)									
Ⅴ	1	割石	228	64	(42)									
	2	割石	240	90	(63)									
	3		133	42	(54)									
	4	板石	182	45	(55)									鉄製鎌1
	5	板石	210	64	(64)	1							1	
	6	板石	(90)	46	(37)									
	7	板石	114	27	47	1	1			1			3	
	8	割石	174	45	58	1						1	1	軟質広口壺　鉄製刀子1　鉄刀1
	9	割石	175	40	(27)									
	10	板石	77	32	30									甕棺
	11	板石	132	34	(44)	1							1	高坏は有蓋
	12	板石	242	63	(50)	3				1			4	高坏2点有蓋　青銅環1
Ⅵ	1	板石	232	60	60									
	2	板石	235	57	58	3	2					1	5	高坏2点有蓋　軟質把手付坏
	3	割石	272	53	63	1							1	
	4	板石	255	70	(84)							1	5	軟質坏
	5	割石	158	51	(53)					1				
Ⅶ	1	割石	370	80	(126)	3							3	
	2	割石	300	67	78	1	1						2	刀子か?1　鉄製鎌1
Ⅷ	1	割石	305	76	(121)	2	6	2		1	2		13	有孔広口壺　鉢　鉄片？鉄製刀子4
	2	板石	150	54	70	1	1				1		3	把手無坏
	3	板石	175	80	78	1							2	短脚高坏
	4	板石	147	42	45									
	5	板石	94	30	52					1			1	
	6	板石					1							破壊著しい
	7	割石	237	70	84	1				1			2	鉄鎌1　青銅環1
	8	割石	275	70	78	2	2			1			5	高坏1点有蓋　鉄製刀子1　鉄鎌2　青銅環1　金銅環1
	9	割石	142	45	48				1		1			盆
	10	割石	320	80	122	2				1	1	1	4	大形壺　軟質広口壺　鉄製刀子1　鉄鎌1　青銅環1
	11	割石	313	80	90	5	1	1		2			9	短頸壺・有台短頸壺各1点　紡錘車1
	12	板石	110	32	48									
	13	割石	324	118	126	3	2			1			6	鉄製鎌1　鉄製刀子1　金銅環2
	14	割石	210	65	84	1							1	金銅環2

※Ⅷ地区11号墳出土の無蓋高坏の1点は、内傾する口縁が残るが、詳細不明。
※高坏は基本的に無蓋。
※長頸壺は基本的に有台
※盌は把手付が原則だが、把手の付かないものも一部含む。

第 3 章　洛東江東岸地域の事例―新羅周縁部を中心に―

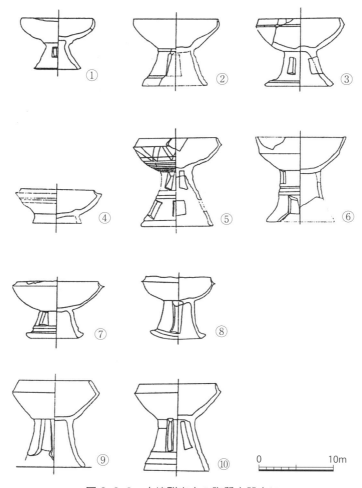

図 3-2-3　古墳群出土の陶質土器高坏

出土の陶質土器を参考に、かつて 5 世紀中期後葉から 6 世紀後半と考えたことがあった［木村 1987］。

　後、陶質土器の編年研究のうち、長林洞古墳群にもふれていて筆者の管見にのぼったものに、定森秀夫［定森 2015d］、朴升圭［朴升圭 1990］両氏の研究がある。

　両氏ともに、この古墳群出土の陶質土器の高坏を、義城地域在地のものと他地域からの移入品に分けて編年作業を行っている。2 種類の陶質土器には、石室による偏在はみられない。定森氏は、同じ義城郡内にある義城塔里、大里両古墳出土の陶質土器をも参考にし、Ⅰ、Ⅱの 2 段階に区分している。朴升圭氏は、Ⅰ～Ⅳの 4 段階編年を行っている。朴升圭氏の場合脚部に一段透かし穴をもつ高坏を、器形から 7 種類に分けることによってなされている。氏の編年では、本古墳群出土の高坏はⅡ～Ⅳ段階にあたる。

　両者の相対年代観はほぼ一致しており、相対的に古いもの（定森Ⅰ段階または朴Ⅱ段階）に、

Ⅰ-2〔図3-2-3の-①、以下同じ〕、Ⅱ-3、Ⅱ-5⑤、Ⅱ-9⑥、Ⅳ-5②、Ⅴ-12、Ⅵ-2、Ⅶ-1③出土のものなどが例示されている。それ以外に、文脈上上記2氏の各段階に位置付けることができるものとして、Ⅲ-7例（定森氏のいうF類でⅡ段階）よりも形式的に前出するもののⅡ-9、Ⅵ-3、Ⅵ-4、Ⅷ-7、Ⅷ-11例がある。

つぎに新しい段階のもの（定森Ⅱ段階または朴Ⅲ、Ⅳ段階）には、Ⅰ-6⑦、Ⅰ-⑩、Ⅱ-3⑧、Ⅴ-11、Ⅶ-2、Ⅷ-1⑨、Ⅷ-11⑩、Ⅷ-13出土のものなどが例示される。定森氏・朴氏ともに最も新しい段階とするものには、Ⅰ-6、Ⅷ-3④例がある。他にも器形から、Ⅰ-2例より形式的に後出すると考えられるⅠ-10、Ⅴ-12、Ⅵ-2出土例が、Ⅲ-7の類例としてのⅡ-9出土例が、Ⅴ-5、Ⅴ-7、Ⅵ-2、Ⅷ-7、Ⅷ-8などがあてはまるようである。

暦年代には両者のあいだに若干のズレがあり、定森氏は、氏のいう塔里Ⅱ段階の系譜を引くものとして、年代は5世紀後葉～6世紀前葉から7世紀初頭（Ⅷ-3③）にかけてと考えている。一方、朴升圭氏は、5世紀中葉から6世紀中～後葉にかけてと考えている。

ここでは先学の編年案を検討することが目的ではないので、是非については論じない。こういった論に共通する成果を利用させていただき、そこから長林洞古墳群について何がいえるのかを考えてみたいのである。とりあえず石槨内から出土した土器には、眉川流域～義城地域の在地のものと他地域（定森氏の指摘によれば義城よりは南方、慶州か？［定森2015d］）からの移入品の2種類があると考えられることと、相対年代は大きく2～3段階に分けることが可能であり、年代幅はほぼ1世紀強におよぶということ、暦年代は5世紀後葉から6世紀後葉（一部は7世紀初頭か？）[4] に中心がくることの3点を指摘するにとどめる。

Ⅴ　遺　構

ここでは、遺構について考えられることを順に述べてみたい。

封土は、1基を除いて現状ではみられなかった。本来なかったのかもしれない。ただし、Ⅲ-7のみ外護列石とともに痕跡が確認されている点、埋葬施設の上部が地表面より上になるものがある点、Ⅷ地区で施設上部に土がかぶさっていたものが観察された点などから、封土が伴うものがさらにあった可能性を報告書では指摘している。

埋葬施設はすべて平面長方形で、構造面では板石で四壁を構築し上部に平割石を積む竪穴式石槨（以下、板石石槨と記述する）と、平割石のみを用いる竪穴式石槨（以下、割石石槨と記述する）の2種類がある。典型例を図3-2-4に示してみた。1基のみ（Ⅴ-10）、石槨内から口縁部どうしを合わせた2個の甕からなる土器棺が出土している。石槨の規模からは、板石石槨は比較的中、小形のもの（後述する①グループ）に多いという特徴がみられる。

石槨の主軸（長軸）方向を、報告書ではほぼNE-SW、N-S、W-Eの3種類に分けているが、基本的には、図3-2-1にみられるように、等高線に平行するか直交するかの2種類に分けられる。

第3章　洛東江東岸地域の事例—新羅周縁部を中心に—

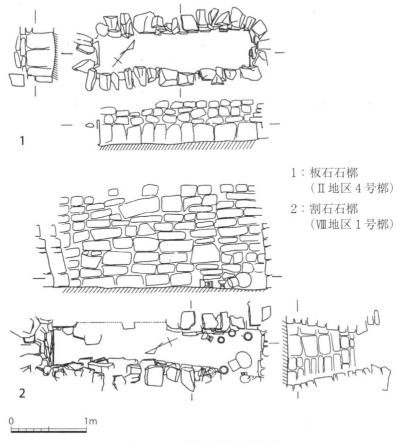

1：板石石槨
　（Ⅱ地区4号槨）
2：割石石槨
　（Ⅷ地区1号槨）

図3-2-4　板石石槨と割石石槨

　石槨の天井構造に関して、2基（Ⅷ-2、Ⅷ-12）は板石による蓋石が確認されたが、他のものには確認できなかった。事実について報告書では、木材によって蓋をされたのではないか[5]、としている。

　各石槨は、先に述べたように盗掘が著しい点と、前述の天井構造が不明確な点などにより、深さ（高さ）の判明する完存例は少ない。一方、平面規模でみると図3-2-5のようになる。図からすると、出土した石槨は、
　　①　長辺、短辺ともに標準偏差以下であるグループ
　　②　長辺、短辺の両方または一方が、ほぼ標準偏差の値のなかにおさまるグループ
　　③　長辺、短辺ともに標準偏差を超えるグループ
の3つに分類できる。

　このような個々の石槨の特徴以外に、複数の石槨が集まった一つの遺構群としての特徴もとらえることができる。

　長林洞古墳群の遺構は、構成する石槨配置の状況から、図3-2-1でもわかるように、

第2節　義城─長林洞古墳群─

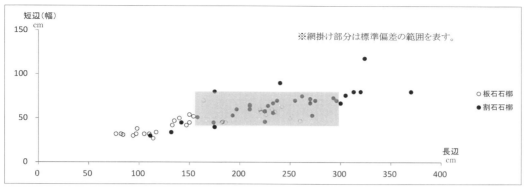

図 3-2-5　石槨の平面規模

　（ⅰ）　複数のものが合わさって1基の古墳をなすもの（例 I-6〜10、Ⅱ-1・2、Ⅳ-6・7）
　（ⅱ）　単独で1基となるもの（例 Ⅱ-9、Ⅶ-1、Ⅷ-13）
の2種類が遺構群構成の基本的単位になっている。

　つぎに石槨配置と構造及び規模の関係をみると、（ⅰ）のような場合、複数の石槨相互の規模に格差があまりないものと、あるものに分けられる。前者は松井氏のいうような夫婦墓［松井 1990］と位置付けることも可能である。一方、後者にあっては上の②、③グループに属する割石石槨または、②グループに属する板石石槨が群の中心をなし、どちらの場合でも周辺に展開するのはほとんどが小形の板石石槨（うえの①グループ）である。この場合、周辺の板石石槨の性格については、2つの解釈が可能となる。

　人骨がみつかっていないので確実なことはいえないが、一つは周辺の板石石槨に遺体が埋葬されていたとすると、中心となる割石石槨または板石石槨の被葬者のあいだには、階層差（と表裏一体の経済力の格差）が存在したとするのである。もう一つは周辺の石槨には誰も葬られなかったとすれば、この種の石槨は、中心となる石槨に対する副葬品室であるとするのである。

　以上のような考え方のどちらに妥当性があるだろうか。例えば比較的に盗掘被害が少ないⅧ地区でも12号に副葬品が皆無であり、12号を周辺に展開させている11号に陶質土器という副葬品が出土している点、Ⅰ地区でも7〜9号のうち遺物があったのは9号のみであった点などをみると、副葬品室というよりは、副葬品はもてなかったが古墳（石槨）を造ることはできた階層（やや下位の階層）の墳墓と位置付ける方が妥当であろう[6]。

　別に、周辺の小形石室は長辺と短辺の平均がそれぞれ111cm（標準偏差24cm）、37cm（同8cm）[7]と、とても成人を伸展葬したとは考えにくいので、両者のあいだにあるのは葬法の差（小形のものは再葬墓あるいは屈葬？）または被葬者の年齢の差（小形のものは小児を葬った？）とみることもできる。しかしすぐ近接する相対的に大形の石槨との位置関係を考慮すると、葬法の差、被葬者の年齢差とするよりも、やはり両者のあいだには、被葬者の階層差が存在し、従属被従属の関係をもっていたととらえるべきであろう。

111

さらに論を進めて、同じ割石石槨どうしの②、③グループの関係を検討してみたい。両者は、先の表3-2-2をみてもわかるように、副葬品の内容に格差はない。③グループの石槨が②グループの石槨を従属させるような配置をとることもない。したがって、両者は基本的に同等の性格をもつ集団の産物と考えられる。

こんどは、比較的規模も近いうえの②グループ間に生じた割石石槨と板石石槨の差の原因を考えてみたい。

一連の遺構系列のなかに異質な墓制がもちこまれる原因に、被葬者の出自の違いを考えることができる。そこには、被葬者の属する階層、おそらくそれに伴うであろう経済的格差、出身地、死因、性、前述したような慣習、年齢などの差という諸属性が含まれよう。他に、時期差などの要因も考えられる[8]。結論的にいえば、両者のあいだの差は、習俗の違いに基づくと考えられる。理由は2つあり、一つ目は副葬品の内容に顕著な差がなく、石槨の構造にしか両者の差異をみいだせない点にある。二つ目は、後述するように一集団内で、規模をほぼ同じくした割石石槨と板石石槨が混在して築造されている例があることは、階層が上下に変動した結果であると考え難い点であり、むしろ習俗（葬法、墓制）を異にする2集団の婚姻等による交流の結果とみることができる点にある。

つぎに視点をかえて、従属する石槨（以下、従属石槨と記述する）をもつもの（以下、被従属石槨と記述する）ともたないものの差異の意味付けを検討してみたい。この場合、副葬品には両者のうちの一方に偏在するものは看取されない。しかし年代に異なる点があり、従属石槨は遺物からみて比較的、相対的に新しい時期に属するようである[9]。ということは、長林洞古墳群を遺した中心集団は、時期が新しくなると自己の墳墓の周辺に従属する階層の墳墓を配置するようになるとみることができる。

以上のことから、長林洞古墳群各地区の遺構を遺した集団は、基本的に大〜中形の割石石槨または板石石槨をとる集団が中心となり、下位に小形の石槨に葬られた集団がくることによって構成されていたと考えられる。中心となる上位集団は、最初単独の石槨からなる遺構を営んでいたのが、時期がさがるにつれて従属石槨を伴うようになると考えられるのである。ただ、いずれの集団にしろ、石槨の構造面からすると同時期の新羅慶州に特徴的な積石木槨または地方的変異というかたちをとっていないので、在地の人々によって営造されたということはいえるのではないか。

さらに各地区は、例えばⅡ地区のようにはっきりとわかる場合もあるが、他地区でも、前で述べた出土遺物による年代観や、それが得られない場合には主軸方向などの石槨配置の特徴から、複数の遺構からなる遺構群を単位として抽出できる。単位が造墓集団であると考えられる（図3-2-1を参照）。各遺構群は、相互に遺構を重複させていない。つまり、墳墓を営むにあたって一定の地区割りがなされ、規制が造墓活動の終わりまで続いていたことを示している[10]。そして各遺構群のなかでも、Ⅰ地区の遺構群の集団などは、周囲に複数の従属石槨を巡らすことができたわけで、この面では比較的強い経済的政治的力量を有していたと考えられる。

第2節 義城—長林洞古墳群—

さきに遺物の暦年代幅にふれたが、それと長林洞古墳群の実際の年代幅とは遺構の性格を考慮すれば異なってくる。実際の年代幅は、5世紀後半から7世紀初頭になるのではないだろうか(11)。もしそうならば、造営期間が1世紀強におよぶなか、各地区にあっては2基（Ⅵ、Ⅶ地区）から4基によって遺構群が形成されている(12)ことになる。各遺構群の平均は3基強で、各遺構群ごとにみれば、1基あたりの築造間隔は、30〜35年ほどになる。松井忠春氏も指摘しているような「家長相続権の移譲に伴って、独立した」古墳を築造していった結果［松井1990：42頁］とすることができるのではないか。

Ⅵ まとめ—史的展望—

以上、義城長林洞古墳群について、調査結果からうかがわれる事項を述べてきた。もう一度、要約してみるとつぎのようになる。

○遺物から
1. 副葬品の中心は土製品（特に陶質土器）で、それに若干の鉄製品、青（金）銅製品があり、内容的には造営期間全体を通じて変らない。
2. 被葬者は、周辺の、他の古墳群の様相と比較して、当該地域首長層よりは下位の階層に属し、基本的には農民的性格をそなえていると考えられる。
3. 副葬された陶質土器には、在地のものと搬入されたものの2種類があり、器種組成は、地域の独自性を示している。

○遺構から
1. 石槨には、構築に用いる石材の形状の違いにより、板石石槨と割石石槨の2種類に分かれ、規模の大小もある。
2. 大・中形石槨と小形石槨という規模の差異の背後に階層差がある。
3. 上位階層の石槨（割石、板石両石槨）がまず造られ、下層の人々の遺した石槨（基本的には板石石槨）は、相対的に新しい時期に出現する。
4. 石槨の構造の差は、被葬者の習俗（葬法、墓制）の違いによると考えらえる。
5. 石槨は、単独もしくは複数により1基の遺構（古墳）をなし、さらに遺構がいくつか集まり遺構群をなすこと。遺構群＝造墓単位集団とみなすことができる。
6. 各地区は1〜3個の造墓単位集団（遺構群）からなり、集団ごとに3〜4基が造営された。墓域設定の地区割りの存在も想定できる。
7. 年代的には5世紀後葉から6世紀後葉の1世紀強が造営期間の中心になる。

つぎにこれをうけて、長林洞古墳群が結局どのような性格であって、義城という地域においてどのように位置付けられるのかを、おわりにあたって検討してみたい。

まず、本古墳群の造営の契機である。本古墳群造営の初期をなす5世紀後葉は、史料からうかがう限り、新羅が高句麗の影響力から次第に逃れ独自路線を歩み始めようとする時期である

[末松1971、井上2004、坂本1978、東・田中1988]。そして義城塔里古墳、同大里古墳の暦年代の下限でもある。両古墳は、新羅慶州地域と共通する積石木槨という埋葬施設をもち、副葬品の装身具類に高句麗の影響をうけて成立したと考えられる[東1988 東・田中1989]。したがって、南方（新羅慶州）と北方（高句麗）の両者の影響をうけた古墳が造営された後、今度は陶質土器についてではあるが、南方のみの外部の文化的影響をうけた古墳（群）が、両古墳の所在地より分水嶺をこえた北側に成立したのは、北方からの文化的影響が相対的に低下し南方からのが顕在化したということであり、考古学の側面から史料の記載を裏付けるものである。ここでいう南方から影響を与えた故地は、Ⅳでふれたように定森氏が想定する慶州の可能性が強い。

それに安東の地は、冒頭でも述べたように、半島の三国時代にあっては高句麗の南境を画する地域であり、新羅慶州にとって義城の経営は重要課題の一つであった[金龍星1990]ので、影響をあたえたことはありえる。事実、李熙濬氏は地域の中心古墳群（塔里、大里、鶴尾里古墳群）に、新羅慶州固有の墓制ともいってよい積石木槨が採用される比率の高さから、4世紀代から交通の要衝、義城に影響力を及ぼしていたことを指摘している[李熙濬2007：305-311頁]。

新羅慶州の影響の程度を、もう少し具体的に検討してみたい。新羅の影響は物質的側面では強かったものの、政治的側面では比較的弱かったようである。何故なら、さきにふれた枝洞2号墳[尹容鎭ほか1989]のような6世紀中葉の、年代が長林洞古墳群の造営期間の後半と重なっている古墳の竪穴式石槨から出字形金銅冠が出土しているからである。首長層がこの時期新羅慶州の影響下にあったことを意味し、しかし依然として古墳を継続して造営していたからである。

新羅慶州の影響の程度は、長林洞古墳群に代表されるような首長層下位の集団に対しても同様にとらえることができる。つまり、長林洞、馬洞古墳群などが、新羅慶州の影響をうけた陶質土器を副葬しつつ、墓制は従来の竪穴式石槨をとる点に現われている。長林洞古墳群では、反面陶質土器の器種構成に独自の地方性を発揮しており、年代が下がると従属石槨をもつようになるなど、外部からの強い規制よりも内部での順調な発展の様相を示している。

しかし一方では、長林洞古墳群と同様に、6世紀代以降に古墳を多く造営する、昌寧桂城面、釜山徳川洞などの古墳群[木村1987]は、より強い新羅慶州の影響をうけている（本章第3節参照）。

この点は、先に述べた新羅慶州の政治的統治が、より直接的に行われていた地域とそうでない地域との差異として考えることができる。

長林洞古墳群にみられる間接的といってもよい新羅慶州の影響は、申敬澈氏の述べるように、新羅慶州は周囲の地域を政治的に統合してゆくにあたって、初めは政治的影響下においた地域の首長層を温存させ、当該地域の統治を行わせていた[申敬澈1990]ことをまさに示している[13]ともいえる。

義城、安東地域は先に述べた対高句麗という軍事的地理的条件から、本来ならば新羅慶州が

より強く直接的に影響力を行使したはずの場所であった。義城地域以外でも、陝川地域などでも、同様の新羅慶州のやり方が現われているようである。新羅慶州がそういった方法をとったのは、洛東江水系一帯の各地域の人々が、そう簡単には新羅慶州と同化しなかったためであり、義城、安東地域の例でいえば、この地域が新羅慶州から一方的に、なかば強制的に高句麗などと戦火を構えたのではなく、ある程度自身の意志で新羅慶州と結びつくという政治的決断をし、そのことを新羅慶州も承認していたためでもあると考えられる。

7世紀代にはいって、高句麗との関係が次第に新羅に有利に展開していったことで、義城地域一帯の経営が新羅慶州によって安定して直接本格的に行われるようになった結果、長林洞古墳群を含む地域の古墳群の築造を停止させていったのであろう。造営期間も短く、結果的に各集団が4～5基しか遺構を遺せなかったのであろう。

Ⅶ　まとめ──社会について──

歴史的側面から離れて、長林洞古墳群が営まれた地域の日常はどのようであったのだろうかを考えてみたい。高句麗の影響力は後退しつつあるとはいえ、新羅慶州勢力の南方からの伸長とのせめぎ合いのなか、散発的か恒常的かはわからないが戦闘はあり、臨戦体制をとることも何度かあったであろう。ここで行われていた活動には、まず農業が、それ以外に陶質土器、鉄製品などを生産する手工業があった。合間に古墳が造られ、山城の造営と維持管理がなされ、戦闘と交易（交換）がなされていたと考えられる。

陶質土器の生産に関しては、中村浩氏による大阪府南部（陶邑）須恵器窯跡群を対象に生産体制の研究が［中村1981］、一つの示唆をあたえる。氏の研究によれば、初期の陶邑の陶工たち（言い換えれば半島から渡来してまだ間もなく、おそらく半島にいたときに近いかたちで生産していた段階の陶工たち）は、農業を行うことなく須恵器を焼成していたのである。鉄製品にしても、近年の慶州隍城洞遺蹟の様相［隍城洞遺蹟発掘調査団1991］からすると、やはり農業の片手間に生産が行われていたとは考え難い。

以上のことに本古墳群の調査結果も加味して、当時の社会がどのような種類の人々により構成されていたかを考えると、首長層以外ではつぎのようになろう。

① 　有力農民：長林洞、中佳邱洞、馬洞、造塔洞ほかの古墳群被葬者で、古墳を造ることができた人々。基本的に農民であり、鉄製農耕具を所有し、戦闘には自前の武器をとってさらに下層の人々を率いて参加したと考えられる。

② 　農民：有力農民の下層の人々。（長林洞古墳群従属石槨の被葬者のように）一部は古墳の造営ができたが、ほとんどは自身の古墳をもつことができず①の人々の古墳の、実際の築造工程に携わったと考えられる。鉄製農耕具なども、所有できなかったと考えられる。

③ 　陶工：農業に従事せず、窯を造り、周辺の山から燃料の木を切りだし、採土するな

どして陶質土器を生産していた人々。
④　金工：農業に従事せず、鉄製品（農耕具、武器など）を製作したり、青（金）銅製品を製作したりした人々。ここ義城には、いなかったかもしれない。
⑤　その他：商人などが存在したかもしれない。

このうち、③と④の人々も、戦闘のときには戦士として参加し、自身の墳墓も死後のために造営したかもしれないが、詳細は不明である。②～④の内部で階層的上下関係が存在したかもしれないが、やはり詳細は不明といわざるを得ない。

ところで当時、地域の人口がどのくらいだったのかは不明であるが、農民でなかった人々の構成比が、農民のそれを大幅に上回るほど高かったとは考え難い。また、戦乱等の状況があり、手工業者が安定して生産に従事できたとも考え難い。とすれば、日常生活、葬送（古墳）の場などで陶質土器の需要が高まると、生産が追い付かなくなる事態が生じた。そうなると需要と供給の関係で、他の有力生産地からの製品が流入してくるのは必然である。その結果、副葬された陶質土器に、在地のものと移入品の２種類が存在することになったのであろう。同様のことは鉄製品、青（金）銅製品に対してもいえる。

むろん、ものだけでなく人間の移動や流入に対するみかえり品がどうであったのかということも視野に入れる必要があり、製品流入の故地がどこになるかは、ときの政治的関係が大きく作用するのも事実である。そう考えるなら、ここで本地域の場合慶州から陶質土器が流入したと想定することの蓋然性は高い。

社会の性格を検討するにあたり、もう一つ指摘したいことがある。一度述べたことがあるが、この古墳群の遺物内容の貧困さ、遺構の構造及び規模には、一世紀強におよぶ造営期間全体を通じて変化がなく、ある種の停滞性があるということである。さらに１世紀強のあいだに２基しか遺構を遺せなかった集団が存在するなど、集団の存立基盤にも不安定さがある。原因は、この地域社会の性格に求められる。すなわち、一つには、首長層も含め農業に従事していなかった人々をそれなりに支え維持するためであり、そういったことが農民層の肩にかかっていたことである。もう一つは、戦闘、古墳の造営、それにおそらく行われた逃げ城としての山城の維持管理、集団内で自給できないものに対する交易（交換）など、農業で得られた余剰生産力を、単純に有力農民層の勢力強化のために使うことができなかったことである。

要するに長林洞古墳群は、新羅慶州の影響を契機として、当該地域の２つの墓制をとる有力農民層を被葬者に形成されたのである。有力農民層は、新羅慶州の完全な影響下にあったのではないことが、墓制、遺物からみてとれる[14]。しかし、１世紀強に及ぶ造営期間のなか、遺構、遺物はともに停滞性を示している。そこに長林洞古墳群を遺した集団の、内部的な限界が見通せるのである。それは、そのまま地域の政治的限界にもつながるのであろう。

第 2 節　義城―長林洞古墳群―

[注]
(1) 義城邑を中心とした地域には、『三国史記 巻三十四 雑志第三 地理一』によれば、召文国という政治体が存在していたようである [國立大邱博物館 2002]。
　　したがって三国時代当時、安東郡の中心地と義城郡の中心地は、非常に乱暴な決め付けかもしれないが、行政的には別な地域と認識されていたことになる。
(2) 高坏が出土した石室は 24 基（全体の 36%）、把手付坏は 16 基（24%）、長頸壺は 13 基（20%）である（後掲の表 3-2-2 を参照。）。
(3) 定森秀夫氏によって、泗川礼樹里・固城悟芳里両古墳群、高霊池山洞 44 号・45 号墳中の小石槨や義城長林洞古墳群が例にあげられ、そこにみられる陶質土器の器種構成に地域色があることが指摘されている。
　　氏によれば、礼樹里・悟芳里両古墳群では、有蓋高坏、広口壺、把手付坏が、池山洞古墳群では、高坏、長（中）頸壺、把手付短頸壺が、そして本古墳群は本文で述べるとおりの器種の組み合わせが主流である。
(4) 古墳群の暦年代については、東潮・田中俊明両氏も 5 世紀後葉から 6 世紀後葉と考えている [東・田中 1989：.283 頁]。一方、金世基氏は、4 世紀前半としている [金世基 1985]。
(5) 木材で蓋をしたのではないかと考えられている例としては、東萊五倫台古墳群が調査者によって想定されている [金廷鶴・鄭澄元 1973]。このように、まったく例がないわけではない。
(6) 高霊池山洞古墳群では、古墳の規模が異なるが、主石室を取り囲むように小石槨群が配置され、報告者が殉葬墓としている例もある [尹容鎭・金鍾徹 1979]。
　　小形の墳墓の場合でも、金海大成洞古墳群のように、内部に殉葬者の存在が確認されている [申敬澈 1991] 例もある。
(7) ここの場合も含めてこの古墳群の石槨のサイズに言及するとき、報告書 [尹容鎭 1983] の本文中に書かれているものを用いる。実測図から換算したものではない。
(8) さきに遺物のところでもふれたように、遺構内から出土した陶質土器にはもたらされた地域による偏在が認められない。副葬された陶質土器が、被葬者の生前何らかの関係を有していた人々により献ぜられたものと考えるならば、被葬者が生前係わりの深い地域によって、遺構の種類が決まったと考え難い。
　　被葬者の性別によって石槨の種類が決まったとすると、例えばⅡ地区のように、同一種類の石槨が連続して築造されたと考えられる場合を説明し難い。
　　同じく後述するように、石槨の年代は、出土した遺物のうち、最も新しい時期のものと考えているが、出土した遺物の年代からすると、石槨の構造と遺物の年代のあいだに相関関係はみられず、時期差によるとも考え難い。
　　その他の、被葬者の年齢、死因といった点に関しては、人骨等の出土例がなく、考古学的に確証を得ることはできなかった。
(9) 遺構の年代を考古学的に決定する場合、構造、切り合い関係という遺構自体からと、内部より遺構に伴って出土した遺物からの、2 つの方法がある。本古墳群では、遺構に重複関係もなく、構造にも時期による変遷は看取されない。したがって遺構自体から年代を決定することは難しい。そこで、内部出土の遺物から年代を決定せざるをえない。
　　本古墳群のような竪穴式構造の墓室をとる場合、基本的には一回限りの埋葬が行われたものとし、追葬は想定しない。と、すれば、石槨内出土遺物のうち最も新しい時期のものが即ち遺構の年代となるわけである。しかし、追葬を想定するとなるとまったく逆で、最も古い時期の遺物が遺構の年代と考えられる。どちらの立場をとるかで、年代観も大きく異なってしまう。
　　長林洞古墳群の場合、追葬が行われたのではないかとする根拠に以下の 3 点をあげることができる。一つは、石槨に蓋石がほとんど検出されなかった（本文でふれたように報告書では木材で蓋をしたと指摘されている）ので、天井の様子が確実にわからないこと。一つは、

最近竪穴式石槨にも追葬が行われたことがあったのではないかという指摘［伊藤1989］があること。一つは、出土した遺物の年代が、あとで本文でもふれるように、定森氏、朴升圭氏のいう２つの段階にわたるもの（例えばⅡ-3、Ⅴ-12、Ⅵ-2など）があることである。

　確かに副葬品では、ほぼ原位置を保っていた陶質土器高坏には時期差があると考えられるものが混在していた。実測図、写真をみる限り、石槨短辺に出入口を設けた跡はみとめられない。しかもこのことは、追葬にともなって古い時期のものが取り片付けられたのではなく、一回の埋葬にあたって新旧のものが同時に副葬されたことを意味しているようである。つまり、本古墳群では追葬の可能性は考え難い。

　以上のことから、遺構の年代は、最も新しい時期の遺物から判断すべきと考えられる。

(10) 各地域の遺構の配置には、興味深いことがある。古墳群が立地する丘陵南側中央に本文で述べたように比較的勢力が強いと考えられるⅠ地区が位置し、Ⅰ地区を中心にして丘陵の東西端にともに３つの集団からなる比較的規模の大きいⅤ、Ⅷ地区が位置している。そして中間に他の５地区が展開しているのである。配置には何か意味があるのかもしれないが、よくわからない。

(11) 注（9）を参照。

(12) Ⅶ地区のほかに、Ⅰ地区も遺構配置としては２基しかなく、単純に考えれば築造間隔が50年ほどになってしまう。Ⅶ地区は、造営期間が他の地区より短かったため２世代（２基）で終わったと考えられるが、Ⅰ地区は、他の地区とは異なり、一貫して複数の石槨を従属させるかたちでの遺構群を形成しており、本古墳群を遺した諸集団のなかで終始盟主的立場を維持している。そのような集団が、他地区に比べて造営期間が短かったとは考え難く、だとすれば50年間隔で２基の古墳しか遺していない点に不審が残る。

　Ⅰ地区の遺構群は、先にも述べたように、被従属石槨の割石石槨２基と、周辺に展開する従属石槨３基ずつ計５基１組の遺構が２つ集まっている。５基ずつの石槨がそれぞれ同時に造られたかというと、出土した遺物からは年代幅を若干認めることができる。一方石槨の配置から、各々の被従属石槨２基ずつが互いに主軸（長軸）方向を一致させていない点や、２組の被従属石槨はいずれもそのうち一つが周囲の３石槨の描く円弧の中心にくるのに対し、もう一つはどちらかというと中心からずれる点が観察できる。このことから、中核となる石槨はそれぞれ２回にわたって造られた、換言すれば合計４次にわたる築造によって、Ⅰ地区の遺構群が形成されたと推定されるのである。（従属石槨は、それぞれ初めの石槨が造られたのとほぼ同時期に造られたと考えられる）こう考えれば、Ⅰ地区も25～30年間隔で築造されたとすることができるので、他地区に比べても不自然でなくなる。

(13) 事実、文献にみえる伽耶の最終的な新羅への統合（この場合は慶北高霊にあったと推定される大伽耶の新羅への服属）の時点（『三国史記巻四　新羅本紀　第四　真興王二十三年』の記述によればA.D.562）以降でも、首長層下位の階層が造営したと考えられる古墳群（例えば釜山徳川洞、陝川倉里古墳群など、松井忠春氏のいう衰退期の古墳群の一部［松井1990］、の造営は停止させられていないし、本古墳群にしてもそうである。こういった古墳群の造営が停止させられた段階ではじめて新羅慶州の地方統治が貫徹されたことになるのだろう。それは本文でも少しふれたように７世紀代にまで年代が下がると考えられる。

　なお、上記の大伽耶の位置比定には、先学の研究成果［末松1971、井上2004、坂元1978、東・田中1988］を参考にさせていただいた。

(14) この点については、先に述べた新羅慶州の統治が、より直接的に行われていたかいなかったかの差異に原因をもとめることができる。長林洞古墳群の被葬者と違い、本文中にあげた他の古墳群の被葬者は、より新羅慶州に近い者、場合によっては慶州出身者かもしれない。そして、新羅慶州によって政治的に服属した地域の旧首長層は、最初在地のまま支配を続けたが、下位には新羅慶州の息のかかった者が占めていたかもしれないのである。

第3節　釜山—徳川洞古墳群—

I　はじめに

　今回とりあげた徳川洞古墳群は、釜山（広域）市北区華明2洞（旧徳川洞）に所在した古墳群である。現在は釜山市の郊外としての開発が進み、発掘調査が行われた1981年当時の面影はしのぶべきもない。地下鉄2号線が開通し、かつて古墳群が立地した丘陵裾を通る南北道路にも華明駅ができ、丘陵自体は集合住宅が所狭しと建ちならんでいる。ただし、住宅群も、建築後四半世紀を経て、建替えのためか住民が退去し無人化している地点が点在している。古墳群の発掘調査は本来、こうした集合住宅建設のための事前調査であった。

　徳川洞古墳群は、後述するように、6世紀代を中心に展開し、史料に新羅とよばれた慶州に中心をおく政治体（以下、新羅と略称する）の影響がより強い。つまり、洛東江水系一帯の政治体において、在地の首長層の支配から離脱し新羅の影響下におかれるようになった地域に、新羅の主導のもと出現した古墳群と、位置付けることができる。新羅にある時点まで対抗できるだけの政治的な力量を擁していた金官の故地金海周縁に、新羅の影響が非常に強い人々によって造営された古墳群から窺われる社会について考察することにより、史料に金官とよばれた政治体（以下金官と略称する）滅亡前後の地域の政治的・社会的状況を考察してみたい。先に筆者が検討した義城と同様、新羅の主導力が強く発揮されたと考えられる［國立大邱博物館2002：21頁］地域をモデルにして、徳川洞古墳群が、なぜどのようにして出現したのかを探ってみようと思う。

II　古墳群の概要

①　徳川洞古墳群の歴史・地理的環境

　徳川洞古墳群の立地について簡単に述べる。徳川洞古墳群は、洛東江下流東岸段丘の西端上に立地する。南流する水営江の造りだす東萊の平野部との間にそびえる、標高802mの金井山（峰）や638mの上鶴山（峰）が連なる山地の西麓、標高35〜50mの丘陵末端にあたる。洛東江の岸までは0.5kmほどの至近距離になる。上鶴山山頂一帯には、おそらく三国時代にまで遡るとみられる金井山城もある。

　調査報告書（巻末に提示した参考文献のうち、林孝澤・沈奉謹1983のこと。以下、この第3節において報告書に言及する場合は、この文献をさす。）によれば、調査は、釜山市立博物館と東亜大学校博物館が中心となり、1981年1月から4月にかけて実施された。遺構の存在が確実な、北西〜南東方向に伸びる丘陵（以下、主丘陵と記述する）南側裾のD・E地区（約10,000㎡）と、主丘陵から南東方向に派生する丘陵（以下、支丘陵と記述する）上のC地区（計、約13,200㎡）の3地区が、実際に発掘調査され、図3-3-1、図3-3-2のような遺構が出土した。

第3章　洛東江東岸地域の事例―新羅周縁部を中心に―

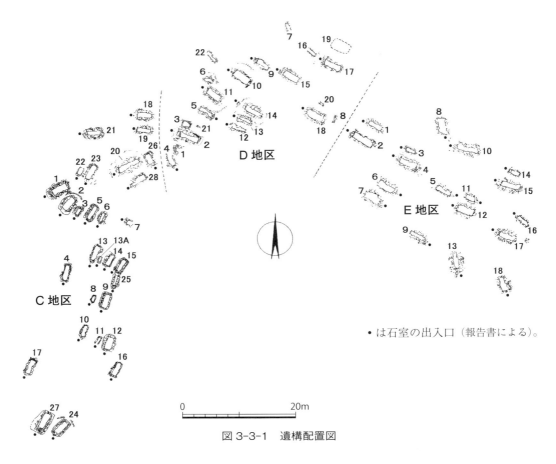

•は石室の出入口（報告書による）。

図 3-3-1　遺構配置図

　周辺の古墳群に目を移すと、洛東江をはさんだ西岸、直線距離にして約 4.3 km、段丘裾を迂回し途中洛東江を渡り約 7.8 km の金海市域には、礼安里古墳群がある。先に述べた山地の反対側、東萊の福泉洞古墳群が所在する丘陵までは、直線距離にして約 7 km、現在の萬徳路を通る道路でみると約 9.4 km、北上して華明洞から金井山城をぬけて長箭洞を廻る道筋からでは約 11.7 km で到達する。

　徳川洞古墳群の立地する丘陵のすぐ北の、浅い谷を挟んで並行する丘陵上には、華明洞古墳群が所在する。華明洞古墳群からは、調査の結果 4 世紀代から 7 世紀代までの遺構・遺物が検出されており、徳川洞古墳群の造営期間とは一部重なる。立地上は両方合わせて一つの古墳群とみることもできる。ただ、現在、両古墳群がかつてともに所在した丘陵は都市開発が著しく、古墳群自体が消滅しており、往時の景観を望むべくもなく、過去の地形図からそう想定もできる、ということである。

　現在、洛東江が造りだして金海国際空港も所在する三角州は古墳群造営当時海面下で、いわゆる古金海湾となっていた。古金海湾を復元した図 3-1-1 の旧地形図をみると、東西幅最大で約 17 km、南北約 19 km の南向きの湾である。巨視的にみれば、礼安里古墳群、徳川洞古墳

第3節　釜山—徳川洞古墳群—

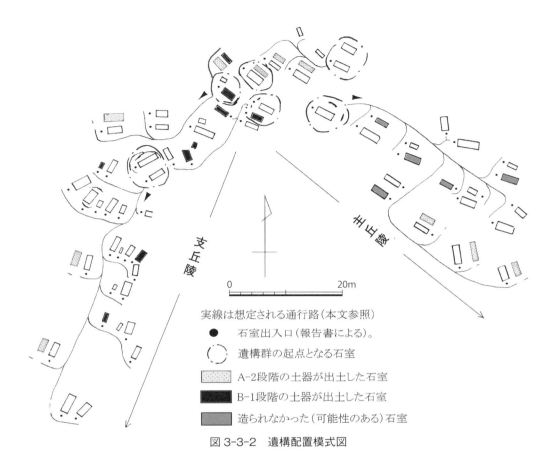

図3-3-2　遺構配置模式図

群は、共に古金海湾に面した海岸近くに、洛東江河口をはさんで東西に立地していることになる。なお、礼安里古墳群からは西へ直線距離約7kmで金官の中心部大成洞古墳群に至る。大成洞古墳群は、周知のように後述する金官支配層の墓域（中心古墳群）である。

② 造営の契機と背景

ここまで、徳川洞古墳群の立地と、周辺の主な遺跡について述べてきた。つぎに造営の契機に関してふれてみたい。結論的にいえば、徳川洞古墳群の成立には新羅の意向という、政治的要因が強くはたらいたといえる。古墳群が立地する古金海湾東岸は、洛東江をはさんで金官の本拠であった大成洞古墳群の所在する金海と対峙する地点にあたる。北上して洛東江支流の梁山川を遡れば、新羅の都慶州へと通じている（現在、京釜高速国道が慶州と釜山を結んでいるルートである。）。つまり、新羅の主導によって、金官への橋頭堡にあたる位置に徳川洞古墳群は造営されているとみることができるからである［李熙濬2007］。徳川洞古墳群は、金官の本拠地金海地域と、新羅が洛東江西岸進出の足がかりとした東萊［金大煥2003］の、中央にくさびを打ち込むような位置関係になる。

第3章　洛東江東岸地域の事例―新羅周縁部を中心に―

　当時の新羅による地方統治戦略として、相手（資料で伽耶とよばれた諸政治体）に対し直接戦闘を構えるのではなく、政治的圧迫を持続的に加えることにより相手（ここでは金官＝金海）の内応を誘う［李熙濬2007、363-364頁］ことが行われてきた。

　德川洞古墳群の所在地も、元来は金官の支配がおよんでいて、そこへ新羅慶州の勢力が進出した[1]結果、親新羅化した地域と思われる。出土した土器は、近年、洪潽植氏による研究が発表されている［洪潽植1995］後期新羅様式であり、古墳群の造営開始と親新羅化が連動している。新羅による支配を受け入れる代わりに、在地における古墳群造営を認めさせる、というような政治的関係があったのではないだろうか。

　出土した土器からは、次のⅢでもふれるように造営は年代的に5世紀末・6世紀前半からとみられる。金官の滅亡（史料上ではA.D.532年）よりは先行する。要するに、金官の政治的求心力が弱められ、洛東江西岸でまず政治的に再編成が行われた結果が、造営の契機となったのではないかと考えられる。

　一方、見方を変えて経済的側面から状況を説明すると、李盛周氏の考え方［李盛周2005］に従えば、德川洞古墳群に副葬された土器のほとんどが、慶州地域様式＝後期新羅土器であることは、局地的生産システムの組織化がさらに進行するうち、小地域様式の一つ、慶州地域様式土器が洛東江東岸へと拡散していった結果であるといえる。金大煥氏の考えに従えば、従来金官（金海）が担ってきた、中国・日本列島との対外交易による利益を、新羅が奪う［金大煥2003：81頁］ということであり、德川洞古墳群を遺した集団も一翼を担っていた可能性がある。

Ⅲ　遺物と遺構

①　遺　物

(1)　内　容

　Ⅱで述べたように発掘調査はC～Eの3つの地区に分けて行われた。報告書によれば、C地区からは29基、D地区からは22基、E地区からは18基の、計69基の埋葬施設が検出された[2]。実質的には、C地区から30基、D地区から23基、E地区から18基、計71基が出土している。報告書の諸所でふれているように、本古墳群における盗掘の影響は甚だしいものであった。事実、出土遺物が皆無の石室が7基、全体の10％を占める。一方で盗掘を免れた出土遺物をみると、ほとんどが土器であることがわかる。

　土器は還元焼成（陶質・瓦質）土器と酸化焼成（軟質）土器の2種類があり、量的には前者の方が多数を占めた。内容は、以下のとおりになる。

　還元焼成土器[3]の器種には、蓋、（無蓋・有蓋）高坏、（把手付も含む）坏、台脚、（長・中頸、短頸、細頸、無頸）壺、があった。蓋を除くと、供献用の器種（高坏、坏、台脚）、貯蔵し供献するための器種（壺）の2種類に大きく分かれる。蓋は基本的に高坏・坏に伴うことが想定されるが、長頸壺に伴うこともあり、上記の土器機能2つの大分類のどちらに属するかは出土状

況ごとに特定する必要があり、一律に決定できない。

　高坏は 71 基中 47 基（66％）、壺は 44 基（62％）から出土した。先に述べた盗掘の影響を考慮すれば、おそらく徳川洞古墳群のほとんどすべての石室に上記 2 種の組合せからなる還元焼成土器が副葬されていたと考えても無理はない。

　もう一種類の土器、酸化焼成土器の器種はほとんどが平底の甕、短頸壺といってよいもので、用途としては貯蔵・供献用と捉えることができる。赤褐色酸化焼成土器自体は 32 基（45％）の石室から出土し、還元焼成土器の壺類を合わせるならば、49 基（69％）から出土したことになる。ただし、酸化焼成土器は文字通り酸化焼成のため軟質で破損しやすく、破損したものは盗掘の対象になり難かったと考えられ、だとすれば破片も出土していない石室には本来副葬されていなかった可能性は残っている。

　土器の次に出土した遺構が多いものが鉄製工具であり 13 基（18％）から出土している。工具の内容は斧（鋳造・鍛造）、鎌、刀子であり、出土点数は一基あたり 1 点ずつがほとんどである（刀子[4] が 2 点出土した例が 1 基あるのみ）。

　鉄製品としてはもう 1 種類、武器がある。ほとんどすべてが鏃であった。鏃は、柳葉、三角、定角などに細分できる。出土遺構は全部で 10 基（14％）であり、点数としては一つの石室から 11 点出土したのが最高で、なかには 1 点しか出土しなかった例もあった。

　土器・鉄製品以外には、金属製装身具、土製品といってもよい紡錘車に加え、類例のあまりない遺物として、D 地区 2 号から出土した亀形銅製品（報告書使用の名称では亀形銅具）と C 地区 21 号から出土した青銅製鈴があった。装身具は、帯金具の一部をなす鉄製の鉸具 2 点と、金銅製細環式耳環 7 点である。耳環は 6 基（8％）から出土した。一基のみ 1 対（1 双）で出土したが、他はすべて単独での出土であった。数も盗掘を免れたものが偶然出土した結果と考えられ、本来はもっと多くの点数が副葬されていたことが想定できる。

　紡錘車は、6 基（8％）から出土した。

　亀形銅製品は亀の甲羅に頭部と尾を銅線で作って取り付けたもので、何かに吊り下げるために先を曲げているが、完全ではなく、本来の全形は不明である。青銅製鈴は、蓮のつぼみを模したような形状で、頂の中央に円孔をもつ鈕が付き、鈕の周りに花弁状のつぼみを陽刻している。側面は上からみて八角形に面取りし、横線と三弁のつぼみを陽刻し、つぼみとつぼみの間に円孔をうがっている。円球形の舌をもつ。亀形銅製品・青銅製鈴は、後者の類例が義城金泉面鶴尾里 1 号［慶北大学校博物館 2002］と、埼玉県将軍塚古墳出土遺物にみることができるだけである［金井塚 2008］[5]。

　なお、ここからは検討の対象とする遺構の表記にあたり、地区、号墳を省略する。例えば C 地区 14 号墳ならば、単に C14 と表記する。

　(2) 年　代

　つぎに、社会状況を考察する前提となる徳川洞古墳群の年代に関して、簡単にふれてみたい。年代決定の材料には、前述のように遺物の大部分を占める土器を用いることにする。

第3章　洛東江東岸地域の事例―新羅周縁部を中心に―

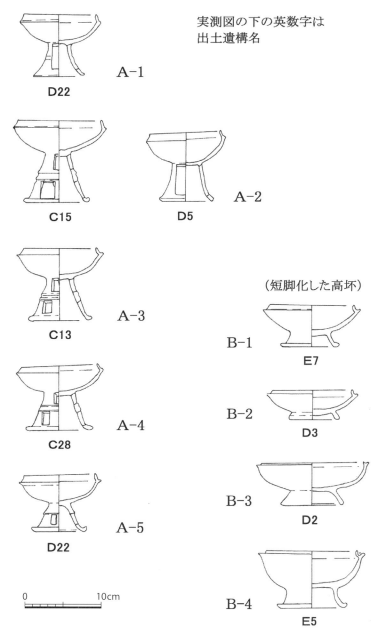

図3-3-3　徳川洞古墳群出土有蓋高坏

　出土した還元焼成土器のうち、年代決定の基準となる器種として挙げることのできるものには、高坏（特に有蓋高坏）・長頸壺などがある。表3-3-1にもあるように、第3節では最も出土比率の高い有蓋高坏（に伴う蓋も含む）を中心に年代を考えることとする。高坏は、図3-3-3に図示した。

　本古墳群出土の還元焼成土器は、先述したように慶州（新羅）地域様式土器の範疇に属する

第3節　釜山—徳川洞古墳群—

と考えられる(6)。出土した遺構のほとんどが横口式石室であったことから、相対的に新しい時期のものという点には異論がないであろう。なお、印花文を施したものは出土していない。

以上のような、印花文出現以前の段階の還元焼成土器の編年研究について、前世紀までの研究史を、洪潽植氏が、著書〔洪潽植2003：31–44頁〕のなかで詳細に述べているので参照していただければ幸いである。洪潽植氏は、同じ著書のなかで自身も編年案〔洪潽植2003：44頁以下〕も提示している。

洪潽植氏の編年案は、研究史上の問題点をふまえたうえで、この節で対象としている氏のいう後期新羅様式土器に焦点をしぼったものである。

洪潽植氏の編年案のほかには、比較的最近発表された白井克也氏の編年案〔白井2003〕がある。白井氏は、暦年代についても、新羅の還元焼成土器に限らず金海・昌寧地域の還元焼成土器との比較をし、かつ馬具との並行関係も考慮し決定している。この氏の年代観が洪潽植氏のものとほぼ一致する点は白井氏自身も認めているところである〔白井2003：15頁〕(7)。

ここでは洪潽植、白井克也両氏の編年案を軸に出土還元焼成土器を分析し、年代を与えてゆきたい。

徳川洞古墳群出土有蓋高坏の場合、まず慶州（新羅）地域様式の伝統をもつ、脚が比較的長く二段交互透孔もしくは脚長に匹敵する縦長の一段透孔がある有蓋高坏A形式と、脚の非常に短い有蓋高坏B形式(8)の2種類（図3-3-4）に大きく分かれる。年代的には前者が後者よりも古くなると考える。

2形式はさらに細分が可能で、先の洪潽植氏の表現も参考にすれば、表3-3-2のように分類整理できる。基本的にはA形式の場合、表3-3-2、図3-3-3に示した1→5へと段階を経て変遷してゆくと考えられる。B形式の場合、蓋受の形状の変化の流れからすれば1→4の変遷が想定できるものの、脚の開き方、脚端部の処理の仕方という要素を考慮すると、1→2→3・4という段階の流れを考えることができる。おそらく、1段階のものを祖形として、2へと変化し、そこから3・4への分化が生じたのではないだろうか。

ところで問題となるのは、土器の年代＝遺構が築造された年代、と簡単にいえないことである。遺構が主として横口式石室からなり、遺構自体にも、石室の拡張（D12・E10・E16）・敷石（棺台）の拡張（C24ほか多数）、護石の拡張（C20）が確認されていることから、当然複数回の埋葬（初葬・追葬）があったことがわかる。とすれば一遺構から出土した土器全体に厳密な同時性を求めることは困難である。

もう一点追葬とは別に、問題となるのは先にふれたように盗掘の影響である。盗掘の影響を考慮すると、出土したなかでの最古の土器＝遺構年代の上限を示す、とは必ずしもいえなくな

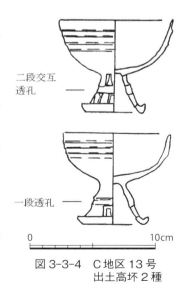

図3-3-4　C地区13号出土高坏2種

第3章　洛東江東岸地域の事例—新羅周縁部を中心に—

表 3-3-1　調査成果一覧 1-1（地区 C）

地区	No.	石室構造	石室拡張	棺台（敷石）	追葬	護石	祭祀遺構	A 1	A 2	A 3	A 4	A 5	B 1	B 2	B 3・4	土器組成	土器以外の遺物
C	1	横口式		一部ロ字									○		○	高坏、蓋、軟質土器	金銅耳環、鉄刀子、鉄鏃2
	2	横口式		ほぼ全面	2回	有	室外石組									蓋	鉄鏃2
	3	横口式		全面							○					高坏、軟質土器	鉄鏃2
	4	横口式		全面＋粘土												軟質土器	鉄鏃8、鉄鎌
	5	横口式		全面	2回											蓋、壺、軟質土器	
	6	横口式		ほぼ全面									○			蓋、高坏、長頸壺、軟質土器	
	7	横口式		全面													鉄刀子
	8	横口式		ほぼ全面＋粘土									○		○	蓋、高坏、長頸壺、壺	
	9	横口式?		全面										○		高坏、長頸壺	鋳造鉄斧
	10	横口式		ほぼ全面＋粘土						○			○			坏、高坏、長頸壺、軟質土器	
	11	横口式?		全面												壺	
	12	横口式		一部L字	2回												
	13	横口式		ほぼ全面L字	2回?					○	○	○	○			蓋、坏、高坏、長頸壺、壺、軟質土器	鉄刀子、鉄鏃5、不明鉄器2
	13A	横口式		ほぼ全面												長頸壺	
	14	横口式		中央全面												軟質土器	鉄鎌
	15	横口式		ほぼ全面						○						蓋、高坏、壺、軟質土器	
	16	横口式		全面						○	○					蓋、高坏、長頸壺、軟質土器	
	17	横口式		中央全面						○						蓋、長頸壺	鉄刀子
	18	横口式		一部L字	2回?											蓋、高坏、長頸壺、軟質土器	紡錘車
	19	横口式		ほぼ全面							○	○				蓋、高坏、台脚、長頸壺、壺、軟質土器	金銅耳環、鍛造鉄斧、鉄鏃5
	20	横口式		ほぼ全面	3回	2重									○	蓋、長頸壺	
	21	横口式		ほぼ全面	2〜3回											坏	青銅鈴
	22	横口式		ほぼ全面	2回					○	○	○			○	蓋、坏、高坏、長頸壺、壺、軟質土器	金銅耳環、鉄鎌、不明鉄器
	23	横口式		ほぼ全面									○	○	○	高坏、軟質土器	
	24	横口式		中央全面	2回	有	土器埋設			○	○				○	蓋、坏、高坏、長頸壺、壺、軟質土器	紡錘車、金銅耳環、鉄刀子2、鉄鏃5、鉄鎌
	25	横口式		木製?			室外石組										
	26	横口式		全面							○	○				高坏、長頸壺、軟質土器	紡錘車
	27	横口式		一部ロ字			破砕土器						○		○	高坏、台脚、長頸壺、壺、軟質土器	鉄鏃3
	28	横口式		ほぼ全面					○	○	○					蓋、坏、高坏、長頸壺、壺、軟質土器	鉄刀子、鉄鏃5

※高坏には、無蓋、有蓋の2種類を含む。
※壺は、長頸壺いがいのすべての壺を含む。

る。この第3節では蓋然性の問題として、個々の遺構ごとに、出土した土器が少数の場合は、遺構が埋葬施設として活用（造営）されていた年代幅のうちのある一点を示すものとして土器の年代を捉え、ある程度まとまって出土し時期幅の確認できるものは、盗掘の影響は蒙ったものの、遺構の時期幅をほぼ反映しているものとして考えることとする。

個々の遺物の形式判別の根拠ついて、ここでは詳しく述べないが、報告書の記述を基に判別したことは明記しておく。

第3節　釜山―徳川洞古墳群―

表 3-3-1　調査成果一覧 1-2（地区 D・E）

地区	No.	石室構造	石室拡張	棺台（敷石）	追葬	護石	祭祀遺構	A1	A2	A3	A4	A5	B1	B2	B3・4	土器組成	土器以外の遺物
D	1	横口式？								○			○		○	高坏、長頸壺、軟質土器	
	2	横口式		ほぼ全面		有									○	高坏	亀形銅製品
	3	竪穴式								○					○	高坏、壺、軟質土器	
	4	横口式		ほぼ全面？						○			○			蓋、高坏、長頸壺	
	5	横口式		一部ロ字						○	○					蓋、坏、高坏	
	6	竪穴式？				有	室外石組			○	○					蓋、高坏、長頸壺、軟質土器	
	7	竪穴板石式											○			長頸壺、壺	
	8	竪穴式															
	9	横口式		ほぼ全面								○	○			高坏、長頸壺	
	10	横口式		ほぼ半分	有					○			○			蓋、高坏、長頸壺	
	11	横口式		一部ロ字	有							○	○	○		蓋、高坏、長頸壺、壺	
	12	横口式	有	ほぼ全面													
	13	横口式		ほぼ全面	有											高坏、長頸壺、軟質土器	
	14	横口式		一部ロ字	有								○			蓋、高坏、長頸壺、壺、軟質土器	
	15	横口式		ほぼ全面+粘土								○	○	○	○	高坏、長頸壺	
	16	竪穴式											○			高坏	
	17	横口式		ほぼ全面	有								○		○	蓋、高坏、長頸壺、壺	
	18	横口式		全面+粘土												蓋、高坏	
	19	横口式		ほぼ全面？												蓋、長頸壺	
	20	竪穴式															
	21	竪穴式												○	○	高坏	
	22	竪穴式						○		○	○	○				坏、高坏、軟質土器	
	8SW	竪穴式甕棺															
E	1	横口式		全面	2回								○			蓋、高坏、壺、軟質土器	金銅耳環
	2	横口式		ほぼ全面+粘土											○	坏、高坏、壺、軟質土器	
	3	横口式		全面												高坏	
	4	横口式		ほぼ半分	2回以上？		室外石組						○		○	高坏	
	5	横口式		全面+粘土？									○			高坏、壺、軟質土器	紡錘車
	6	横口式		全面	4回										○	坏、長頸壺	
	7	横口式		全面	5回								○			蓋、高坏、軟質土器	鉄刀子、鉄鏃11
	8	横口式		ほぼ半分												長頸壺	
	9	横口式		ほぼ全面	3回？											高坏、壺	紡錘車3、鉄帯金具、鋳造鉄斧
	10	横口式	有	ほぼ半分	2回	有							○		○	蓋、坏、軟質土器	
	11	横口式		全面	2回以上？									○	○	高坏	紡錘車
	12	横口式		ほぼ全面	2回											壺	
	13	横口式		ほぼ全面									○			蓋、高坏、長頸壺、壺、軟質土器	鉄刀子、鉄鏃2
	14	横口式		ほぼ全面	2回												
	15	横口式		ほぼ全面	2回		室外石組						○	○		高坏、長頸壺、軟質土器	紡錘車、青銅帯金具
	16	横口式	有	ほぼ全面	2回		室外石組								○	坏、高坏、長頸壺、軟質土器	
	17	横口式		ほぼ全面	3回		室外石組							○	○	蓋、高坏、壺	金銅耳環1対
	18	横口式		ほぼ半分								○			○	高坏、長頸壺	紡錘車

表 3-3-2　調査成果一覧 2（地区 D・E）

大形式	段階	脚		口縁		脚長と坏身高の関係	共伴する蓋		
		開き方	端部	立ち上り	蓋受の特徴		器形	つまみ	口縁
A	1	曲線的	外反しない	直立的	明瞭に横へ	脚長＞坏身高	（出土せず）		
	2		わずかに外反						
	3		外反	わずかに内傾		脚長≒坏身高	やや扁平な半球形	小坏形	ほぼ直立
	4	やや直線的	ほぼ水平に外折						
	5		上へ跳ね上がる						やや内傾
B	1	曲線的	わずかに外反	短く内傾	明瞭に横へ		半球形／扁平半球形	小坏形	内傾
	2	直線的	外反しない						短く内傾
	3				痕跡化			環状／小坏形	
	4	やや曲線的	外反				半球形		短く内折

　結果的に暦年代を与えれば、5世紀末ないし6世紀前半に造営が開始され、墓域を拡大しつつ、7世紀前半に至り停止する、ほぼ1世紀にわたって造営された古墳群として捉えることができる。

② 遺　構
（1）石室および石室群
　遺物の項で述べたように、71基の埋葬施設が出土している。内容はD地区で検出した8基が竪穴式石槨であった以外、残りの63基はすべて平面長方形の横口式石室であった。
　横口式石室は割石積みによって構築され、石室の上端から天井石にかけての部分が地上に出る半地上式であった。構築にあたり、出入口を除く石室3辺の内壁をほぼ同時に垂直に積み上げ、長辺は上に行くにしたがって内傾し幅を狭めている。洪潽植氏のいうIC形式に該当［洪潽植2003：131頁］する。出入口は最終段階で割石を積んで外側から閉塞していた。出入口は、すべて石室短辺に設けられ、まず石を2～3段積んで、上半部を最後に閉塞する場合と、短辺全体を一時に積んで閉塞する場合の2種類があった。これも先述した洪潽植氏の研究による石室閉塞形態の分類でいえば、B型になる［洪潽植2003：128頁］。
　竪穴式石槨は基本的に割石積もしくは板石により四壁を同時に構築していた。
　石室以外の遺構としては、石室の周囲に護石（外護列石）を廻らしていた例があった。護石を廻らせていたのは、C地区で3箇所、D地区で3箇所、E地区で1箇所、以上7箇所あった。ほとんどが単独の石室を廻っていたが、D地区の1箇所のみ2基の石室の周りを廻っていて、結果8基の石室が護石を廻らせていたことになる。
　ところで、新羅の中枢部慶州には6世紀後半の皇南洞151号・普門里夫婦塚になって初めて横穴式石室が出現する［伊藤1973 東1997 洪潽植2003：191-195頁］までは、もっぱら積石木槨が造られる。徳川洞古墳群の年代を考えるとき、そこにみられる墓制が、新羅の伝統的墓制であった積石木槨でもなく、横口式石室を中心に竪穴式石槨が混じるというあり方をみせるということは、徳川洞古墳群に埋葬された人々は直接新羅社会に属した人々ではなく、在地で（政

治的・物質的に）新羅の影響下にあった人々とみることができる。

　人々が属する集団内部における階層分化は、徳川洞古墳群で検出された石室が、以下の特徴をもつことから、ある程度は進行していたものと考えられる。石室の特徴は、つぎの4点にまとめることができる。

　　1：前述の遺構拡張を考慮するにしても、平面規模において長辺の長さ200cmを境に大・小2つのグループに分かれる[9]。石室の平面規模を報告書に記載の実測値に基づいてグラフにしてみたのが図3-3-5である。値の分布をみると、石室長辺の長さを基準にして、一見50cm、70cm、200cm、350cmを境にして5つのグループに分かれるようにみえる。ところが、50cm以下、70cm以下、350cm以上の3グループは標本数が2～3基と少なく、確実でないところもあるが、統計処理を行ってみると、5％の有意水準で、前後のグループと実測値の平均値に差がなかった。
　　2：竪穴式石槨よりも横口式石室の方が全般に規模が大きい。
　　3：石室の中には、配置上従属＝被従属的関係を示すものがある。
　　4：石室周囲に、護石（外護列石）を廻らすものと、そうでないものがある。
　ただし、上記1の場合、大形に属するものがほとんどで、意味では比較的均質である。

　その他、石室周辺で何らかの祭祀を執り行った跡とみられる、石組み・土器の意図的な埋設・故意に破砕した土器が検出された。全部で9箇所のみである。C21のみは護石も伴っていた[10]。また、同じ墓前祭祀が目的の、石組みと土器の破砕のあいだの儀礼上の差異については不明である。

　つぎに個々の石室・遺構を離れ、図3-3-1、図3-3-2に示した調査区全体の遺構配置をみよう。報告書には調査区の地形図と遺構全体の配置図は掲載されているが、地形図上に遺構を配置した図は掲載されていない。したがって、上の2種類の図面を合成・互いに投影することによって、複数もしくは個々の遺構と地形との関係を推定するほかはない。

　ただ幸いなことに、釜山市立福泉博物館に徳川洞古墳群の遺構配置模型（以下、模型と記述する。）がかつて展示されており（2008年8月現在）、また釜山市立博物館には多量の調査当時のカラー写真も保存されており、そういったものを通じてある程度調査当時の地形と遺構配置の関係を復元できる[11]。

　徳川洞古墳群の場合、報告書によれば、調査が行われたＣ～Ｅ地区周囲のＡ・Ｂ地区はトレンチ調査により遺構がなかったことが確認されているので、ここでは、若干の遺構流失を考慮するにしても、調査された遺構が徳川洞古墳群の全体をほぼ表すものとして以下考察することにする。実際、模型をみても立地上、調査範囲で古墳群が完結するようにみえる。

　徳川洞古墳群の遺構は、石室群（いくつかの石室の集合）によって構成されている。石室群は、単独の石室、もしくは護石に囲まれるなどきわめて隣接して明らかに主＝従属関係が認められる複数の石室のみで構成される場合を除き、具体的につぎのような要素から抽出できる。横口式石室の場合、報告書により遺構築造当初の出入口がどちら側にあったかを決定する。さら

第3章　洛東江東岸地域の事例―新羅周縁部を中心に―

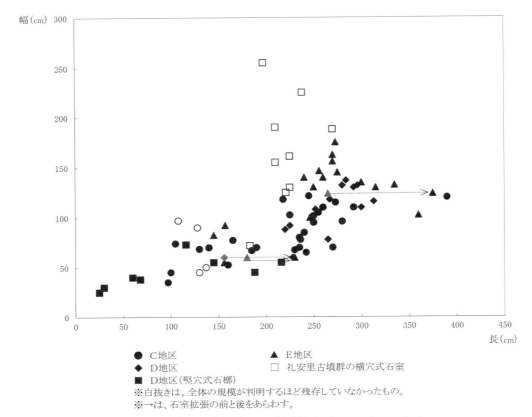

図 3-3-5　徳川洞古墳群および礼安里古墳群の石室平面規模

に、石室の長軸方向を検討する。検討の結果、複数の石室の出入口が一定の方向にそろって造営されていることを確認する。ここでいう一定の方向というのは、基本的に同一方向といえるが、立地する地形によってはゆるやかな曲線を描く場合もある。このように、一定の方向に出入口と長軸方向を共通させ、平行して並ぶ複数の石室が、一つの群を形成していると考えるのである。

別に、石室相互の出入口方向が、ある一点から放射状に広がる場合もある。石室の長軸方向は共通していないが、出入口方向はある一点に収斂する場合である。そうした状況をみせる石室群も、一つの群として捉えることができる。

前者の代表的な例はC1～3・5・6からなる一群であり、後者の代表的な例はE8・10からなる一群である。石室配置は、2種類の状況を抽出することによって群に分けることができる。ただし、群のなかには、2種類の配置が組合わさった場合もある。先に述べたように、石室群はまったく単独の石室で構成される場合もあるが（前述の横口式石室63基中14基、22％）、多くの場合2基以上の遺構で構成されているとみることができる。

以上、徳川洞古墳群の石室群は、出入口・長軸方向をそろえて平行して造営された群、一点を共有して放射状に造営された群、主＝従属関係にある石室のみの群、単独で造営された石

室（群）の、4種類に分類できる。いずれにせよ、何らかの意図に基づいて、遺構配置をなしているのである。こうした遺構配置の一単位が、徳川洞古墳群を造営した人間集団（＝社会）の構成単位であったとみられる。構成単位となる単数もしくは複数の古墳を造営した人間集団を、洪潽植氏の用語［洪潽植 2003：264 頁］を借りれば「家」とよぶことができよう[12]。

（2）遺構配置の展開過程と計画性

つぎにここからは、石室群の抽出に基づき、出土遺物―特に陶質土器―から推定できる遺構造営の開始年代を関連させて、徳川洞古墳群の形成プロセスを素描してみたい。

ところで、論の展開の前提として、石室群の抽出から、出入口相互を結ぶラインと、ライン相互を結ぶ縦のライン、いわゆる通行路[13]を想定したい。通行路は任意に想定するのではなく、石室群の出入り口の方位、石室群相互の間隔、地形に関する情報から想定されるものである。さらに通行路によって相互に結び付けられた複数の石室群の存在が、遺構配置から浮かび上がる。それを遺構群とする。つまり、徳川洞古墳群は、石室群と上位概念である遺構群によって構成されているわけである。遺構群を構成する石室群は通行路によって結び付いているのである。ただし、ここで規定する遺構群自体は、報告書で設定した地区区分とは完全には一致しない。

そしてまず、形成開始の段階である、有蓋高坏のうち、相対的に古い時期のA1～2段階（先に遺物のところでみたA形式1～2段階のこと。以下、このように記述する。）、もしくはそれに並行する時期の他の器種が出土した遺構は、大きく2箇所に集中する。一つは逆L字状の遺構分布範囲のほぼ中央に、南北に列をなして配列されるD1、D4、D5、D11[14]、D13、D22である。石室の開口方向は一致しないが、盗掘の影響を考えても一定の範囲に古い時期の土器を出土する古墳が集中するのは偶然とは考えにくい。2つ目は、支丘陵に散在しているC10、C15、C22である。

別に、C20は、並列しておそらくC20に後続すると思われるC28からA3段階の高坏が出土しているので、C20はC28より前、A2段階に造営が開始された可能性がある。

またC20は、2重の護石を廻らせ支丘陵の付け根に位置し、遺構群という見方に立てば古墳が複数の石室群→遺構群の起点の一つになると考えられる。

D11も、D6を付属させ、護石を廻らせる。続くD22からもA2段階の高坏が出土しているので、比較的早い時期に遺構群全体が短期間のうちに形成されたものと考えられる。

D13もD14と同一の護石に囲まれ、2基で一つの石室群を構成している。D13・14の2基は、立地する地形からみてD12～D5へと続く遺構群の起点になっている。遺構群に属するD5・12からなる石室群、さらに丘陵を下ったD1・4からもA2段階の有蓋高坏が出土しており、一連の遺構群も比較的短期間のうちに形成され、全体で、最も早く古墳群造営の起点の一つになったと考えられる。

つまり、徳川洞古墳群においては、基本的にまず護石を廻らすことのできる複数の有力者によって古墳群の造営が開始され、これを起点に、地形に従っていくつかの方向へと通行路を作

り、通行路に沿って石室群を展開していったと考えられる。ここでいう有力者とは、松井忠春氏のいう「統括的立場に位置した［松井1990：42頁］」被葬者と、意味を同じくする。

このような視点で他に護石をもつ古墳をあげるならば、遺物の出土がほとんどないもののD18を中心にD8・D20が護石の中に囲まれた石室群、D11を中心とする石室群に隣接したD10、中央部北端のD17・19の3組があり、いずれも有力者の古墳とみられる。有力者の古墳という意味で、3組とも遺構群の起点となる要素を備えており、立地からも首肯でき、そこから派生する通行路、遺構群も図3-3-2のように想定できる。

D10は、A3段階の高坏が出土しているが、さらに続く石室がみられない。D17ではA4段階のものが最も古い。D18を起点として南西方向へ展開する遺構群では、さらに新しいB1段階の高坏が、E1、E4、E、E7、E15から出土しており最も古い例になる。したがって3組の遺構群は、形成開始がやや遅れるようである。

以上の過程を整理すれば、つぎのようになる。以下、図3-3-1と図3-3-2を対照されたい。

古墳群（遺構群）開始の起点として、

　①：C20を中心に護石の中にC28を包含する石室群
　②：D11を中心に護石に接してD6が付属する石室群
　③：護石を廻らせたD13・14からなる石室群

の3組が造営され、①は南西方向に伸びる支丘陵上に北西端のD24、D27からなる石室群までを展開する。②はD22と、中央部で地形に沿ってC21の1基からなる石室群の2方向へと展開する。③は、丘陵中央部斜面に沿って南西方向へ下り、C26・D4からなる石室群が展開する。石室群と隣接するC20、C28との間には、模型でみる限り明らかに段差があり、通行路は先へと延長されない。②・③はいずれも、比較的短期間のうちに遺構群の構築が収束している。

やや遅れて、

　④：D10のみの石室群
　⑤：護石を廻らせたD17・19からなる石室群

が造営され、④はそれだけで収束する。⑤からは、D9からなる石室群へと展開する。

最後に、

　⑥：護石を廻らせたD18を中心に、D8・20からなる石室群

が造営され、そこから南東方向へ主丘陵に沿ってE16・17、E18からなる石室群まで展開する。

以上、古墳群造営の起点となる石室群と、そこから展開する遺構群をみてきた。

つぎに古墳群の造営、つまり墓域の設定、遺構配置にみられる計画性について述べてみたい。

例えば、支丘陵上で展開する遺構群について、遺構配置をみると、北から順にC20・28、C22・23、C1〜3・5・6、C13・13A・14・15・25、C8・9、C10〜12・16、C27・24、と複数の石室群が、支丘陵稜線を一方の端として、丘陵斜面へと開口方向・長軸方向を共通にして並

第3節　釜山―徳川洞古墳群―

んでいることがわかる。石室群の配列は支丘陵を横断するものはなく、必ず稜線を境にして半分は空閑地になっている。空閑地に沿って、南北方向（厳密に言えば南西～北東方向）におそらく当時の幹線的通行路があり、そこからほぼ直交するように支線が分かれ、支線に沿って石室群が展開していったことがわかる。

　このような石室群のあり方は、早く松井忠春氏が、慶尚北道安東市馬洞古墳群で指摘した「縦列方向に明確な時間的経過を顕現させた［松井1990：42頁］」石室配置と同様の例とみることができる。

　視点を変えると、通行路を想定できる、ということは、古墳群を形成するにあたり、古墳群を形成した社会集団に一定の墓域とよべるような空間と古墳築造の計画性が共有されていたことを示していると考えられる。換言すれば墓域に対する共有感覚をもつ一定規模の人間集団が存在したのである。共有感覚は、共に社会を構成しているという自覚によるものであろう。この意味で、洪潽植氏が、徳川洞古墳群に対し、「一つの単一集団の古墳群とみることができるかは疑問である［洪潽植2003：264頁］（原文韓国語、筆者訳）」というときの、洪潽植氏のいう別々の集団を統合したものが、筆者の考える集団といえそうである。

　支丘陵上に展開する遺構群において、A2段階土器が出土したC10、C13、C15、C22の配置をみると、図3-3-2で示すように丘陵上に偏在しないことがわかる。そこにも計画性をもった古墳の配置が透けてみえる。何故なら、ここで示した最初期の石室分布状況は、当初から幹線的通行路に沿ってある程度分割された墓域が設定されていたことを前提とすることによって、初めて容易に理解できるからである。ただし、石室群C13～15・25はC13とC15が別々の石室群でなく、当初から同じ石室群のなかで造営され始める理由は不明である。

　同様に、D18を中心にし、D8、D20からなる石室群を起点とし、徳川洞古墳群では新しい時期になって主丘陵沿いに展開する遺構群についても石室配置の計画性が透けてみえる。石室の開口方向をみても、一部を除き北西もしくは南東方向であり、立地する主丘陵の等高線方向と直交している。石室配置からはやはり一部を除いて石室長軸方向と同じ（主丘陵の等高線方向と同じ）方向に一定の空閑地が存在する。つまり、中心部から、等高線方向と一致させた北西～南東方向の幹線的通行路が走り、そこからほぼ直交するように行く筋かの支線が派生し、支線に沿って各石室が開口していると考えられる。

　主丘陵沿いに展開する遺構群で、相対的に古いB1段階の高坏が出土したのは、E1、E4、E5、E7、E15であることも既に述べたが、いずれも想定される幹線的通行路に沿っている。ただし、どれも通行路より一歩内側に入った地点に造営されている。上記した5基も遺構群内に偏在していない。幹線的通行路と石室群形成順序・配置の関係にも、主丘陵沿いの例にみられるような計画性をやはり読み取ることができそうである。

（3）二基一対志向

　徳川洞古墳群遺構配置のもう一つの特徴に、大小またはほぼ同規模大形石室同士の「二基一対形式の古墳［松井1990：42頁］」配置が多いことを、図3-3-2からもあげることができる。

二基一対形式は、かつて松井忠春氏により形成期の群集墳の特徴とされたものである。例えば支丘陵上の遺構群の場合、C8・9、C22・23、C24・27に典型例をみることができる。

古墳群中央部でも、C18・19、C26・D4、があり、D1・2も可能性を残している。

主丘陵へ展開する遺構群では、D17・19、E1・2、E3・4、E5・12、E6・7、E8・10、E14・15がそうである。ただし、E16・17も二基一対になる可能性を残しているがそうみることは難しい[15]。

他に、大形の横口式石室一基と大・小一基ずつの横口式石室一組とをあわせて二（三）基一対を構成する場合もあるかもしれないが、確実とはいえない。

またE11・12を二基一対の配置をとるものとみて、石室の開口方向がまったく逆になっている点を、松井忠春氏が、「墓道に沿いながらも連続構築をしない。これは厚葬から薄葬への転換を示す［松井1990：43頁］」ものである、と指摘している。しかし、むしろE12は石室の出入り口方向の共通性からE5と二基一対をなすと考えるべきであろう。

一方で、単独で存在する石室（群）もある。二基一対をとらず、単独で存在する石室（群）は、分布上、下記のような6つのグループに分かれる。

　①：支丘陵にあるC4・7・17、
　②：中央部のD6・11から始まる遺構群の末端C21、
　③：中央部のD11から始まる遺構群のD22、
　④：D7、D9、D15、
　⑤：中央部のD10、
　⑥：主丘陵に展開するE9、E13、E18。

このうち、②〜⑤のグループは石室群自体も全体で1〜3組と、比較的小規模な遺構群に属している。

①のグループは、支丘陵上の幹線的通行路をはさんだ別空間に1基ずつ、隣接して空閑地を残して造営している。ただグループの場合、幹線的通行路と直交する支線通行路を想定した場合、1基単独の石室（群）が、一方の側のみに集中するということは、そこに何らかの意味を汲み取らざるをえない。

1基のみの造営で終わったということは、ある意味非主流をなす石室（群）である。上述の②〜⑤のグループが属する遺構群が総体として小規模であることも考え合わせれば、①〜④のグループにおいて、二基一対をとらず1基単独で存在する石室（群）の性格は、古墳群全体の中で非主流をなす遺構群、もしくは遺構群の中で基本的に非主流をなす石室群の被葬者（の集団）が造営したものではないかと考えられる。つまり、徳川洞古墳群を遺した社会の内部で、政治的・経済的に劣位の立場にあったため、二基一対を果たしえなかったのであろう。⑤のように、当初は護石を廻らせて造営を開始したものについても、展開する石室群が続かないならば劣位化した存在といえよう。

②〜⑤においては、当初は護石をもつ古墳を造営できたものの、さらに展開する石室群は

少なく、遺構群自体が劣位であり、①においては、遺構群内部において劣位の石室群として、1基単独のものが存在するのである。

　以上の4つのグループとは、別の要因で1基単独となったと思われるのが⑥のグループである。いずれも主丘陵を南東方向に展開する遺構群に属している。(2)で述べたようにここに立地する遺構群は、遅れて築造を開始した結果、比較的短期間のうちに造営された結果を示している。言い換えれば松井氏のいうような「縦列方向に明確な時間的経過を顕現」している石室群がほとんどない、ということがわかる。

　そう考えれば、遺構群に属するE9・13・18が、単独で3基、距離をおいて点在する理由がわかる。おそらく上記3基は古墳群が造営され続けてゆけば二基一対になったと想定されるのである。最終的に二基一対にするため、もう1基分の造営空間を残して一方が築造されたものの、結果的にもう一方が築造されずに終わったものと考えられるのである。古墳群造営期間の後半以降に造営が開始されたため、二基一対を実現するために残された時間がなくなってしまったのである[16]。また、E9・16・18の3基の立地は、幹線的通行路を別にしている点にも注目される。遺構群の中に設定された北西〜南東方向の幹線的通行路沿いに、さらに延長した地点ではなく、並行して一段降りた地点に造営されているのである。盗掘で土器の出土が皆無であったE9を除く2基では、最も古い土器でもB2段階の高坏で、徳川洞古墳群全体でみれば相対的に新しい時期に属する。

　つぎに、二基一対以上の数の石室を造営する上述のC1〜3・5・6、C10〜12・16、C13〜15・25からなる石室群のように、2基以上が連続して造営される石室群の性格についてである。

　上記した石室群は、二基一対以上の複数世代（？）にわたって累代、石室造営が連続して行われる石室群—先の松井氏の表現を借りれば「縦方向に明確な時間的経過を顕現させる」—の例であるとはいえ、3例をみる限り、造営回数は2〜3回でしかないと考えられる。だとすれば、連続した石室の造営行為は、限定的かつ相対的に短期間の所産であるといえる。

　以上のように、石室および石室群造営の継続性に違いがみられることは、家族墓としての徳川洞古墳群を遺した集団のなかにも、短期間とはいえ集団ごとに、政治的・経済的力量の消長があったことを示している。

　造営開始当初には護石を廻らせていても、次代の石室は護石を廻らせることがないことも同様である。

　徳川洞古墳群は、基本的に石室を二基一対で造営する志向をもった人々によるものだが、社会内部の要因（内部における劣位者、劣位化）、外部の要因（新羅による政治的圧力）により、1基単独で終始した場合もあったようである。

Ⅳ　新羅の影響力

　徳川洞古墳群の造営自体の始まりと終わりには、新羅の政治的影響力が強くはたらいたであ

第3章　洛東江東岸地域の事例—新羅周縁部を中心に—

ろうことを想定した。

　第3章第2節で検討したような遺構配置の計画性も同じ要因によるものではないか。つまり、遺構群が当初から幹線的通行路とそこから派生する支線を意識して、石室（群）の開口方向を配置しているという計画性についても、新羅の影響力が強くはたらいていたものと想定した。

　ところで報告書によれば、調査にあたり広範囲に遺構の有無を確認する事前（前述のA・B地区におけるトレンチ）調査が実施されたので、調査された範囲の外に遺構があった可能性は低いと考えられる。

　だとすれば、墓域も、最初からある程度限定されたものであったのではないか。

　では、誰がそれを限定したのかといえば、徳川洞古墳群の場合、新羅（慶州）であった蓋然性が高い。

　限られた墓域のなかでは、石室の数自体は無限に増やせるものではない。そこにも新羅のコントロールがはたらいていたであろう。逆にいえば、徳川洞古墳群の墓域を含めた洛東江下流、古金海湾沿岸一帯の広範囲が新羅のコントロールの下にあるなか、墓域が選定（限定）された可能性が高い。先に述べたE地区のなかで他とは一定の距離をおいて造営された3基の石室の配置も、限られた墓域のなかでいかに石室を増やすか、という命題を具現化していると考えれば理解し易い。

　つまり、主丘陵に沿って南東方向へと遺構群はさらに拡大してゆくのではなく、一定の境界のなかで主丘陵の裾部へ、一段下がったところに新たに造営してゆくわけである。ここには当然、当時の造営資材運搬、作業空間の確保のための地形条件も考慮せざるをえないが、むしろ新羅による墓域に対する一定の規制、というものを前提にしたほうが理解しやすいのである。

　一方で、こうした状況下、新たな死者の埋葬が、いったん築いた石室への追葬に限定されることなく、石室を一定数増やすことができるということも、新羅の許容が前提であったであろう。

　ともあれ、徳川洞古墳群は、古金海湾沿岸地域のなかでは相対的に下位に属する階層ではあっても、内部では、護石の有無・遺構規模の大小に表象される一定の階層分化が進行しており、ある程度の政治・経済的力量を蓄えつつあったものと考えられる。そこに新羅（李熙濬氏によれば梁山を経由して［李熙濬2007：322頁］）が金官への橋頭堡として利用できるだけの価値を見出し、現実に利用したのであろう。新羅は、地方支配にあたり、徳川洞古墳群を造営したような下位の階層集団にまで、影響力を貫徹させていたのである。逆にいえば新羅の影響力こそが、徳川洞古墳群出現の契機になったのである。

　他に新羅の影響を示すものとして、つぎのこともあげておく。

　徳川洞古墳群は、Ⅲで展開過程を検討した際にふれたように、一社会集団のなかの、複数の有力者がほぼ同時に造営を開始している。このことは、在地勢力が自立的に発展した結果出現することとなった在地のある特定の支配者個人のために、古墳が築造されたのではなく、在地

第 3 節　釜山—徳川洞古墳群—

の集団というものに対し新羅が古墳の築造を許容した結果として理解できる。

　『三国史記』等の記述が正しいとすれば、金官は新羅法興王十九（A.D.532）年に、最終的に滅亡する。6世紀前半代までには金官の支配力は実質的に失われるのである。金官に対するものとして造営が開始された徳川洞古墳群は、前提が消滅してしまう。しかしそこで造営が停止することなく、石室の数は別として造営が継続する。金官が滅亡した前後で、特に内容の劇的な変化はみられるわけではない。この点、陝川三嘉古墳群のように造営期間の途中、劇的に新羅化という変化が土器にみられる状況とは異なっている[17]。初めから新羅化しているのである。つまり、再三述べてきたように新羅の影響力が及んで初めて、古墳群の造営が可能となったことを意味している。時代状況からみれば、先にふれた李盛周氏の見解［李盛周 2005］にもあるように、5世紀中葉からの、土器における小地域様式の成立から始まる邑の下位単位の自律性の発揮が、時間の経過のなかで変質し、新羅の地域様式土器が拡散した段階（6世紀代）に、造営を開始したのが徳川洞古墳群であるといえる。こういった状況は、新羅の地方支配のあり方にも関わってきて、城村制［木村誠 2004a］という間接支配が、金官滅亡後も引き続き行われたため生じたものと理解できる。

　徳川洞古墳群の造営開始が、政治的再編成の結果であるならば、新羅慶州による間接支配との関係がどのようなものであったかについては、依然として問題となる。政治的再編成と間接支配は新羅にとって表裏一体のものであり、目的と手段が逆で、間接支配を全うするために、古金海湾沿岸一帯の政治的再編成を行ったと考えるべきかもしれない。

　やがて半島統一を契機として、地方支配体制が刷新された結果、徳川洞古墳群の造営も停止したのであろう。まさに、この時期の到来が、徳川洞古墳群造営の真只中にあり、結果としてE地区の一部のような、二基一対を指向しながらも中断をよぎなくされた事例も生じてしまったのである。新羅の影響力のもと出現した古墳群は、同じ新羅の影響力によって中断を余儀なくされたのである。

　ある程度階層分化してはいても、政治的変動をよそに黙々と集団的に石室を造営し、埋葬にあたり被葬者に数点の土器を捧げる。祭祀遺構に表象されるような系譜意識はきちんともっている。副葬される武器は鏃のみで、武人的要素に乏しい。こういった集団が現在の徳川洞の地に古墳群を造営し続けることができたのは、新羅のさまざまな規制にもかかわらず、ひとえに政治地理的な条件のもとであったと考えられる。

　徳川洞古墳群の調査から導き出されることは、新羅の地方支配体系が、6世紀当時、相当に下位レベルの階層集団にまで浸透していた、ということである。さらに時代が下がるほど新羅の影響力が強くなり、造営活動の断絶も、同じ影響力によってもたらされたということである。

V　比較対象の妥当性—新羅の政治的影響と関連して—

　前節までは徳川洞古墳群の調査成果を基に、いくつか考えられることを述べ、考察を展開し

てきた。内容をより立体的な視点から敷衍化するため、ここからは、近隣にある同時期の古墳群の内容との比較検討を行ってみたい。

検討作業を行う前に徳川洞古墳群造営の契機について、あらためて簡単にふれておく。徳川洞古墳群の所在地は、図3-1-1でも示すように洛東江をはさんで、金官の本拠であった大成洞古墳群の所在する金海（市）と対峙する地点にあたる。洛東江支流の梁山川を遡れば、新羅の政治、文化的都慶州へと通じている。つまり、新羅の主導によって、金官への橋頭堡にあたる位置に徳川洞古墳群は造営されているとみることができる。徳川洞古墳群は、金海と、新羅が別に洛東江西岸進出の足がかりとした東萊［金大煥2003］の中央に、くさびを打ち込むような位置関係になる。新羅により金官の政治的・経済的勢力を削ぐ、という目的があったと考えざるをえない立地である。新羅の政治的影響が及ぶまでは、古金海湾一帯は、金海にあった金官により地域的に統合されていたと想定される。金官は現在の金海（市）を国邑（中枢）として、金海盆地の内外、最盛期には昌原盆地、進永平野全体を政治的に統合し［李盛周2005：124頁］、場合によっては東萊地域にも政治的影響を与えていたようである。したがって、上記の範囲内に所在する礼安里古墳群、七山洞古墳群、華明洞古墳群、昌原道渓洞古墳群などを遺した集団は、本来金官の傘下に属していたものと考えらえる。

そこへ新羅が進出した結果、金官の政治的求心力が弱められ、礼安里古墳群、華明洞古墳群を遺した集団が金官の支配から離脱していったのではないか。つまり、政治的に再編成が行われたのではないかと考えられる。何故なら、礼安里古墳群には調査の結果造営期間に空白がある［白井2003：10-11頁］からである。華明洞古墳群も、一部の調査ではあるが4世紀代から7世紀代と幅広い年代を示す一方で、連続していない［金廷鶴・鄭澄元1979］ので空白期間があった可能性がある。特に礼安里古墳群の場合、実質的に停止していた時期があったことが認められるので、政治的再編成の過程のなかで起こったとすれば理解しやすいからである。礼安里古墳群では造営を再開したものの、土器にみられるように新羅（慶州）の影響力が強くなった。徳川洞古墳群も、出土土器には圧倒的に新羅の影響が強い。礼安里古墳群が、金官→新羅と、支配者集団の変遷[18]があったにもかかわらず一貫してほぼ同じ場所に造営されたのに対し、徳川洞古墳群においては、金官の支配下にあったときの状況は不明で、場合によっては華明洞古墳群を遺した集団が、新たに墓域を別にして起こしたとも考えられる。しかし、華明洞古墳群とも埋葬施設の違いなど断絶があるとみることもでき、新羅により新たに造営を許容された、前代まで古墳を造営できなかった集団によって開始された可能性が大きい。

また、東萊の中心古墳群である福泉洞古墳群にあっても、多種多量の副葬品があるなかで、大部分を占める陶質土器にあっては、つとに新羅慶州の影響が指摘されている［例えば、白井2003a.］さらに福泉洞古墳群が造営を停止し、中心的古墳群が蓮山洞古墳群へと移動する契機にしても、李熙濬氏の指摘が正しいのならば、そこに新羅慶州の力が強く作用していると考えられる［李熙濬2007：260-269頁］。

『三国史記』等の記述をみる限り、新羅慶州が金官金海を政治的に統合したのは事実であり、

金官支配層の墓地である大成洞古墳群の造営の動向にも、当然そこに新羅慶州の影響をみるべきであろう。

このような徳川洞古墳群および周辺の古墳群の様相をみる限り、新羅慶州の政治的影響を造営に対し蒙ったのは、ひとり徳川洞古墳群のみではなかったことがわかる。

なかでも礼安里古墳群は、徳川洞古墳群にも近く、金官の影響下にあった状況から新羅の政治的影響力のもと、中断を経て再出発し、同時期に並行して造営されていた。礼安里古墳群の調査結果からえられたものを、徳川洞古墳群の調査結果へと応用し、類推することは、必ずしも不適切ではないと考える。両者の相違点・類似点を検討することによって、徳川洞古墳群を造営した人々の生活していた社会状況が、より鮮明に浮かび上がってくるのではないかと、考えるからである。

Ⅵ　徳川洞古墳群の背後にある社会の規模

徳川洞古墳群と礼安里古墳群は、先に述べたように同じく新羅慶州の政治的（軍事的）な力を蒙ったとはいえ、古墳群を造営した社会のあり方については、互いに異なっていたようである。どのように異なっていたのかは、発掘調査の結果から推定することができる。

礼安里古墳群との比較を中心に、一部福泉洞古墳群の調査結果との比較検討を実施することによりえることができる最も顕著な違いは、古墳群の背景にある社会の規模というべきものである。そのことは、古墳群個々の遺構の副葬品の量、被葬者および副葬品を納めるだけの物理的空間を確保するための遺構規模から類推が可能である。

ただ、この第3章の冒頭で、古墳群を研究対象とし、個々の古墳ではないと述べておきながら、以下の記述では個々の古墳からの記載が中心になっている。

こうした点について、徳川洞古墳群の場合は前述した盗掘の深刻な影響のため、古墳群としてえられるデータが不十分にならざるをえない。すなわち報告書の諸所でふれているように、盗掘の影響は甚だしいものであり、事実、出土遺物が皆無の石室が全体の10％、7基あったためである。だから、比較的良好なデータを得ることができる事例をもって、古墳群の性格の検討を行なわざるをえない。検討対象とはいえ、個別に古墳の様相を検討するにしても、常に視野に入れているのは古墳群の性格である。

徳川洞古墳群の場合、先に述べたように石室の長辺が200cm以上、以下の2群に分けた場合にのみ、5％の有意水準で、統計学的に差があることがわかった。つまり、徳川洞古墳群で検出された石室の平面規模は、統計学的には長辺200cmを境にした、（相対的にみて）大形と小形の2グループに分けることができるということである。

規模の違いが明らかな群に分けることから、内部に階層分化を抱えていたものの、詳しくみると大形のグループに属する石室が大部分であり、そういった意味では均質性を有しているともいえる。徳川洞古墳群の大部分を占める典型的な石室は、相対的に大形の部類に属する横口

第3章 洛東江東岸地域の事例―新羅周縁部を中心に―

式石室であるといえるわけで、以下、そのうち盗掘を免れ比較的良好な遺物出土状況を把握できる事例を抽出して、検討することとする。具体的な事例を、以下に述べる。

徳川洞古墳群D6とD15の2基には、徳川洞古墳群を造営した集団の埋葬行為の一端を示唆するものがあった。まず、竪穴式石槨のD6からは、供献・奉納の機能をもった高坏が3点、貯蔵の機能をもった壺・甕が4点の計7点が出土した。7点の土器は転倒したものはあるが大きく原位置をはずれたものはみられない。図3-3-6に示したところである。竪穴式石槨という構造上、7点の土器がほぼ同時に石室内へ埋納されたとみなすことができるならば、1回の埋葬にあたり、ある程度の点数の土器が納められたことを意味している。D6の天井石がほとんど残存していないことから、盗掘があったことも推定されるが、土器の出土状況からすれば、7点は盗掘を免れた一括性の強い遺物群と評価できる。D6は、平面規模でみると、上述の大小2つのグループのうち小形の部類に属する。

つぎにD15では、図3-3-7に示したように、入口近くに長頸壺1点、有蓋高坏5点、無蓋高坏1点がまとまってほぼ原位置を保って出土した。他の石室でも奥壁側に土器が集中して出土した例が9～10基ほど検出されている。しかし、後述する金海礼安里古墳群の例を勘案すると、奥壁側に土器が集中するのは、追葬にあたり以前の土器と人骨を整理・移動させた結果であり、事実C13、後述するC22などは、図3-3-8にあるように、奥壁側に集中していた土器には明らかに時期差のあるものが混在していた。これに比べ、D15は、土器の集中が入口側で、石室の遺存状態が良好な部分であり、図3-3-7に示した報告書所収の出土状態図、遺構写真（報告書：図版9）からも、2次的移動が認められず時期差もない。D15の最終被葬者に対し供献された土器がまま遺存した結果である可能性が高く、ここでも出土点数が7点であるのは示唆的である。D15は、先述の遺構平面規模の2分類でいえば、大形の部類に属する。

以上の検討から、一回の埋葬にあたり、供献・奉納と貯蔵、2つの機能をもつ土器が7点程度ずつ用意されたことがわかる。

第3の事例として、C22・C23からなる一群をみたい。図3-3-8に示した。C22から出土した有蓋高坏をみると、先に述べた土器の形式分類からみても。徳川洞古墳群のなかでは比較的長期にわたって石室が機能していたことがわかる。有蓋高坏は全部で11点、蓋は13点が出土している。図示はしていないが、頸部を欠いた有台長頸壺も1個体出土しているので高坏・長頸壺のすべてに蓋が伴っていたとすれば最低12対の還元焼成土器があったこととなる。その他、無蓋高坏2個体をはじめとして小形の長頸壺、双耳無頸壺、酸化焼成土器平底甕2個体、鉄鎌、金銅耳環が出土している。

出土した有蓋高坏は、図3-3-3の形式分類でいうA形式2段階が2点、4段階が4点、5段階が3点、B形式1・2段階が1点ずつになる。石室床面の敷石（棺台）の調査結果からは、築造後1回改造されているので、少なくとも2回にわたる埋葬行為があったことが推定されるが、土器からみる限り3～4回の埋葬行為（2～3回の追葬）があったことが推定できる。推定された埋葬回数は、先にD6・15の事例から想定した埋葬1回あたりに用意された土器の数の

第3節　釜山―徳川洞古墳群―

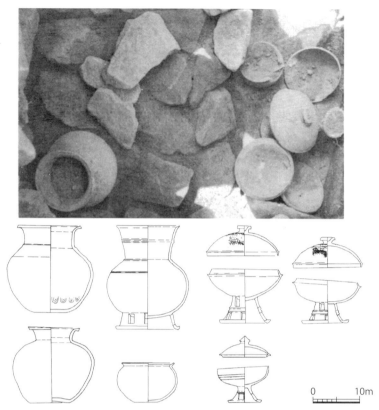

図3-3-6　D地区6号　遺物出土状況と出土土器

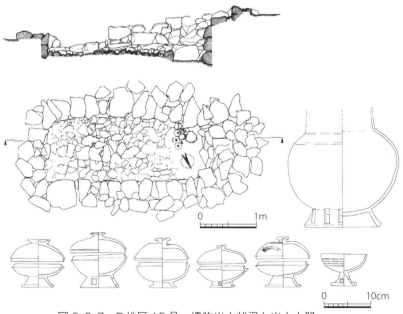

図3-3-7　D地区15号　遺物出土状況と出土土器

第3章　洛東江東岸地域の事例―新羅周縁部を中心に―

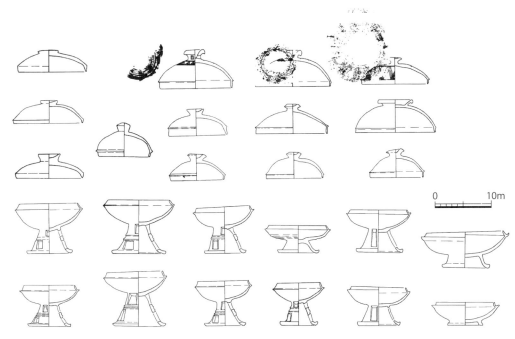

図 3-3-8　C 地区 22 号　出土遺物

想定とも矛盾しない。C23 は、C22 を従属的な位置関係に配置し、大形の部類に属する横口式石室である。

　以上の3つの事例、徳川洞古墳群の場合、石室の平面規模の大小2つのグループのどちらにも同じ程度の人数によって土器が供されているといってよい。

　一方、礼安里古墳群と対比すれば、礼安里古墳群の場合、横口式石室内から出土した土器の数は、やはり盗掘の影響を加味しなくてはならないものの、10～20 点前後になる。同じ横口式石室であっても、石室内の空間が徳川洞古墳群よりも広く、埋葬者の数も多い（＝埋葬回数も多い、後述。）礼安里古墳群の場合でも、徳川洞古墳群とあまり差がないことから、土器を埋葬にあたり持ち寄るという行為では、徳川洞と並行する時期の礼安里の社会背景は、似通ったものであったことが想像できる。

　別に、近年の白井克也氏の研究によれば、梁山夫婦塚（北亭里1号墳）の副葬土器の分析から、夫婦塚へと供献された土器の担い手は「高品質の陶質土器や軟質土器多数を調達し副葬できた1つの在地集団と、ようやく1組の「盌S」を個別に調達できた 10 の在地集団が存在した［白井 2007：196 頁］」と、指摘していることは興味深い。

　梁山夫婦塚の場合、多数土器を調達した在地集団は、器台を含む大形器種をも用意しているのに対し、徳川洞古墳群の場合、器台はなく、有蓋高坏類も全体として同一形式・段階に属するものの、個々の土器をみると、例えば環状つまみの形状・直径、蓋表面の施文の有無と施文される場合の文様、脚における透孔の有無など、微妙に異なっており、夫婦塚の多量に調達さ

第 3 節　釜山─徳川洞古墳群─

れた高坏と比しても斉一性をもたない。土器自体はほとんどすべて日常使用されているものばかりであることからも[19]、土器を供献した人々と被葬者との関係は、階層的に上下関係にあるというよりは、水平横断的な、より身近な近親者が個々にもちよった結果であると考える方がよい。

　それにもかかわらず、夫婦塚の被葬者は、徳川洞古墳群の場合よりは多くの集団により土器の供献を受けている。夫婦塚は、徳川洞の所在地から新羅慶州へとぬけるルート上にある梁山北亭里（洞）古墳群中の盟主墳の一つである。先にふれた李熙濬氏の指摘［李熙濬2007：322頁］のように、梁山地域を経由して洛東江河口への新羅慶州の進出が、徳川洞古墳群出現の契機となっている。だとすれば、具体的な数字はともかくとして、北亭里古墳群の盟主は、下位の同じ地域集団に属する徳川洞古墳群における被葬者を上回る人数を、影響下にもっていたことが推定できる。

　時期的にはさかのぼるが、例えば大成洞29号墳［申敬澈・金宰佑2000a］や福泉洞古墳群の10-11号墳にみられる［鄭澄元・申敬澈1982・1983］ような、有力者の一回の埋葬にあたりきわめて大量の土器を副葬するといった行為の、背景にある社会構造とは異なる規模が想定できる。

　土器の出土状況以外に、背景となる社会の規模を間接的に示唆するものとしては、個々の遺構の規模というものがある。

　徳川洞古墳群は、これも前に検討したように、基本的に石室を二基一対で造営する志向をもった人々によるものであった。とはいえ、古墳群を造営した社会内部の要因（内部における劣位者、あるいは劣位化）、外部の要因（新羅による政治的圧力）により、1基単独で終始した場合もあったようであることは前にも述べた。

　ところで、礼安里古墳群の場合、二基一対（例えば33号と34号、49号と50号）もしくは単独の一基で横口式石室群を構成している。二基一対の場合、徳川洞の遺構群のように、累計的に石室の数が増えていった結果であるか、同時に2基築造された結果かどうかは、石室の時期の検討からは不明である。礼安里古墳群の場合、石室自体が徳川洞古墳群に比べ短辺が長く、内部空間も広くなっている。図3-3-9を参照されたい。そのため一基の石室内に11体もの埋葬がされた例もあった（原位置にあったものだけでも3体）［洪潽植2003：表9］。これに比して徳川洞古墳群は、一基あたりの石室の平面積が平均して礼安里古墳群の68％であり、狭い。つまり、礼安里古墳群は当初から相対的に広い空間をもつ横口式石室を造り、石室の数を増やすことなく相当数の埋葬をし続けたのに対し、徳川洞古墳群は狭い石室を継起的に造営し、拡張もするが、一部ではあるが数も増やしていった、という点が異なるのである。相違点が、礼安里古墳群と徳川洞古墳群、それぞれの集団の性格を表現していると考えられる。

　別な見方をすれば、礼安里古墳群の場合、造営当初から多人数を埋葬することを意図したために、これにみあう広さをもつ埋葬施設を構築する必要があり、相対的に広い横口式石室造営へとつながったともいえる。同じ横口式石室を採用した両者の副葬品には、後述するように細

第 3 章　洛東江東岸地域の事例―新羅周縁部を中心に―

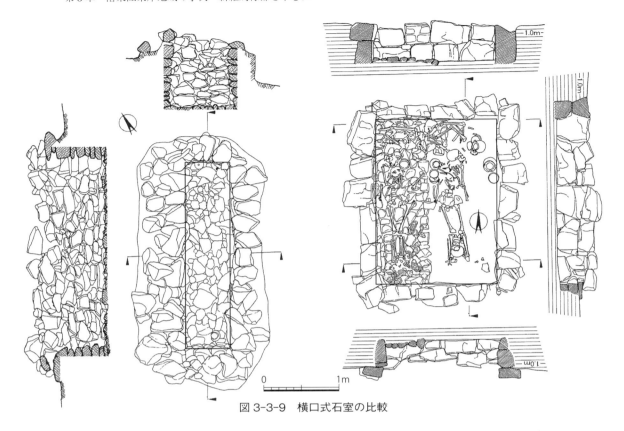

図 3-3-9　横口式石室の比較

かい点では差異があるものの、質的な差異とまではいえないことも、石室空間の大小が直接的に経済的・政治的力量の差異へと結びつくとは言い難い点も、社会習慣の差異という解釈の傍証となろう。したがって、徳川洞の場合、1つの埋葬施設に礼安里ほど多人数の埋葬を予定していなかったために平面積の狭い横口式石室を採用したのであろう。換言すれば、徳川洞の場合、一部の石室に拡張があったとしても、同じ埋葬施設に葬られる、葬られるべきであるとされた母集団の人数は、礼安里ほど多くなかったと考えられる。逆に礼安里群では、同一の横口式石室に埋葬される、埋葬されるべきという意識を共通でもっていた人間集団の構成員の数が、徳川洞より多人数であったと考えられる[20]。

しかしながら徳川洞の場合、複数の石室が石室群を構成するので、異なる石室に葬られるべきではあるが、石室は同じ墓域内に造営する、つまり同じ集団に帰属しているという意識を共有していた人々の数はなりに多人数であったとも考えられる。

もちろん、もう一つ重要な社会的背景として、ある社会がそこに属する人々を葬るに際し、どのような墓制を採用するかについては、埋葬儀礼の保守性というものも視野に入れる必要がある。洪潽植氏によれば、横口式石室は洛東江東岸で発生した地域性の強い墓制であり［洪潽植 2003：161-162 頁］、横口式石室よりも前代の竪穴式石槨に近いという意味で、保守的・伝統的なもので、埋葬者の人数よりも強く社会を規制したのかもしれない。

VII 遺物 ―鉄製武器からうかがわれる被葬者の性格―

　つぎに、金海礼安里古墳群の出土遺物との対比から、徳川洞古墳群の被葬者の性格を類推してみたい。徳川洞古墳群・礼安里古墳群の両者を、出土遺物の面で比較を行うのは次のような理由からでもある。
　第一に、徳川洞古墳群と礼安里古墳群、両者の出土土器に関して、副葬状況をみる限り当時の人々が（埋葬に用いた）土器に対して同一の観念を継続してもっていたことが覗われるということである。つまり、造営期間の全般にわたって、土器の（器種ではなく機能からみた）構成に変化がなく、2次的移動後であれ、そうでなく当初からのものであれ、石室内のどこへ何を安置すべきか、という、置かれた位置どりの原則に変化がない、ということである。
　換言すれば、副葬された土器の出土位置について、盗掘を免れわずかに原位置を保っていた例をみると、徳川洞・礼安里いずれの古墳群にあっても、ある程度の規則性を見出すことができる、ということである。徳川洞古墳群の場合は、調査者により石室内入口側には長頸壺・短頸壺といった相対的に大きな貯蔵容器が置かれる傾向があると整理されている。とはいえ、土器の大部分が置かれていたのは被葬者の頭位付近であった。この場合、土器副葬の経緯は2つ想定できる。一つは被葬者に対し生者が何らかのもの（食糧等）を土器に入れるか載せるかして、被葬者へ捧げることである。もう一つは、遺族が死者の前で共食儀礼を催し、済んだ後の土器を墓のなかへ納めた、ということである。ほかの理由も想定できるかもしれないが、いずれにせよ土器副葬位置の規則性（規範）の存在は認められえるように思う。
　徳川洞・礼安里、両古墳群ともにいずれの場合であっても、追葬時に以前の被葬者に捧げられた土器は石室奥壁側へと移動（片付け）されていることが、出土状況からわかる。
　そして土器に関しての以上の指摘をふまえれば、これを敷衍化するかたちで、鉄製武器等に対する観念も、2つの古墳群を遺した社会において同じであったとして、検討が可能なのではないか、ということである。
　第二に、礼安里古墳群は、人骨が良好な状態で出土した古墳が多く、被葬者の年齢・性別と副葬品の相関関係がよくわかるからである。礼安里古墳群出土の鉄製武器・工具、および紡錘車副葬と被葬者との関係については、金斗喆氏による研究成果が公表されている〔金斗喆2000〕。
　遺物に対する観念が時間の経過とは別に不変である、という前提に立つならば、金斗喆氏が礼安里古墳群中でも竪穴式石槨墓・木槨墓を対象とし、横口・横口式石室墓ではないという難点を補って余りあるのではないか、と考える。確かに厳密な意味では、直接の比較対象とはならないかもしれないが、他に比較検討に耐える良好な資料が存在しないのも事実である。そこで、徳川洞古墳群の被葬者の性別・年齢を探るための、あくまでも参考資料としてここでふれてみたい。
　礼安里古墳群の被葬者における工具・武器・紡錘車の所有状況（副葬状況）のうち、徳川洞

第3章 洛東江東岸地域の事例―新羅周縁部を中心に―

古墳群出土品に共通する種類の遺物に関して、金斗喆氏による分析［金斗喆2000：315-319頁］と徳川洞の事例を対比させてみると、以下のようになる。

　刀子は、礼安里古墳群では最も多くの古墳から出土した鉄製品で、被葬者の性別・年齢に関係なく所有していたことがわかる。最も日常的に用いられたものであるといえる。あるいは、被葬者に対する護符としての機能をもたせたもの［村上1988］かもしれない。鎌は、刀子の次に多い副葬例があった。性比はほぼ同じであるが、年齢でみると１例を除きすべて若年（被葬者の年齢に関する用語の意味する具体的な年齢幅については、以下の記述を参照。）以上である。礼安里で若年層に属する被葬者は８名で、このうち６名が鎌を副葬していたことから、若年層は原則として鎌を副葬されたものとみられる。金斗喆氏は、鎌の存在から被葬者が生前稲作農耕を生業の基幹としていたと推定している。つまり、若年層は稲作農耕の重要な担い手であったとするのである。

　鉄斧は徳川洞と同じく鍛造・鋳造の２種類があった。礼安里の場合、鍛造鉄斧の方が鋳造鉄斧よりも相当多く出土したが、徳川洞の場合出土数が両者ともに絶対的に少なく（異形斧とされるものを含めて５基６点）、傾向はうかがわれない。礼安里では鎌と同様、際立った性比がみられるわけではないが、鎌よりは男性の比率が高い、という結果が出ている。年齢でみると、１例を除き、すべて壮年であった。金斗喆氏は、男性の比率が相対的に高く壮年層に副葬される理由として、鎌よりも斧の方がより労働力を必要とし、それに応じた年齢・性別の被葬者に斧が副葬されているものと考えている。

　つぎに鉄鏃である。鉄鏃は他の種類の武器に比べ消耗の度合いが大きいため、一基の古墳に多数副葬される例が多い。礼安里の場合160号からは69点出土した。他方、金斗喆氏も指摘するように一基の古墳から１～３点しか出土しなかった例もある。この点について、金斗喆氏は、鏃が古墳に副葬されること自体に象徴的な意味合いがあったのではないかと考えている。出土状況からは、性・年齢層別のいずれの場合にも偏在していないようである。

　紡錘車を副葬された被葬者は基本的に女性であることがわかっている（礼安里古墳群の場合、出土した６基のうち、被葬者の性別が判明した４基はすべて女性だった）。こうした原則が徳川洞にもあてはまるとするならば、徳川洞古墳群にも女性の被葬者がいたことになる。実際、紡錘車と武器・工具との共伴関係をみると、徳川洞古墳群の場合、出土した８基中２基が共伴しているのみである。残りの６基は武器・工具を共伴していない。共伴していたC24、E9にしても、追葬がともに２回程度確認されているので、場合によっては夫婦、もしくは兄妹・姉弟など、性別の異なる被葬者が埋葬されたのかもしれない。

　なお、礼安里古墳群は、出土人骨の推定年齢を、調査報告書［釜山大学校博物館1985、1993］においては、多少の表記の違いはあるものの、幼児；１～５歳、小児；６～11歳、若年；12～19歳、壮年；20～30代、熟年；40～50代、老年；60代以上、という用語により分類している。ここでふれた被葬者の年齢も以上の分類によっている。

　以上、簡単に筆者なりの理解のうえで金斗喆氏の分析を紹介してみた。これを徳川洞古墳群

へと敷衍することができれば、被葬者像の一端が垣間見えるかもしれない。

ただ問題となるのは、繰り返しになるが金斗喆氏が分析の対象にしたのは礼安里古墳群の竪穴式石槨であり、横口式石室からの出土遺物ではない、一方で徳川洞古墳群は、横口式石室が中心となる、という点である。墓制を異にする古墳群の副葬品を相互比較するのは、上述したように礼安里古墳群竪穴式石槨の出土遺物は、必ずしも徳川洞古墳群の場合と共通するわけではないものの、威信財（威勢品）の質に差があるわけではなく、総体としてはほぼ同様の傾向を示していると考えられてもよいと思う。

鉄器でいえば、鎌・(鍛造の)斧・刀子・鏃などは共通しているが、礼安里古墳群にのみ出土したものには、刀・鋳造鉄斧・鑿・ピンセット・環状鉄器・釘・かすがいなどがある。土器も共通する器種が多く、盌・鉢・細頸壺・蓋坏・提瓶・台脚が礼安里古墳群にのみ出土した器種である。他の金属製品、金銅製もしくは青銅製の耳環、銙帯金具は共通して出土している。

また、釘・かすがいの存在からは、礼安里古墳群の場合、徳川洞古墳群と異なり釘・かすがいを使った棺を用いていたことが明らかにわかる。礼安里古墳群の場合は同一箇所に墓域を設定していることから、同一集団が中断をはさんで造営し続けたとはいえ、中断を境に被葬者の武人的性格が上記したように相対的に弱まる。中断後に造営された横口式石室からは、前代に比べ鉄製武器類の出土量が急減する、という傾向があるのは事実である。

造営が中断する前の礼安里古墳群の土壙木槨・竪穴石槨からは、少ないとはいえ甲冑の出土（全体の3％程度の遺構数）があり、剣も88％近い数の遺構から出土している。先の金斗喆氏により、被葬者の生前の身分を象徴する器種とされる器台も23％近い数の遺構から出土している。馬具の出土はないものの、徳川洞古墳群に比べ被葬者の武人的性格（騎馬の指導者のもと剣を佩いて従う兵士）の強さが浮き彫りになってくる。このような変化は徳川洞古墳群にはみられない。

Ⅷ　おわりに

これまで述べてきたことを箇条書きにしてまとめると、つぎのようになる。
1　土器副葬の状況から、徳川洞古墳群の背景にある社会の規模（＝人口？）は、相対的に小さいこと。
2　遺物の内容からは、紡錘車の存在が、被葬者に女性が含まれることを暗示していること。
3　同じく、刀子・斧の存在が、被葬者の年齢の幅が広いことを暗示していること。
4　遺物組成全体からは、被葬者に武人的要素があまり認められないこと。

Ⅶで徳川洞古墳群が、新羅慶州の強い影響の下成立したことを提示してきた。前提に立って上記4項目をみると、1～3からは、新羅慶州が徳川洞古墳群を遺した比較的小さな人間集団を、年齢・性別を問わず包括的に影響下においていたことがうかがわれる。礼安里古墳群のよ

うに人骨資料が豊富に出土していれば、さらに詳しい検討が可能であるが、それはかなわない。強いて言えば、1〜3の項目を、出土遺物から類推できるだけである。

とはいえ、再三述べてきた盗掘による影響を考慮するにしても、4の項目についてはほぼ確からしいのではないか。だとすれば、新羅慶州の主導のもと、金官金海へ対峙する位置に造営された徳川洞古墳群に、そういった状況を反映するような戦時的要素があまりないことは興味深い。そこからえられる被葬者像は、対金官の直接戦闘に従事する人々ではなく、新羅慶州が自身の影響下においた地域を間接統治するにあたって、統治の一端を担う人々、というように描写することができる。では、人々は、一定の領域を新羅慶州により付託され統治していたのだろうか。また、徳川洞古墳群を造営した人々が、当時の社会の最下層とは考えられないので、人々に統治された対象は何なのか。という問題が生じてくる。

徳川洞古墳群自体は、周辺の他の時期的に古い古墳群の造営集団から、在地において社会の発展・階層化に伴って自然発生的に成立したものではないであろう。前にも指摘したように、ある程度階層分化した社会が存在したのは事実であろうが、新羅慶州により、人為的に成立したものであろう。もし、徳川洞古墳群を遺した人々が、地方統治の一部を担っていたとすれば、背景にある社会規模の相対的な小ささから、狭い範囲にとどまるものであったであろう。

しかし周辺の古墳群、例えば礼安里古墳群などの調査内容からすれば、むしろ一定地域の統治というよりももっと別の目的で新羅慶州が、徳川洞の集団に古墳造営を許容したのではないかとも考えられる。

別の目的とは何か、という問いに答えるのは難しいが、筆者としては象徴的な意味付けを想定している。つまり、地域外部へは、新羅慶州の影響下に入ると、このような古墳を造営させてもらえるぞ、ということを発信する。地域内部には、古墳を造営させてもらえる、同じ地域のなかでも格が上がるのだ、ということをみせる、ということである。新羅慶州の影響下に入ることによって、周囲の他の集団との関係が優位になる、という意味があったのではないかと考えるのである。逆に新羅慶州の立場からすれば、政治的な格付けを在地の集団に実施し、格付けを在地の集団が受け入れたことを意味している。そこには新羅の強い意志をみることができる。李熙濬氏が、昌寧校洞古墳群における造営集団の転換［李熙濬2007：295-305頁］、前述した東萊における福泉洞古墳群から蓮山洞古墳群の中心的古墳群の移動に、新羅慶州の意向が強く働いたと［李熙濬2007：260-269頁］述べるのと、通じるものと考える。

礼安里古墳群との対比を通じて徳川洞古墳群の内容を検討することにより、以上のような新羅慶州の地方に対する間接支配の実態を垣間見ることができるのである。つまり、政治的影響力というものが目にみえてくるのである。

［注］
(1) 福泉洞古墳群出土遺物の様相をみる限り、徳川洞古墳群の所在する洛東江西岸、古金海湾沿岸への進出より前に、山地を挟んだ反対側の水営江流域、東萊へ、新羅は既に進出していたと考えられる。

第 3 節　釜山―徳川洞古墳群―

(2) この第 3 節における石室の数に関して、ここにひとことことわっておくことにする。報告書によれば、C 地区で 29 基、D 地区で 22 基、E 地区で 18 基の計 69 基の石室が調査された。報告書では各石室について地区ごとに 1 から順に番号をふって記述している。ところが、報告書のなかには 2 基、(C13A と D8SW) が一連の番号ではなく、別に項目をたてて記述されている。ともに近隣の大形のグループに属する石室、C13 と D18 に従属的な立場で構築されたものと考えられるので、報告者はと一体のものとして石室の数が数えられているようである。しかし、2 基も墓室として構築されたことは明らかなようで、かつ C13A の場合、遺構の被葬者に伴うと考えられる還元焼成土器も出土している。したがって、ここで調査された石室全体の数にふれる場合は、先の 69 基に 2 基加えた 71 基が検出されたという前提に立っている。

(3) 徳川洞古墳群出土土器に関しては、報告書の記載によれば、灰青色・灰黒色・灰褐色・灰白色・黒褐色の硬質土器と、灰青色・灰黒色・灰褐色・灰色の瓦質土器、赤褐色・黄褐色・黒褐色の軟質土器があった。そのうち瓦質土器については、器形をみる限り、例えば C 地区 19 号墳・E 地区 5 号墳の有蓋高坏など、陶質土器の前段階をなす瓦質土器ではなく、単に焼成が硬質土器に比べ不十分なものとみることができる。したがって徳川洞古墳群の土器を記述するにあたっては、報告書の記載にならえば硬質・瓦質・軟質土器と記述すべきであるが、瓦質土器という用語の使用が誤解を招くおそれもあり、ここでは報告書でいう硬質・瓦質土器を合わせて還元焼成土器、軟質土器に対応するものとして酸化焼成土器と記述することとする。

(4) 後述するように、刀子は工具としての用途よりも、被葬者に対する護符的な用途を考えるべきかもしれない［村上 1988］。

(5) 埼玉将軍塚古墳からは、杏葉・轡などに 6 世紀前葉代の新羅の特徴をもつ馬具が出土しており、徳川洞の鈴も新羅慶州から、徳川洞の被葬者へ渡ったものと考えられる。鈴が出土した C 地区 21 号墳は、古墳群中でも、中央部付近の斜面下部に立地し、前稿でも検討したように、古墳群のなかで比較的早い時期（6 世紀前半）に造営を開始した遺構群の一部をなしている。なお、義城の類例の存在については、金井塚良一氏の御教示による。ここに記して謝意を表します。

(6) 徳川洞古墳群出土還元焼成土器について、報告書からは、D5 出土のつばのあるボタン形つまみを持つ高霊地域様式の蓋、C13 出土の透孔をもち斜めに立ち上がる倒坏形つまみをもつ昌寧地域様式と考えられる蓋と、いずれも蓋にわずかに慶州（新羅）地域以外のものがあることに気がつく。

(7) 洪潽植氏の編年案は、以下の諸点を考慮に入れ取り扱う限り、一定の有効性をもつと考える。どのような点かといえば、一つは洪氏が編年のために有蓋高坏の器種分類をした際に、分類基準として高坏の透孔を用いたことに対し、後述する白井克也氏が指摘するように［白井 2003：15 頁］、高坏の透孔は工程上省略されることがありえる（無蓋高坏だが、C13 出土例、図 3-3-4 にみられる。）ので、むしろ器形・製作技法を中心においた変遷の部分を参考にすべきだという点である。2 点目は、李熙濬氏がそれまでの各種編年案に対する批判のなかで述べたように、特定地域（場合新羅）の細かいだけの編年に偏ってしまう、いわゆる樹を見て森を見ずになってしまう危険性［李熙濬 2007：106 頁］に注意を払う、という点である。3 点目は、編年（年代）の基準としておさえられている器種が、徳川洞古墳群にあてはめた場合、蓋、有蓋高坏、有台盒、付加口縁長頸壺と限られている点である。

(8) 本文で後述する徳川洞古墳群の年代と重なる 6 世紀中葉以降の、洛東江東岸地域の古墳文化の状況について、吉井秀夫氏により「副葬品は少なくなり、「短脚高坏」と呼ばれる高坏をはじめとする特徴的な土器群が、それまでの地域性を越えて副葬される。（中略）基本的に木棺は用いられず、石枕や足台を伴うことのある屍床の上に、直接屍身が安置された。また、被葬者数も 3 人を超えることが多く、埋葬空間がなくなると、屍床をつくりかえたり、被葬者の骨を片づけたりして、引き続き追葬が行われる例が多い［吉井 2002：193 頁］。」と簡潔に

まとめられている。引用が長くなってしまったが、指摘は徳川洞古墳群の性格の一端をある意味的確に表している。
(9) 平均の多重比較において、LSD検定およびシェフェ (Scheffe) の検定を実施した [新村1997] 結果である。各グループ相互の比較においては、実際、長辺のみまたは短辺のみでは統計学的に差が認められる場合もあった。別に、LSD検定において差が認められるが、シェフェの検定においては認められない、そういった場合もあった。なかで200cmを境にしたグループ分けでは、上記2種類の検定方法で、長辺・短辺ともに平均値に統計学でいう5%水準で、有意な差があることが認められた、ということである。
(10) (墓前) 祭祀遺構について、本古墳群の事例も含め広く嶺南地方全般にわたる研究が姜玧錫氏によって公表されている [姜玧錫2002]。姜氏よれば、嶺南地方各地の古墳造営に伴う祭祀の結果遺された遺構は、造営の段階に沿って3つに分けることが出来る。そこでいうⅢ段階、古墳造営が完了した後に営まれた祭祀に伴う遺構に、本古墳群の遺構は位置付けられる。姜氏によれば、祖先祭祀の段階 [姜玧錫2002：174頁] でもある。
(11) 写真の閲覧にあたっては釜山市立博物館、洪潽植氏のご高配をえた。ここに記して謝意を表します。
(12) 洪潽植氏に直接伺った際には、「家族」とすべきかもしれない、という見解であった。
(13) 日本における群集墳研究において、学史的にみて水野正好氏の指摘・想定を嚆矢とする墓道の概念とほぼ同じである。ただ、水野氏のいう墓道の概念規定にあっては、墓道は根道、幹道、枝道、茎道に細分されているが本古墳群ではそこまでの細分はまだ検討できていない。
　水野氏は墓道を設定するにあたり、群集墳内の個々の古墳を、立地や葬制の変遷 (具体的にいえば単次葬→複次葬) などを元に想定している [水野1975] が、本古墳群の場合やはりそこまでの検討はできていない。墓道という場合、もっとミクロな視点で、石室への遺骸の搬入路という意味合いも別に生じている。
　以上の理由からあえて墓道、といわず通行路という用語を用いることとした。
　一方で、通行路 (墓道) といったものを群集墳に想定することに対し慎重な見解 [野上1988] もあることは承知しているが、この第3節の場合、通行路というものを想定することが、徳川洞古墳群の性格解明の有効な手段となりえると考えるために、あえて存在が報告されていないにもかかわらず想定することにした。また、これまでこの節で使用してきた「石室群」という用語について、同じく日本の群集墳研究における「支群」という用語とのあいだの概念の相違が問題になると思う。
　こうした点について、後者はmoundをもつ日本の群集墳、あるいは横穴墓群研究から抽出された概念であり、moundが明瞭でない徳川洞古墳群には直接適用できないのではないかという点、本文で後述する「二基一対志向」という徳川洞古墳群の特徴が日本の場合とは異質ではないのかという点、以上2点から、この節では「石室群」という用語を使用することとした。
(14) 李熙濬氏は、D11を徳川洞古墳群のなかでもっとも早いものとしている [李熙濬2007：321-322頁]。
(15) 明らかに二基一対の石室の場合、互いに近いほうの石室内側壁面間の距離をとると、平均約1.8m、標準偏差も0.489であるのに対し、E16・17間では約3.3mになる。
(16) 先に検討した支丘陵の、C4、C7、C17の3基も、単独で存在する点と、想定される主要通行路の北東側に立地する点で共通点があり、場合によっては主丘陵添いの遺構群のように本来二基一対を志向したものの果たせなかった例になるとも考えられる。C4、C7の2基の出土遺物からは、時期的な帰属を決定できなかった。C17からは平底外反長頸壺が出土しており、6世紀前半頃には築造されていた可能性があり、単純に時間がなかったからとはいえない。
(17) 副葬される土器が在地の地域様式から、画期をもって慶州 (新羅) 地域様式へと激変する事例が、陜川三嘉古墳群 [沈奉謹1982] で確認されている。ここでは、時期的に早い時期の遺

構には高霊地域様式の還元焼成土器が卓越していたなか、突如として還元焼成土器の慶州（新羅）地域様式化が出現し主流となる［高正龍 1996］。慶州（新羅）地域様式土器への転換は、慶尚南道陜川に故地を比定されている多羅が新羅によって滅ぼされた結果、出現したものであると解釈されている。ただ、三嘉古墳群にしても、在地社会が新羅に服属しても造営が中断しない点が注目される。
(18) 金官自体も、内部において外来集団の進出等、支配集団の断絶と交代があったという考え［申敬澈・金宰佑 2000a］もあるが、筆者はとらない［木村 2015］。
(19) 器台のような日常使用されない器種がなく、日常使用されているものがほとんどとはいっても、土器の今は失われてしまった内容物に、儀礼的側面があった可能性を残している。
(20) 洪潽植氏は、徳川洞古墳群を遺した集団の規模についても言及している。洪氏によれば、徳川洞古墳群は 20 以上の支群に分けることができる。洪氏はそのうち、内容が比較的明瞭にわかる 4 つの支群を抽出し、そこに埋葬された人数を推定している。推定の結果、4 つの支群はそれぞれ 6〜8 名程度が埋葬されるとしている［洪潽植 2003：263-264 頁及び 275 頁］。だとすれば、徳川洞古墳群全体で 120〜160 名以上が埋葬されたことになる。

第 4 節　小　結

　この第 3 章では、第 1 章でも述べたように、政治的影響というものをどこまで具体的に、考古学によって説明できるかを試みたものである。支配層相互の政治的関係（中心古墳群相互の関係）ではなく、一つの強力な政治体中枢が、社会の末端、周縁にどのように影響をあたえていたかを、考古学的資料からどこまで検討できるかを、東萊、義城、釜山を例によって検討してみたものである。
　第 1 節の東萊では、堂甘洞古墳群をとりあげた。第 3 節では徳川洞古墳群をとりあげた。2 つの古墳群からは、新羅慶州が、洛東江河口地域に対し、5 世紀と 6 世紀でどのように政治的関与の仕方を変えていったかが見えてくると思う。時期をおって、政治的関与の仕方を変えていった結果が、古墳群造営の契機に大きく関わっているのである。
　5 世紀代にあっては、文献史学の面でも指摘されてきた新羅の地方への間接支配が、堂甘洞古墳群造営の契機をあたえた。間接支配は、地方の首長層への統制として作用したので、結果として首長層の地域内部に対する統治力が減衰し、中下位層への統制が緩んだ。結果的に、中・下位層集団の経済力の伸長が促され、最終的に、中下位の個々の内容が比較的均質な古墳群が、集中的に造営されたのである。
　ただし、結果として 5 世紀代を中心とする短期間に終わったのは、次に述べる徳川洞古墳群が表象する新羅慶州の地方支配強化が反映している。
　5 世紀末から造営された徳川洞古墳群は、場所の選定、遺構配置から始まって、副葬する土器の供給まで、さまざまな側面を新羅慶州主導のもと造営された古墳群である。堂甘洞古墳群と比べれば、より直接的な関与がうかがわれる。さらに、徳川洞古墳群の造営停止自体も、新羅慶州の直接的関与があるようにみえる。

第 3 章　洛東江東岸地域の事例―新羅周縁部を中心に―

　ところで、第 2 節では、新羅慶州の北方にある義城をとりあげてみた。洛東江河口部とは異なり、ある程度面的な広がりをもつ領域でなく、どちらかといえば交通路に沿った点と点の支配という側面が強い。義城地域では、李熙濬氏の指摘にもあるように、4 世紀代から、新羅の関与が継続していた［李熙濬 2007：305 頁以下］。間接支配の度合いも早くから直接支配に近いものになってきたようである。そこに新羅慶州色の強い古墳群が造営される余地があったものと考えられる。別に地域の保守性、というものにも少し触れてみた。

　第 3 節では、先に述べたこと以外に、新羅慶州の関与のもと古墳の造営を許容された下位集団の性格について、隣接する礼安里古墳群との対比を中心に検討してみた。新羅による統治をうけた下位集団の実情に少しでも迫れれば、と考えてである。

第4章　支配者たちの性格の一側面
―縦長板冑からみた―

I　縦長板冑とは

　近年、韓国における考古学調査の進展は目ざましいものがある。つぎつぎに重要な遺跡が調査されており、現在の慶尚北道、慶尚南道を南北に貫いて流れる洛東江水系一帯に展開する数多くの古墳群の調査も一つの例である。

　この地域の古墳群から出土する冑のなかには、日本考古学において末永雅雄により命名された、いわゆる蒙古鉢形冑に属するものがあり、表4-1に示すように50例以上出土している。蒙古鉢形冑とは、ゆるやかに曲線を描く縦長の鉄板を円形に、上にゆくにしたがって径を減じるように留めた冑である。上端を半球形の伏鉢によってさらに留める場合が多い。末永は、和歌山県有田市椒(浜)古墳出土の冑に対して、衝角付冑でも眉庇付冑でもない一種特異な形式の冑として［末永：1934：71頁］蒙古鉢形冑という名称を用いたのであった。一方、韓国の現在の研究者たちにあっても、縦長板革綴冑［国立文化財研究所遺跡調査室2001：509頁、釜山福泉洞古墳の項］、縦長板革綴蒙古鉢形冑［国立文化財研究所遺跡調査室2001：897頁、陝川玉田古墳の項］、咸安道項里古墳群の報告では覆鉢有湾曲縦長板革綴冑［國立昌原文化財研究所2001］などさまざまである。申敬澈氏は、福泉洞古墳群出土の伏鉢を伴う例に伏鉢有縦細長板革綴冑という用語を使用している［申敬澈・鄭澄元1986］。このように、ほぼ同一の範疇に入る冑に対し、名称の統一がなされていないのが現状である。筆者は、以下、冑の属性として縦長の板を用いる点が共通することを考慮し、かつ以下の記述を平明にするために、他の研究者も使用している［例えば、黃秀鎭2011］縦長板冑という語を用いることとする。

　1980～90年代の、東萊福泉洞古墳群、あるいは高霊池山洞古墳群という、中心古墳群の発掘調査によりさまざまな甲が出土した。出土した甲には、板(短)甲、札(挂)甲に付属する腰甲、襟甲、冑、馬甲などさまざまなものがあり、なかには用途や使用した部位に論議があるものもある［黃秀鎭2011］。とはいえ、この時代の発掘調査から、韓国考古学における甲冑の本格的研究が開始されたといえる黃秀鎭氏の指摘［黃秀鎭2011］は、首肯できる。黃秀鎭氏によれば、甲冑の研究史上、研究の流れは、大きく2つにわけることができる。一つは甲冑の系譜論であり、もう一つは甲冑の型式学的技術論的研究である。この章では、どちらともいえない。政治論的視点だけでなく実際に甲冑を着装していた人々の文化的側面に光をあて、考察するものである。

　甲冑研究のなかで、縦長板冑は、起源を北方～東アジアの騎馬民族文化に求められている[1]が、嶺南地方出土の縦長板冑は、縦長板を革綴じする点は共通するものの、一律ではなくさま

ざまな属性に相違点をもっている。

　伏鉢の有無、伏鉢を伴う場合、頂部の管状の部品の有無、縦長板が浅いS字状に湾曲するものと中途の屈曲がなく弧線を描くように湾曲するもの、前者の場合、屈曲の度合いにより、冑の最小径が冑頂部にくるものと、頂部やや下に来る場合の違い、また、縦長板の幅が5cmを超える幅広いものと、超えない細長いものとの違い、さらには頬あての有無と、ある場合の頬あてが一枚板である場合と小札を綴じて作る場合の違いである。

　かつては、こういった差異は時期差、韓半島への系譜の差などを表すものと考えられていたが［李賢珠2010］が、源流である中国東北部の考古学的調査、特に喇嘛洞古墳群の調査成果［遼寧省考古郡物研究所2004］から、4世紀代の喇嘛洞古墳群には、頬あてを除く、既に上であげた各種属性が異なる縦長板冑が出現していることが判明した。少なくとも韓半島においては当初から、各種属性をもつ縦長板冑がほぼ同時期に流入、あるいは製作を開始したものと考えられるようになった［金赫中2015］。実際、表4-1に集成した事例を、属性で分類し直しても、一部を除き時期差を反映しない。図4-2にもいくつかを年代別に並べて示したが、韓半島では新しくなるほど、陝川玉田70号墳出土例にあるように伏鉢が単純な半球形をなさなくなったり、慶州金冠塚出土例のように伏鉢の高さが突出するようになる、といった在地化といってよい現象は生じている。金赫中氏によれば、頬当てを小札によって作るようになる点も在地化といえそうである［金赫中2015］。同じく、冑はごく少数の例外、金銅製あるいは鉄地金銅張を除き鉄製であり、金銅を用いるという属性も在地化の一つと考えられる。。

Ⅱ　実際の縦長板冑の出土状況からの検討

　かつて実施された福泉博物館による集成［福泉博物館2010］によれば、2009年現在で報告されている縦長板冑だけでも、洛東江水系一帯で50例を超える。全羅北道では、南原月山里古墳群例［全榮來1983］が唯一である

　そこに出ていない出土地不詳の1例[(2)]を除いて、後述するようにすべて古墳の副葬品としてである。表4-1に一覧で示した。集成の年代観に基づき、出土地の分布を図示したものが図4-1である[(3)]。半島の場合、すべて、群集形態をとる古墳群中の一墳からの出土である[(4)]。

　表4-1によれば、出土例の多くが当該地域の中心古墳群[(5)]であることがわかる。例えば、金海でいえば大成洞古墳群であり、東萊でいえば福泉洞古墳群、陝川でいえば玉田古墳群、高霊でいえば池山洞古墳群である。慶州市内の古墳群からも出土している。他の古墳群からの出土例もあるものの、調査面積にもよるが、3例以上の出土をみる古墳群は、すべて当該地域の中心古墳群とみてもよいと考える。

　ただ、本章では、起源や変遷の考察が目的ではなく、洛東江水系一帯における縦長板冑の出土の事例を基に、支配層の性格を考察することを目的としているので、主として半島、とりわけ嶺南地方、洛東江水系一帯の遺跡出土の例に限定することとする。主に中心古墳群からの出

Ⅱ 実際の縦長板冑の出土状況からの検討

表 4-1　縦長板冑出土例一覧

地域		遺跡	遺構	埋葬施設	時期	縦板幅	出土状況	備考
洛東江以東	蔚山	中山里	1A100号	竪穴式石槨（主副槨）	4世紀前葉		C	
			1B1号	木槨	5世紀前葉		B	足元
	浦項	玉城里	カ地区35号	竪穴式石槨（主副槨）	5世紀前葉		B	足元
			ナ地区17号	木槨（主副槨）	4世紀後葉		C	
		鶴川里	15号	木槨	4世紀後葉		B?	
			20号	木槨	5世紀中葉		B?	足元
	慶州（市内）	皇南洞	109号	積石木槨	5世紀前葉		C	
		路西洞	金冠塚	積石木槨	6世紀前葉		C	鉄地金銅張腰巻を伴う？
	慶州	舎羅里	5号	木槨	5世紀前葉			
			13号	木槨（主副槨）	5世紀前葉		C	
	慶山	造永	CⅡ-2号	積石木槨（主副槨）	5世紀中葉		C	
			EⅢ-6号	類似積石木槨	5世紀後葉		C	
		林堂	G5号	積石木槨	5世紀前葉		B	
	達城	汶山里	Ⅱ地区M1-1号	竪穴式石槨	5世紀前葉		A?	
洛東江以西	金海	大成洞	18号	木槨	4世紀前葉		B	
			56号	竪穴式石槨	5世紀前葉		B	
			57号	木槨	5世紀前葉		B	頭
							B	頭
			68号	木槨	4世紀中葉			
		杜谷	22号	木槨	5世紀前葉			
			44号	（小形）竪穴式石槨	5世紀前葉			
		良洞里	78号	木槨	5世紀前葉	広	B	
			167号	木槨	5世紀前葉			
		礼安里	150号	木槨	4世紀後葉	広	A?	頭右
	東萊	鶴巣台	1-3号	木槨（主副槨）	5世紀中葉		A	左右各1
							A	左右各1
		福泉洞	10-11号	木槨（主副槨）	5世紀中葉		A	
							C	
			21-22号	竪穴式石槨（主副槨）	5世紀中葉		C	
			44号	木槨	4世紀後葉	広	A?	
			54号	木槨（主副槨）	4世紀後葉	広	C	
			89号	木槨	4世紀中葉		A?	
			93号	木槨（主副槨）	5世紀前葉		C	
	密陽	貴明里	148号	木槨	4世紀後葉	広	B	
		新安里	53号	積石木槨	5世紀後葉		B	
	咸安	道項里	6号	竪穴式石槨	5世紀後葉		A	
			（現）8号	竪穴式石槨	5世紀後葉		B	
			（現）22号	竪穴式石槨	6世紀前葉		A	
			（現）34号	竪穴式石槨	5世紀後葉		B	
			36号	木槨	5世紀前葉		B	
			43号	木槨	5世紀前葉		B	
			54号	竪穴式石槨	5世紀前葉		B	
			馬甲塚	木槨	5世紀中葉			
	南原	月山里	M1-A号	竪穴式石槨	6世紀前葉			
	陜川	玉田	8号	木槨	5世紀後葉		B	
			20号	木槨（主副槨）			B	
			23号	木槨	5世紀前葉		B	
			28号	木槨	5世紀後葉		B	
			35号	木槨	5世紀前葉		B	
			67-A号	木槨	5世紀前葉		B	
			67-B号	木槨	5世紀前葉		B	
			70号	木槨	6世紀前葉	広	B	
			M1号	竪穴式石槨（主副槨）	5世紀後葉		B	
							B	
			M3号	竪穴式石槨（主副槨）	6世紀前葉		B	鉄地金銅張
	高霊	池山洞	32号	竪穴式石槨	5世紀後葉		A	頭
			44号	竪穴式石槨	6世紀前葉			
		本館洞	C号	竪穴式石槨	6世紀前葉			

※縦板の幅は最大部で5cmを超えるものを広いとした。
※大小比は、最大径（通常下端部）を湾曲に応じた最小径の値で除したもの。
※伏鉢比は、伏鉢の底径を高さで除したもの。値が大きいほど扁平。
※出土状況の説明は以下の通り。（空欄は状況不明）
　A：被葬者と同一の棺内あるいは、他の副葬品と明らかに区別
　B：被葬者と同一の槨内
　C：副槨に置かれていた。

第4章　支配者たちの性格の一側面—縦長板冑からみた—

土例により、必要に応じて他の古墳群の出土例を参照する。

では、副葬された縦長板冑は、当該古墳の被葬者にとってどのような意識のもと、生前に取り扱われたのであろうか。出土時の状況および共伴遺物の検討から迫ってみたい。

まず、縦長板冑が出土した際の状況が判明しているものをみると、被葬者との間の距離が近い場合（同じ棺内の被葬者脇、あるいは必ずしも棺内とは限らないが、足元・頭付近に他の副葬品とは取り分けて置かれる）と、距離がやや開く場合（同一墓槨内ではあるが棺外で、他の副葬品の集積の中）、さらに開く場合（副槨の中）とに分かれる。

つぎにいま述べた被葬者と冑の位置関係に、年代、共伴遺物の要素を加味した検討を行いたい。暦年代については、基本的にここまでも依拠してきた資料集成［福泉博物館2009］による。具体的には表4-1に示した。また、図4-1に示した年代別の、古墳群の分布も参照されたい。

以下、報告書のデータを基に、便宜的ではあるが西暦の各世紀ごとに、共時的な状況を述べてみる。

① 4世紀代

4世紀代は、洛東江水系一帯に、縦長板冑が出現した時期である。自生的に出現したものではないので、外部からもたらされたと考えられる。どこから洛東江水系一帯へと伝来してきたか、というと、おそらく冒頭にもふれたように、現在の中国東北部、五胡十六国時代、三燕の故地から高句麗を経て、と考えられる[6]。図4-1に示すように、まずもたらされたのが洛東江以東の下流域と日本海沿岸である。

福泉洞古墳群の場合、縦長板冑は44号、54号、89号出土の3例があり、44号は、丘陵中部西側斜面上にある中形墓、89号も丘陵南半、斜面上の小形墓である。44号負の場合、棺外ではあるが、陶質土器の集積とは別個に、被葬者を基準にして反対の位置に置かれていた。以下、煩雑になるので冑の出土位置は、棺内、槨内、副槨内と記述する。89号は、破壊が著しくよくわからない。54号は、古墳群の立地する丘陵の南半部両線上にある大形の主副槨式の木槨墓で、副槨内から出土している。年代的にいえば、89号が古く、44号、54号がそれに続くと考えられる。

大成洞古墳群の場合、4世紀代では18号、68号の2例がある。いずれも大成洞古墳群のうちでは、中位程度の規模をもつ遺構である。大成洞古墳群の場合、18号墳も属している木槨墓では、面積が判明している遺構について値を、報告書の数値から順に並べると表4-2のようになる。これを図4-3のようにグラフにして示すと、最も広く最も早い時期の29号墳の値を除くと、$20m^2$を境に大きく2つに分かれることがみてとれる（おそらく、さらに多く、5つ程度の群に分かれるとみられる［木村2017］。）。被葬者に対する埋葬施設の規模が、ある程度生前の社会的地位・力量を表示したものと仮定するならば、18号は$15.8m^2$で、下位の群に入る。68号も$14m^2$であり、同様に下位の群に入る。とはいえ、下位のなかでは上位、要するに中の下クラスの木槨墓に該当する。18号の場合、出土位置は槨内となる。

Ⅱ　実際の縦長板冑の出土状況からの検討

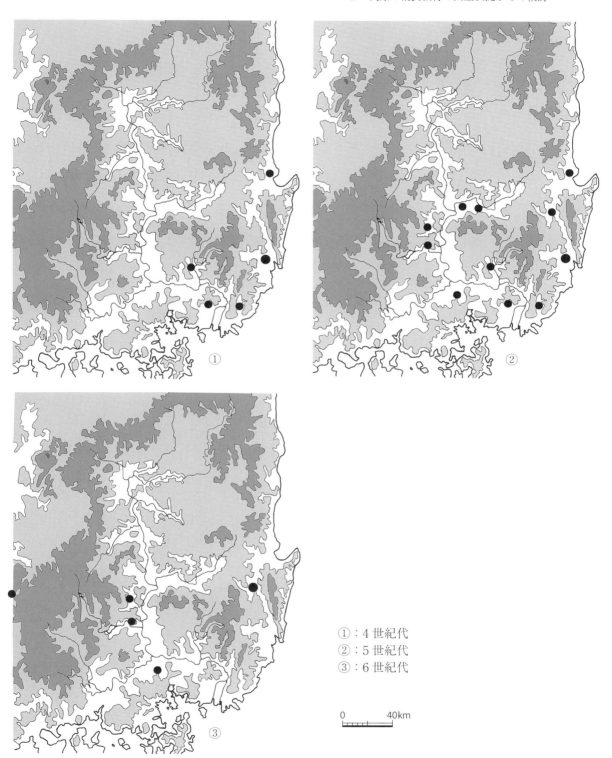

①：4世紀代
②：5世紀代
③：6世紀代

図4-1　半島において縦長板冑が出土した古墳群

第4章　支配者たちの性格の一側面─縦長板冑からみた─

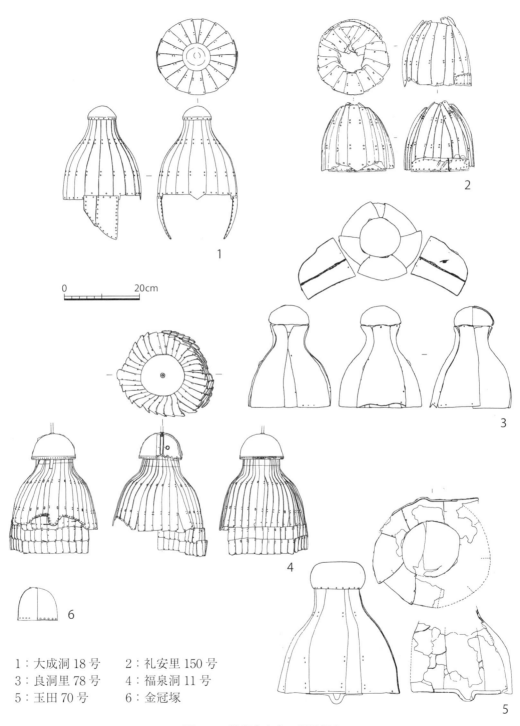

1：大成洞18号　　2：礼安里150号
3：良洞里78号　　4：福泉洞11号
5：玉田70号　　　6：金冠塚

図 4-2　韓半島出土の縦長板冑

Ⅱ 実際の縦長板冑の出土状況からの検討

表4-2 大成洞古墳群出土木槨墓一覧

遺構名	長 (cm)	幅 (cm)	面積 (m²)	段差
Ⅱ地区25号	220	107	2.35	
Ⅴ地区25号	250	120	3	0.65
Ⅱ地区33号	260	123	3.2	0.2
Ⅰ地区14号	200	170	3.4	0.2
Ⅴ地区27号	277	130	3.6	0.2
51号	300	135	4.05	0.45
Ⅰ地区11号	305	155	4.73	0.68
Ⅱ地区9号	300	165	4.95	0.22
Ⅴ地区9号	328	152	4.99	0.04
Ⅱ地区36号	348	163	5.67	0.68
Ⅰ地区10号	430	157	6.75	1.08
59号	355	204	7.24	0.49
10号	395	220	8.69	1.45
41号	495	235	11.63	2.94
25号	290	425	12.33	0.7
15号	445	298	13.26	0.93
68号	540	260	14.04	0.78
12号	412	370	15.24	1.2
18号	620	256	15.87	0.63
20号	545	300	16.35	0.48
39号(主槨)	560	295	16.52	0.17
14号	500	335	16.75	0.23
11号	670	328	21.98	5.23
13号(主槨)	602	394	23.72	1.74
24号	640	430	27.52	3.8
23号	630	440	27.72	0.2
3号(主槨)	680	425	28.9	1.18
46号	625	480	30	1.1
7号(主槨)	730	452	33	3
8号	700	480	33.6	0.6
1号(主槨)	790	440	34.76	1.16
45号	750	475	35.63	0.87
2号	850	480	40.8	5.17
29号	960	560	53.76	12.96

※埋葬主体の面積の比較のため、主・副槨式の場合は主槨の値。
※段差は隣り合う遺構間の面積の差。

さらに4世紀代には、中心古墳群ではないが礼安里出土例があり、中心古墳群では、大成洞、福泉洞の例がある。礼安里出土の冑は、他のものと比べ、冑上半にくびれがなく、頂部に向かって単純に、半楕円球形に収斂してゆく。この種の冑は、申敬澈、鄭澄元両氏も高句麗に類例があることを指摘している［鄭澄元・申敬澈1983：162頁］が、高句麗では歩兵の冑である。別の論文で両氏は、「土着系甲冑」とも位置付けている［申敬澈・鄭澄元1986］。評価の是非はさておいて、馬具が共伴していない点から、被葬者は歩兵と推定できる。他の共伴遺物には、高句麗の影響がほとんどなく、冑のみが単発的に出現した印象を受ける。後述する5世紀以降の、高句麗騎馬文化の体系的受容としての伝来とは、質的に異なるものと考えられる。類似した形式の冑は5世紀代にはみられなくなり、縦長板冑のうちでは古式に属するものと考えられる。

中心古墳群の福泉洞、大成洞も含め4世紀代の出土例にいえることは、武装としての甲を伴わないことである。先の礼安里出土例以外の型式も例外ではない。後述する時期の下がる例とは異なり、冑が単体として副葬されているのである。傾向は、蔚山、浦項、密陽の4世紀代の例でも確認できる。馬具も、福泉洞54号出土金具に可能性を残すものがあるくらいである。

ところで4世紀代の出土例の中で、唯一特異な状況をみせる例が大成洞68号墳なのである。図4-5に示すように、木槨墓からは馬具、甲の小札が共伴している。出土位置も棺外ではあるが、被葬者の脇に小札とともに他の副葬品とは別に置かれていた。埋葬施設の規模では18号と変わらないが、副葬品の内容、出土状況が対照的である。後述する5世紀代の様相とほぼ同じである。

もう一つ必ずしも中心古墳群とはいえない、浦項玉城里古墳群の場合もみておく。玉城里

第4章　支配者たちの性格の一側面―縦長板冑からみた―

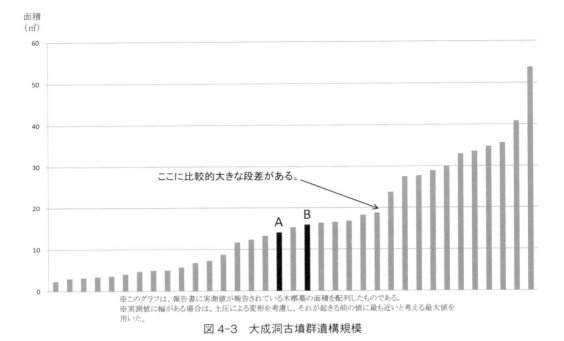

図4-3　大成洞古墳群遺構規模

古墳群はむしろ早い時期に慶州地域勢力の政治的・文化的影響下におかれたとみられる。冑は4世紀代にあたるナ（나）地区17号から出土している。縦長板冑の出土したナ地区17号は、調査区内では、切り合い関係からみて比較的に新しく、規模も大きい。ここでも甲は伴わない。棺内には刀子、矛、有刺利器、土器類が置かれ、棺外に冑、斧、土器が置かれていた。

4世紀代の嶺南地方にあっては、大成洞68号墳を例外的存在として、基本的に縦長板冑は甲を共伴しない。

②　5世紀代

時期の一般的な傾向としての縦長板冑出土古墳の共伴遺物は、以下のようである。

ほとんどの古墳が馬具、武器、工具類を冑とともに副葬している。個々の要素についてさらに詳しくみていくと以下のようになる。

まず武器類について、基本的に鉄製である。出土頻度の高い組成をみると、矛、刀、鏃の3種類の鉄製武器が基本的に共伴している。刀は大部分環頭大刀であるが、装飾大刀を伴う場合もある。縦長板冑が出土した事例のうち、半分近くが上記3種類の武器を共伴している（5世紀代に絞れば半分以上になる、以下同じ。）。さらに、3種類のうち、少なくとも2種類が共伴する事例まで拡大すれば、全体の4分の3近く（ほとんど80％近く）の事例が該当する。上記3種の武器に次いで胡籙、有刺利器の共伴の頻度が高い。5種類が、縦長板冑と共伴する武器のほとんどすべてといってもよい。あとは、矛、剣、槍が1～2例ずつあるくらいである。武器とは別に、防御用の甲の共伴の頻度が高い。甲には、胴体を護る一般的な甲と付属する頸

Ⅱ　実際の縦長板冑の出土状況からの検討

甲などがあるが、何らかの甲が共伴する事例は、70％を超える（80％を超える）。

　馬具もまた共伴する事例が多い。装飾的な要素は少なく、鐙・轡が半分近くの事例で共伴していることが特徴的である。2品目は基本的な物品であり、どちらか一方のみ出土の事例も加えると、60％以上の高率になる（70％以上）。あと、20％ほどの事例には、馬甲あるいは馬冑が共伴する。馬甲あるいは馬冑が共伴する事例が20％を超えるという点は、三国時代のさまざまな造墓集団のうちでも統計的に分析したわけではないが、頻度としては高いのではないだろうか。

　装身具類の共伴は少なく、大成洞18号、慶州金冠塚、高霊池山洞32号、福泉洞10-11号、道項里8号の各古墳群に1例ずつみられるのを除けば、陜川玉田古墳群の事例に集中している。

　副葬品のなかでは最も点数の多い陶質土器では、高坏、各種壺類の頻度が高いことと、器台が半分以上の事例で共伴している点が注目される。このような副葬品の傾向は、5世紀代に絞っても、全体の傾向より10％前後高くなる程度に収まる。以上のように甲を除けば4世紀代と5世紀代は、基本的に同じ傾向の副葬品が出土する。逆に言えば先に4世紀代のところで述べた、甲を伴わない傾向は時期的特徴としてみてもよいことが、あらためてわかる。

　つまり4世紀代とは異なり、5世紀代には縦長板冑に、甲、馬具、馬甲のセットが高い頻度で共伴する。言い換えれば体系的な武装の成立をみたのである。

　5世紀代はまた冑の出土範囲が従来の洛東江以東から洛東江以西にもひろがる段階である。出土古墳数も、飛躍的に増加する。洛東江以東でも範囲を拡大している。洛東江以西では、まだ洛東江に近い、高霊、陜川といった比較的洛東江以東にも近い範囲にとどまっている。

　中心古墳群でいえば、4世紀代から引き続くものが、金海大成洞、東萊福泉洞であり、新たに出現するのが慶州市内、慶山林堂―造永洞、咸安道項里、陜川玉田、高霊池山洞の各古墳群である。

　そういった出土例から、まず冑が出土する遺構の、中心古墳群内での位置づけをみてみたい。

　大成洞古墳群で冑が出土した、56号、57号の2基は全体の規模はいずれも不明だが、木槨のわかっている部分の長さからすれば、中形の規模になると思われる。冑はいずれも、同一槨内だが、棺外の他の副葬品とともに置かれていた。

　金海地域に限っていえば、これまでのところ副槨内出土例がいまのところみられない。そもそも、副槨をそなえた墳墓がなければ生じない事例である。しかし、大成洞古墳群には主副槨式の木槨墓も一定数あり、副槨から出土する事例があってもよいが、今のところみられない。ここにも、出土例が中形の副槨をもたない木槨墓から、という点が、裏返せば大形墓には副葬されないという点を反映させている。

　東萊福泉洞古墳群では、（鶴巣台）1-3号、10-11号、21-22号、93号の4基から出土している。10-11号、21-22号の2基は、丘陵北半部稜線上に立地する大形墓（主・副槨式）で、東萊の首長墓とみられる。93号も2基とは150mほどの距離をおいて丘陵南半部稜線上に立

第4章　支配者たちの性格の一側面―縦長板冑からみた―

地する主副槨式墓である。規模的には先の2基より早や小さい。(鶴巣台)1-3号は、丘陵裾部にある中形の竪穴式石槨墓である。福泉洞の場合、丘陵裾部に東亜大学校博物館調査Ⅰ号墳のように優越した副葬品をもつ新しい時期の竪穴式石槨墓が営まれているが、(鶴巣台)1-3号も同じ系譜に属するものと考えられる。年代的にみて、93号、21-22号が早く、10-11号、1-3号がこれに次ぐと考えられる。

　冑は、副槨のある場合は、1-3号を除きいずれも副槨から出土している。1-3号は、棺内被葬者の両脇から1点ずつ出土しており、立地、出土位置いずれも他とは異なる。年代的にも福泉洞古墳群の出土古墳のうちでは、最も新しくなるのではないかとも考えられる。

　ここまでは4世紀代から継続して冑が出土する中心古墳群をみてきたが、以下5世紀代になって冑が出土し始める中心古墳群について述べてみる。

　咸安道項里古墳群では、出土例のうち、1例を除きすべて5世紀代になる。6号、(現)8号、(現)34号[7]、36号、43号、54号、馬甲塚の7例である。そのうち、馬甲塚は出土遺構の詳細については不明な点が多く、今回の検討からはとりあえず除外する。

　道項里古墳群の場合、mound をもたない比較的大形の木槨墓、あるいは古墳群中でも丘陵上部の平坦面に独立した mound をもつ古墳からの出土となる。mound の規模でいえば、直径6〜30mと、比較的大形から中形のものからの出土である。ともに5世紀代に属するが、細かな時期差があるとみる。いずれにせよ、5世紀代を通じて、上位階層の被葬者にかかわる墳墓から出土する、といえる。出土位置でみた場合、6号の場合、棺内被葬者のすぐ脇におかれていたことがわかっている。22号の場合も、被葬者の頭あるいは足元に近接して、おそらく棺内と推測される位置からの出土である。その他の、(現)8号、(現)34号、36号、43号、54号はいずれも棺外からの出土であった。同じく槨内から出土した、釘、かすがいの位置からそう判断できる。43号、54号では被葬者は大刀を佩用していた。43号の場合は大刀のほか刀子が、54号の場合は胡籙、鏃が館内に収められていた。しかし、冑が棺外であったのは共通する点である。

　年代的には、36号が古く、他の5例がこれに続くと考えられる。

　陜川の場合も実質的に玉田古墳群からの出土例がすべてである。5世紀代に属する木槨墓から、7例、竪穴式石槨1例の出土があった。出土例がもっとも多い。木槨墓の場合、大成洞古墳群のときと同じように調査報告書を基に規模が判明する事例を一覧表にすると、表4-3のようになる。冑は、8号、20号、23号、28号、35号、67-A号、67-B号、91号の、9基10例が知られている。9基の木槨墓の場合でいえば、相対的に規模の大きな部類から出土しており、図4-4でも確かめることができる。玉田古墳群で調査された木槨墓のうち、規模の判明している面積最大のものが23号であり、以下35号、20号と続く。上位3基からは、いずれも出土しているのである。冑が出土した木槨墓のうち、面積が最小のものが67-A号で、とはいっても上から20番目(面積の判明する67基中)である。このように、玉田古墳群でいえば、中心古墳群を構成する遺構のうちでも相対的に優越する規模のものから縦長板冑が出

Ⅱ 実際の縦長板冑の出土状況からの検討

土している。竪穴式石槨で冑が出土したM1号墳も、調査された竪穴式石槨のなかでは最も規模が大きい。

出土位置からみると、陜川では異なる状況をみせる。すべてが同じ槨内だが棺外という状況を示す。ここでは、単槨の木槨墓だけでなく、主副槨式の木槨墓からも出土しているが、明らかに副槨から、という事例はない。M1号は主副槨式の竪穴式石槨墓であるが、副槨からの出土ではない。また、棺内から、という可能性があるものもあるが、明らかにそうであるといえるものはない。

縦長板冑が出土した古墳の共伴遺物の傾向からみて、被葬者に武装して騎馬の経験があり、武人的性格をもった、首長層に属する、という人物像を想定できる。玉田古墳群の被葬者も基本的に同様の傾向を示すが、冑が鉄製だけでなく鉄地金銅張でもあることや、装身具類を伴うことから、そこにやや文人的・貴族的な要素をもっていたとも考えられる。

第2章で検討の中心となった池山洞古墳群の場合は、32号墳、44号墳からの出土があった。いずれも竪穴式石槨墓でmoundをもつ。石槨の規模、立地から、32号墳は、王・王族ではないが支配層のうちでも上位層の、44号墳は王陵と考えられる。5世紀代に属するものが32号墳である。44号墳は6世紀代の早い時期に属すると考えられる。

慶州市内でいえば、皇南洞109号墳第4槨、チョクセム（쪽샘）C（地区）10号、路西洞金冠塚（128号墳）の3例がある。チョクセム例が副槨をもつ木槨墓、他の2例は積石木槨墳でmoundをもつ。慶州市内に立地するという点からは、史料とも考え合わせれば、いずれも新羅中枢の一翼を担う支配層の墳墓と考えられる。積石木槨という埋葬施設やmoundの規模だけでなく、後述する

表 4-3 玉田古墳群出土木槨墓一覧

遺構名	長（cm）	幅（cm）	面積（m²）
21号	178	55	0.98
43号	182	65	1.18
78号	265	60	1.59
16号	205	82	1.68
61号	222	80	1.78
51号	220	110	2.42
9号	230	124	2.85
45号	263	110	2.89
48号	255	118	3.01
15号	205	148	3.03
53号	292	110	3.21
10号	270	124	3.35
68号	280	120	3.36
31号	311	110	3.42
60号	230	150	3.45
34号	305	115	3.51
13号	328	109.5	3.59
57号	215	170	3.66
41号	390	95	3.71
32号	350	112	3.92
11号	310	127	3.94
52号	310	130	4.03
19号	347	117	4.06
33号	285	145	4.13
59号	325	130	4.23
64号	320	138	4.42
36号	351	135	4.74
55号	310	154	4.77
4号	355	143	5.08
27号A	315	169	5.32
6号	354	153	5.42
14号	343	158	5.42
58号	260	220	5.72
56号	340	170	5.78
42号	384	152	5.84
25号	403	170	6.85
49号	510	155	7.91
67号A	485	170	8.25
47号	460	180	8.28
40号	410	205	8.41
8号	430	210	9.03
67号B	497	195	9.69
70号	560	180	10.08
5号	545	265	14.44
12号	535	305	16.32
28号	590	300	17.70
54号	570	320	18.24
7号	655	280	18.34
24号	650	329	21.39
20号	685	335	22.95
35号	665	380	25.27
23号	685	450	30.83

第4章　支配者たちの性格の一側面―縦長板冑からみた―

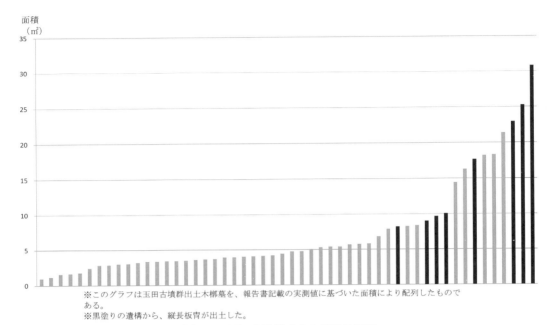

※このグラフは玉田古墳群出土木槨墓を、報告書記載の実測値に基づいた面積により配列したものである。
※黒塗りの遺構から、縦長板冑が出土した。

図 4-4　玉田古墳群出土木槨墓の規模

　副葬品の内容などから、109号墳は、支配層の中でも中位程度と思われる。チョクセム C10号については、評価は難しいが、チョクセム地区でも副槨をもち、規模的にも優越しており、後述する出土遺物からも、中～上位層の被葬者を想定できる。金冠塚は、最高位に近い階層の墳墓と考えられる。5世紀代でも早い時期に属するものが、皇南洞109号墳である。チョクセム例は、同じ5世紀代でも109号墳よりは遅れるとみられる。金冠塚は、6世紀代の早い時期になると考えられる。
　出土位置については、池山洞古墳群の場合、5世紀代には棺内であったのが、慶州の場合、出土例が3例と少ないものの、すべてが副槨からの出土であることが注目される。池山洞の6世紀代、44号墳の場合は盗掘により不明である。
　上で述べた慶州市内の古墳出土例の傾向は、慶州に地理的にも近く文化的・政治的影響を大きくうけている地域の中心古墳群でもみることができる。例えば、洛東江西岸で、慶州の影響を早くから受けていた古墳群として、慶山の林堂―造永洞古墳群がある。林堂―造永洞古墳群は、慶山の中心古墳群といえる。ここでは、造永CⅡ地区2号、同EⅢ地区6号、林堂G5号出土の計3例がある。CⅡ地区6号は、主槨の規模が600×350cmと大形の積石木槨墓で、moundをもっていた。主槨、被葬者の近辺（棺内）から、装身具、環頭大刀、刀子が出土し、棺外には刀子、矛、斧のほか土器類が置かれていた。殉葬者も確認されている。冑は別に副槨から馬具や土器類などとともに出土した。林堂G5号も、主槨の規模が570×350cmと、古墳群中では規模の大きな副槨もそなえた積石木槨墓である。G5号は、林堂G地区のなかでは、他の遺構から独立し、卓越した規模をもつ古墳であるが、moundは確認されなかったが、お

そらくmoundをもつと推定されている。冑は主槨被葬者の周囲（棺外）から、剣、矛、刀子、鎌などとともに出土した。EⅢ地区6号は、中形の竪穴式石槨墓である。EⅢ地区では、2～4号という巨大な木槨墓につぐ規模の木槨墓で、内部の隔壁で副槨を造っていた。冑は、副槨から出土している[8]。

③ 6世紀代

この段階になると、洛東江以東では慶州のみとなり、洛東江以西ではさらに西、南原まで分布を拡大する。ただ、出土例は減少する。

慶州では、上でもふれたように金冠塚から出土している。金冠塚は、他の副葬品からみて、慶州支配層でも最上位に近い被葬者の墳墓とみられる。積石木槨を埋葬施設とする。出土した冑は金銅製になり、装飾性が強まる。共伴する甲も金銅製、あるいは鉄地金銅張と実用性よりも装飾性が上回る。武器類も、矛、鏃は鉄製であったが、大刀は金銅装の装飾大刀が中心であった。馬具類も金銅装、銀装、青銅製の比率が高く、鉄製のものは轡、蛇行状鉄器があった。後者は鉄製でも実用性より装飾性の高いものである。ほか、遺構名の由来となった金冠をはじめとする金製装身具類、金製、ガラス製の容器、鉄釜も出土している。

冑は別区画の副葬品専用空間ともいえる場所から出土したとされる。

洛東江以西の場合、高霊池山洞と陝川玉田、南原月山里から出土している。

池山洞古墳群では、44号墳から出土している。先に述べたように、盗掘のため出土状況は不明である。

玉田古墳群では、70号木槨墓、M3号竪穴式石槨墳から出土している。2例とも、それぞれの埋葬施設のうちで、規模が相対的に大きなほうに属する。いずれも出土位置は同じ槨内ではあるが、棺外にあたる。M3号出土のものは、縦長板冑の範疇に入るが、全体に波状の文様が入るなど他に類例をみない形状で、材質も鉄地金銅張りと、装飾性の強いものになっている。筆者に装飾性の強化＝在地化と評価している。つまり、6世紀代には中心古墳群のうちでも、階層上最上位にあたる被葬者の墳墓からの出土が普遍化し、一部で在地化ともよべる現象も生じさせているのである。

Ⅲ　洛東江水系一帯の首長層と縦長板冑

前節で冑の古墳から出土したときの状態から考えられることを、便宜的ではあるが西暦で区切って述べてきた。つぎに、そこから立脚して、洛東江水系一帯の首長層の性格についての歴史的解明を少しでも行ってみたい。

洛東江水系一帯の地に、縦長板冑が出現（伝来）したのは4世紀代で、おそらく中国東北地方に由来するであろうことはすでに述べた。

現在までに出土した墳墓の年代観でみる限り、4世紀前半にまず洛東江下流域に縦長板冑は

第4章 支配者たちの性格の一側面—縦長板冑からみた—

現れる。段階では、ほとんどの場合、甲あるいは馬具を伴うことなく、単体として副葬される。いまだ、後述する5世紀代のように、冑、甲、馬甲のセットが確立していない。しかしながら、現状では唯一、金海の支配集団にのみ、冑と甲と馬具をセットでもつ者(大成洞68号の被葬者)が現れる。とはいえ、墳墓の規模でみる限り、支配層のなかでも中位の人物である。大成洞古墳群の場合、同じ4世紀代で、同等の中位規模の木槨墓(18号)の被葬者は、冑を単体で副葬していた。金海大成洞18号では、被葬者の頭部すぐ近くに環頭大刀、筒形銅器が納められ、出土状況から着装していたと思われる翡翠曲玉を伴う耳飾、おそらく刀子のように護符的な役割を果たしたと考えられる[村上1988]鉄鎌とともに、棺内の副葬品を構成していた。一方、縦長板冑は図4-4で示したように被葬者の東側、おそらく棺外に土器などと、ともにまとめて置かれていた。大成洞68号墳では、図4-5で示したように、被葬者を囲むように、土器群、甲と馬具、冑と鎌が3か所に分かれて棺外に置かれていた。冑は棺外ではあるが今述べたように他の副葬品とは区別されて置かれていた。

　当時の金海の支配集団において、縦長板冑は中位階層の構成員にまず導入され、冑と甲をセットでもつ者と、冑を単体でもつ者が存在したのである。金海の支配集団の場合、甲と冑をセットでもつ者、冑を単体でもつ者、ともに冑は棺外へ置いていた。ただ、他と区別している者とそうでない者、冑に対する距離感の違い(温度差)がすでに表面化している。

　同じころ、東萊の支配集団にも縦長板冑が伝来する。やはりまず支配集団のなかでも、中〜下位の規模の墳墓(44号、54号、89号)の被葬者へと受け入れられる。ここでも冑は単体で副葬され、甲とのセットは形成していない。相対的に古い段階では、やや特別扱いされていた冑

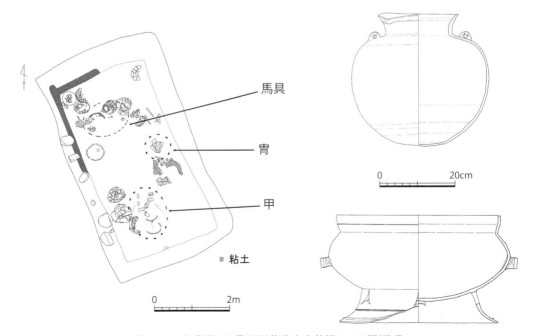

図4-5　大成洞68号墳副葬品出土状況および副葬品

は、副槨に入れられるようになる。

　4世紀代の洛東江下流域にもたらされた縦長板冑は、一例を除き単体であるという点で、中国東北地方あるいは経由地とも目される高句麗の武装を体系的に受け入れたわけではないと考えられる。副葬される場所も、棺外あるいは副槨と、必ずしも被葬者が身近に接していた文物ではない状況を示す。極論を言えば、宝物、貴重品的な意識が、葬る者、葬られる者に通底していた結果ではないかと考えられる。

　とはいえ、異色なのが、先にも述べた大成洞68号の被葬者である。冑や甲、馬具を遺体の周囲に独立して置き並べるという、同等に扱い共伴するという点で、体系的な導入を果たしているのである。大成洞古墳群は、金海にかつて存在した政治体、金官の政治的中枢を構成していた人々の墓地とみられる。金官は、洛東江水系一帯でいち早く勃興し、政治的にも大きな影響力を周囲に与えていたことが文献史料には出てくる。中枢をになう集団の一部構成員が武装・馬装をセットでもつ点は、金海支配層の先進性を示すものである。甲、馬具、冑が根源的には外来の文物であることからも。金海が勃興した要因としての対外交易に、先進性は根ざすものであったといえる。一方で、導入したものが中位層という点では、支配層の保守性をも示しているといえる。

　5世紀代は、冑の分布範囲が洛東江水系一帯全体に拡がるとともに、甲・馬具・馬装といったものがセットになった、体系的な武装が本格的に展開した時期であるといえる。咸安、陝川といったこれまで出土例が知られていなかった地域にも出現し、東萊のように継続して出土する地域もある。いま述べた各地域で出土する墳墓も、階層的に上位層に位置づけられるものになる。ただ、ほとんどの場合、以下で個々の中心古墳群でふれるように、棺内には置かれることはない。棺外である。例えば、大成洞古墳群の場合、後の時期になる56号では盗掘のため、2次的に移動した遺物があるものの、やはり護符的な役割を果たしたと思われる刀子が棺内にあった以外、他の出土遺物は棺外におかれていたものとみられる。

　慶州も、5世紀の早い段階に冑が出現する地域の一つである。5世紀初頭の皇南洞109号墳（第3槨・第4槨）例では、冑は副槨にあたる第4槨から他の陶質土器、甲、鉄製馬具、利器、玉類などとともに収められていた。一方主槨には、被葬者の身体のあった部分に沿って、耳鐶一対、鉄製利器、などが出土している。皇南洞109号墳の被葬者にとって、耳につけた耳鐶、体の右側に身に着けた刀、同じく左側に置かれた鉄鏃と鉄製有刺利器、足下に置かれた鉄製刀子、鉄製鉾の方が縦長板冑、馬具などよりも相対的には身近なものであった、と考えられるのである。ほぼ同時期の他地域の場合（福泉洞21-22号墳例）でも同様で、縦長板冑は副槨に甲、鉄製馬具、鉄鏃、陶質土器とともに収められていた。主槨からは、前述のごとく鉄製馬具、同利器、陶質土器などが出土している。槨内の副葬品配置の詳細については不明であるが、重要なのは、主槨からは縦長板冑が出土していない、という点である。109号は、編年上、積石木槨という新羅支配層による地方色の強い墓制の初源的な位置づけをされている［伊藤1972、早乙女1981］。冑の出現と積石木槨の初源が同じ中位クラスの墳墓からなのは示唆的である。中

第 4 章　支配者たちの性格の一側面―縦長板冑からみた―

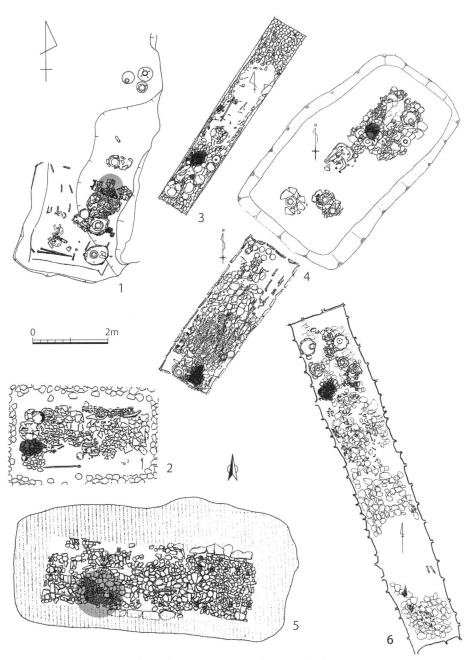

（黒く塗ったところが、冑の出土位置）

1：大成洞 18 号　　2：皇南洞 109 号　　3：池山洞 32 号
4：福泉洞 10・11 号　　5：道項里 43 号　　6：月山里 M1-A 号

図 4-6　縦長板冑の出土状態

Ⅲ　洛東江水系一帯の首長層と縦長板冑

位クラスから、という点では大成洞古墳群にも通ずる。
　5世紀中葉になると、福泉洞10-11号墳のように、主槨の11号墳からは中心となる被葬者の頭部近くから、副槨の10号墳からは陶質土器の集積のなかから各1点ずつの縦長板冑が出土する、という例が出現する。場合2点の縦長板冑は、互いに異なる取り扱いをされているのである。縦長板冑が被葬者にとって身近なものではなかった、とすれば、縦長板冑は2点とも副槨の10号墳から出土したであろう、と考えられるので、福泉洞10-11号墳の被葬者（東萊支配層の上位階層）にとって、縦長板冑（2点副葬されたうちの1点）は身近なものの一つであった、と推定できるのである。つまりここで縦長板冑は、被葬者により近い場所に葬られるようになったのである[9]。さらに年代的にも新しくなる（鶴巣台）Ⅰ-3号でも棺内に冑は置かれるようになる。
　高霊池山洞例、南原月山里例でも、いずれも同一石室内に、しかも被葬者の頭部近くに置かれており、しだいに縦長板冑は被葬者との距離を縮めていった、言い換えれば身近なものになっていった、と考えられるのである。
　そういった流れがある一方で、陜川玉田古墳群では、棺内からの出土例は皆無で、すべて棺外からの出土であった。慶山の場合でも、林堂―造永洞古墳群では、大形の主副槨式竪穴式石槨、積石木槨墓から出土しているが、出土するのは副槨、棺外からの出土であった。冑に対し一定の距離をもっていたとみられる。ただ、いずれの場合も4世紀代とは異なり、各地域支配集団の上位者の墳墓にまで、冑が副葬されるようになる、という傾向は言えると思う。慶山の林堂―造永洞古墳群でも同様の傾向を指摘できる。
　ところで5世紀代に入って、慶州の古墳群からは、皇南洞109号墳の縦長板冑以外にも、壺杅塚の青銅製壺杅など直接に高句麗との係わりを示すものや、金冠塚、瑞鳳塚や銀鈴塚の銅製鋺など間接的に高句麗の影響を示す遺物が、6世紀代に入っても出土している（皇南洞109号墳第4槨発見の木心鉄張組合輪鐙も含めてよいかもしれない）。年代的には大勢として、瑞鳳塚が5世紀後半〜6世紀初頭、壺杅塚が6世紀前半、と考えられ［早乙女1981］てきた。それはそのまま、慶州地方への高句麗文化の影響を、5世紀後半から、と規定するものではない。先述した瑞鳳塚の銅製鋺などの金属製容器からみた高句麗文化の影響の研究［小田1985　緒方1987］においては、壺杅塚発見の壺杅が集安麻綾溝1号墳壁画との関連から5世紀初頭に位置付けられ、5世紀初頭から高句麗製の金属容器が、慶州を中心に伝来する、ということが明らかになってきたからである。また別の、馬具、甲冑を始めとする古墳副葬品の研究［崔鍾圭1984］によっても、金銅製品、礼（挂）甲などの、縦長板冑と同様高句麗起源と考えられる遺物の半島南部への流入の契機を、5世紀初頭、5世紀第1四半期と結論付けているからである。こうした最近の研究成果からみても、高句麗に源流を想定できる文物の半島南部への伝来の、本格的な開始を5世紀初頭におくことは、妥当と思われる。つまり、馬具、甲などを伴った騎馬武装の一環として、縦長板冑が、慶州、東萊へ本格的、体系的に伝来を開始した時期を、5世紀初頭におくことができるのである。現在のところ、4世紀代では、先の大成洞68号1例で

あり、今後さらに例が増えるとしても、全体的には少数であったと思われることも傍証となろう。

　ところが、縦長板冑とともに伝来した、と考えられる馬具（特に輪鐙）などは引き続き出土しているにもかかわらず、慶州においては、6世紀初の金冠塚まで、縦長板冑の出土例がない。慶州で冑がみられないあいだに、縦長板冑の出土地点は前述のように5世紀末には洛東江水系一帯西端、南原、あるいは高霊にまで達する。逆に、先に述べた緒方泉氏の研究［緒方1987］によれば、慶州にあっては5世紀代に入ってから同じ高句麗伝来の文物でも、銅製鋺などの金属製容器が引き続き古墳に埋納されて行く。前述の馬具や耳飾りなどについては、崔鍾圭氏が述べている［崔鍾圭1984：補註4］ように、金工品の入手について多少の優劣はあるものの、慶州と他の洛東江水系一帯各地域の古墳からは、それぞれ引き続いて副葬されている様子が看取できるのである。

　このような事実が何を意味しているのかというと、申敬澈、鄭澄元両氏の指摘［申敬澈・鄭澄元：1986］にもあるような、洛東江水系一帯における4世紀代からの鉄製甲冑製造技術の流れが高句麗系文物の引き続きの現地生産を可能とした、という点もそうであるが、さらに重要なことは、慶州と他の洛東江水系一帯は、高句麗伝来の文物を受け入れるにあたって、何もかもやみくもにではなく、それぞれ選択的に受容していったのではないか、ということである。つまり、慶州地域にあっては、5世紀初頭の段階に縦長板冑、馬具、馬鎧、銅製鋺、耳飾などを高句麗から伝来させたが、縦長板冑は何らかの文化的抵抗に会って、結果的に普及せずに終わり、6世紀代になって金銅製という装飾化、在地化したかたちで、再び姿を現すのである。つまり慶州では縦長板冑は、被葬者にとって身近なものとはならなかったのである。先に陝川・慶山などの地域でも中心古墳群のなかでは同様の在り方を示すと述べた。陝川玉田古墳群はおそらく慶州からもたらされたガラス器が出土した古墳群で、慶山も地理的に慶州の政治的・文化的影響を強く受けていたとみられる地域である。つまり慶州の影響の強い地域に、慶州と同じような傾向をみることができるのである。6世紀代の金冠塚では皇南洞109号墳と同じく、縦長板冑は主槨の被葬者の傍ではなく、副葬品区画ともいうべき空間から他の副葬品とともにみつかっている一方で、他の洛東江水系一帯にあっては、最初には慶州と同様に高句麗の文物を伝来させたものの、慶州とは異なり銅製鋺は受容せずに終わっている[10]。

　以上のような高句麗伝来の文物に対する、慶州と他の洛東江水系一帯との間の選択的受容のしかたの相違は、どのあたりから生じたのであろうか。上述の崔鍾圭氏はこの点についても、洛東江水系一帯において「甲冑の副葬は5世紀前葉が盛期で、以後は消滅してゆく現象がみられる」として、「主たる原因」を「武人的な被葬者の性格が…（中略）…貴金属製装身具に示唆される王侯貴族への身分的な変化が行われた結果［崔鍾圭1984：補註1］」、であるという見解を述べている。この氏の指摘が、叙上の問題を解明するにあたって、一つの方向付けを与えてくれる。崔氏の指摘のなかにある、被葬者の性格の変化こそが、上の相違を生じさせた原因と考えられるからである。しかしながら、崔鍾圭氏は、慶州も含めた洛東江水系一帯全体に、

Ⅲ　洛東江水系一帯の首長層と縦長板冑

上述のような現象が生じたとするものの上記の慶州、およびその影響下にあった地域と、他の洛東江水系一帯の地域とは、区別して考察すべきではないだろうか、と筆者は考える。何故かというと、確かに崔氏の指摘にもあるように、慶州の首長層が、5世紀前葉をピークとして6世紀にかけて、性格を武人的なものから貴族的なものへと変化させていったことが、古墳の副葬品から縦長板冑がみられなくなった、あるいは副葬されるにしても金銅製という鉄製のもつ実用性を離れた装飾性の強いものになった理由ではないかと考えられるからである。5世紀初頭に位置付けられる皇南洞109号墳と、5世紀後葉～6世紀に位置付けられる金冠塚、瑞鳳塚、飾履塚などとの、副葬品の内容の差をみれば明らかであろう。後者の3基の古墳からも、確かに鉄製利器が、金冠塚からは甲冑が出土しているが、副葬品の中心をなすものではなく、中心となるものは被葬者が直接着装していた貴金属製装身具にあると考えられる。とはいえ、109号墳の出土状況をみても、冑、甲のいずれも副槨から出土するという、被葬者から一定の距離を置いたものであり、そこに「貴族化」への変化が抵抗なく行われたようにみえる理由の基底をなす社会の雰囲気というものがあったのかもしれない。また陜川では、先述したように慶州の影響のもと、当初から一定の距離を保ったうえで、鉄地金銅張、独特の形状をとるという点は、装身具を共伴するという点も考え合わせると、実用性を残しながらも在地化・装飾化して冑自体の意味を変えていったものとみられる。

　一方、他の洛東江水系一帯の首長層は、というと、梁山夫婦塚にみられる［馬場・小川1927］ように、6世紀代には慶州と同じように首長層の性格に変化が生じ、縦長板冑の副葬の意味が大きく変化したと考えられる。縦長板冑の副葬にあたり、東莱の支配層では冑と被葬者の距離がしだいに縮まっていき、慶山、咸安などの支配層では棺外あるいは副槨への副葬と、当初から距離をおいていた傾向がうかがわれる。ただ、陜川ではおそらく慶州の影響のもと、そういった流れの中で装飾化を強めていったのである。

　繰り返すが、高句麗からの文物の受容により、武人的性格をもつようになった慶州の首長層は、5世紀代のある時期（おそらく5世紀中葉後半）に、貴族的性格へと変化させていった。並行して、他の洛東江水系一帯の首長層も、5世紀代を通じても武人的性格を残す首長と、貴族化する首長の2種類に分かれていったのである。

　前者の場合、縦長板冑が同一特定地域の首長層の中で選択的に継続して受容された点は、慶州の積石木槨墳において、首長層の間にほぼ普遍的にみられる金冠とは同じようなあり方を示す。武人的性格を残す首長層が鉄製冑、甲、馬装といったセットを限定した階層のあいだでもち続け、他方（慶州）では金冠（周辺地域では階層差を表出するための金銅冠）をもち続けたのである。

　このように、慶州と他の地域とのあいだに差異が生じたことを、どのように解釈すべきなのであろうか。3つの視点から考えることができる。一つは、洛東江水系一帯の首長層の（墓制も含めた保守的性格を示すもの[11]）ということである。二つ目は、洛東江水系一帯の首長層の全員がそろって縦長板冑を受容しなかった、という点から、属人性ともいえる個人主義的性格が

第 4 章　支配者たちの性格の一側面―縦長板冑からみた―

表 4-4　池山洞 32〜35 号墳の副葬品の内容

古墳番号	副葬品の内容											
	陶質土器	斧	鏃	鉾	刀	刀子	鎌	有刺利器	馬具	甲冑	冠	玉類
32 号墳	○	○	○	○	○	○			○	○	○	
33 号墳	○	○	○					○	○			○
34 号墳	○											
35 号墳	○	○			○	○	○		○	○		

強かったことを示すもの、ということである。

　例えば、ほとんど同時期の所産と考えられる池山洞 32〜35 号墳において［金鍾徹 1981］は、4 基のうちで縦長板冑が出土したのは 32 号墳のみであった。32 号墳と他の 3 基（32〜35 号墳）を比べてみると、墳丘の形、規模、内部主体の構造、規模はほとんど変わりがない。表 4-4 のように整理した副葬品についてみれば、34 号墳は陶質土器のみであるが、33、35 両号墳は陶質土器に加えて鉄製利器、馬具（33 号墳からは玉類も）が出土している。32 号墳の副葬品はというと、縦長板冑を始めとする甲冑、金銅製冠を除けば他の 3 基のとは何ら変わりはない。ほぼ同様の条件下におかれた高霊の上位層のうち、32 号墳の被葬者のみが縦長板冑を受容したと考えられ、受容の契機について考察してみても、翻って 32 号墳の被葬者の属人性ともよべる個人的問題に還元させるにしかないのである。ただしこれは、同じ職能・階層に属すると考えられる集団のなかでの属人性ということであり、そこに個人主義の確立といったものとは、ニュアンスを異にする。

　同じことが玉田古墳群の場合でもいえる。例えば同じように比較的規模の大きい木槨墓の 5 号墳では、甲、馬具、大刀、胡籙、有刺利器といった他の大形木槨墓と共通する副葬品が出土しているにもかかわらず、縦長板冑は出土していない。竪穴式石槨をもつ高塚古墳の場合でも、M1、M3 号からは出土しているにもかかわらず、M2 号からは出土しない。

　以上、2 つが文化的背景に原因を求めるのに対し、3 つ目の視点として李賢珠氏が指摘する政治的背景についてふれておく。「本格的な領土戦争が始まるとともに実際に使用できる鉄製武器を埋葬儀礼上、墓に埋納する行為について厳格に統制し制限的に行われた［李賢珠 2014：55 頁］」結果であるとするのである。古墳が韓半島三国時代において、特に中心古墳群にあってはきわめて政治的な所産であることは論を待たないので、李賢珠氏の指摘も首肯できる。ただ、筆者が、ここであえて上記 2 点を提起するのは、政治的行為は文化的背景を基礎として行われるものであると考えるからである。李賢珠氏の指摘する政治的な規制も、それに従う文化的基層が必要だと考えるからである。

　洛東江水系一帯における縦長板冑の出土のあり方は、文化的にいえば当該地域の首長層の保守的性格と、強い属人性を表すものである、といえる。さらにいえば、この 2 つの性格が、結果として地域全体が政治的に一つにまとまることができなかった、共通の文化的基層をなすも

Ⅲ　洛東江水系一帯の首長層と縦長板冑

のであったと考えられるのである。

　ここで翻って、縦長板冑の受容ということ自体が、洛東江水系一帯の首長層の保守的性格とは、矛盾しないのだろうか、という点について検討してみたい。先にあげた崔鍾圭氏の研究成果［崔鍾圭1984、緒方1987］によれば、洛東江水系一帯に高句麗系の文物が多種多量に流入する5世紀初頭の段階が、考古学的にみても一つの画期として認定できる。画期はおそらく、何らかの政治的、文化的な地域再編成により、高句麗系文物が流入した（崔鍾圭氏などが述べるような好太王の南征を契機とするのかもしれない）ことの反映と考えられる。したがって、画期の最中ではでは保守性よりも変革性の方が強く前面に出てくるような時代の流れがあり、そういった文脈のなかで、洛東江水系一帯地域も縦長板冑を受容していったのであろう。しかし、洛東江水系一帯が政治的にも文化的にもある程度落ち着きを取り戻した後の、受容にあたっての選択については、十分主体性が発揮されている、と考えられるのである。

　そして、6世紀代以降になると、高霊池山洞折（上）天井塚に代表されるように、洛東江水系一帯の首長層も横穴式石室を墓制に採用する［梅原1947］。首長層の古墳として、縦長板冑、馬具、甲冑を副葬品の中心に据えた騎馬戦闘的色彩の強い（被葬者の武人的性格が強い）組み合わせの一要素としての縦長板冑は、南原出土例だけになる。「貴族的」色彩の強い古墳が出土するようになるのである。しかし、このような洛東江水系一帯（伽耶）地域の首長層の歴史的変遷も、7世紀代に入り、新羅慶州首長層による水系一帯の征服の結果、流れを断ち切られてしまうのである[12]。

［注］
(1) この点については、穴沢咊光氏の論考がある［穴沢1988］。穴沢氏は、半島における縦長板冑の出現を、4世紀代にさかのぼらせている［穴沢1988：730］。資料が増加した現在にあっても、基本的に誤っていない。
(2) 穴沢咊光・馬目順一両氏が、論文中［穴沢・馬目1975：第5図］で紹介している例のことであり（梅原考古資料［東洋文庫2008：134-1514-7584 東京国立博物館1982：304］）、小倉コレクション旧蔵品である。南鮮出土とあるのみなので、出土地を特定できず今回は資料として用いなかった。
(3) ちなみに、この第4章では検討の対象としていない、日本国内の出土例をみると、半島に比べ出土例は少なく、和歌山県有田市椒（浜）［末永1934］、奈良県五條市猫塚［網干1962］の各古墳から副葬品として出土した2例のみで、両者とも全体をうかがうことができるが、2例ともに韓半島でも明らかな類例がない。この意味で、在地化と評価してよいように思う。また、日本国内で縦長板冑が出土した、2基の古墳は、群集形態をとらず単独で所在する。半島の場合と古墳の立地の傾向は異なる。
(4) 筆者は、かつて別の論文［木村1987］で、高霊池山洞古墳群における墳丘下の巨大竪穴式石室周辺に展開する小石槨群と、東莱福泉洞古墳群における大形墳周辺の中・小形墳とは、同一の性格をもつものではないかと、論じたことがある。
(5) 中心古墳群の概念規定は、第2章第1節の注（1）を参照。
(6) 先の福泉博物館による資料集成には掲載されていないが、原報告の写真（写真77 左寄りには、鉄製伏鉢と考えられるものが掲載されている。
(7) 筆者は2点の縦長板冑を、同時期の所産として扱っている。穴沢氏は前述の論考［穴沢1988］

第 4 章　支配者たちの性格の一側面—縦長板冑からみた—

の中で、2 点について形式的側面から時期差（10 号墳出土例の方が冑頂部に伏鉢を遺す点から古く、11 号墳の方が新しい）を想定している。仮にそうであっても、副槨の縦長板冑の方が古く、主槨の方が新しくなるわけで、最初まだ縦長板冑を副槨にしか副葬しなかった段階から、主槨へ副葬する段階へと移行する過渡期にあたる例として位置付けることが可能であり、筆者の考え方と基本的に矛盾するものではない。

(8) 4 世紀代にもふれた、慶州の影響力が大きい例、浦項玉城里古墳群では、造墓集団の（中心古墳群のより下位に位置づけられるという）階層性からか、慶州市内と同じような傾向ははっきりしない。玉城里古墳群では、引き続きカ（가）地区 35 号からの出土があった。玉城里同様、地理的にも慶州の影響を早い時期から強く受けていたとみられる舎羅里古墳群にも 5 世紀代の出土例がある。ここでは、5 号、13 号の 2 基の木槨墓から出土している。ただ、5 号出土のものは、冑を構成する上半部が出土せず、越巻にあたる円筒形の部分と頬あてが出土している。縦長板冑として報告されていないが、出土した円筒形の部分の上端に孔が巡りさらに上部の何かと繋がっていたと思われる点、円筒形前面下端の形状が、縦長板冑のそれと類似する点から、下半を鉄で作り、上半部を有機質で作った、縦長板冑に外形が類似した冑であった可能性を考えている。13 号例は木槨のうちでも相対的に規模の大きな部類に属する。副槨を備えており、冑もそこから出土している。5 号も、13 号の主槨と遜色のない規模の単槨墓である。65 号は、周溝も備えていた。このような点から、舎羅里古墳群では、規模の優越する木槨墓、言い換えれば相対的に上位階層の被葬者へ、縦長板冑は副葬された、と考えられる。あと、65 号の主・副槨式の規模の大きな木槨墓からも、縦長の鉄製板がまとまって出土しているが、冑だとは断定できなかった。

(9) 崔鍾圭氏も述べている［崔鍾圭 1984］ように、洛東江水系一帯から出土した縦長板冑の形態の起源をなすと思われる冑がみつかっていない点から、究極の源流を中央アジアへ求める（注 (1) 参照）にしても、直接的には高句麗に起源を考えるべきであろう。

(10) 慶州以外の洛東江水系一帯の古墳からも、確かに銅製錼が出土している（例えば晋州水精峰 2 号墳・大邱内唐洞 55 号墳）が、銅製錼は、慶州の古墳出土のものより年代は後出のものである［緒方 1987］。したがって銅製錼に関していえば、洛東江水系一帯では、慶州における受容の時点と、他の洛東江水系一帯地域が受容する時点の間には、ある程度時間差を考えなくてはならないのである。また、他の洛東江水系一帯地域出土のものは、高句麗の故地では未出土のタイプであるので、銅製錼の受容に関していえば、洛東江水系一帯地域にとっては、高句麗文化の直接的受容ではなく、間接的な受容とすることができるよう。そして、上述の大邱内唐洞 55 号墳では冑とともに、山字形金銅冠など新羅慶州の影響の強い遺物が、出土していることなどから、銅製錼は慶州から、あらためて伝播したもの、と考えられる。無論、百済からの伝播の可能性も否定できないが、資料的にも少なく、検討は、後日を期したい。

(11) 同じ保守的とはいっても、被葬者の性格と墓制の両者が、常に連動しているわけではない。例えば本文中でもとりあげた咸安末伊山 34 号墳のように、副葬品には武人的性格が強いにもかかわらず、内部主体は竪穴系横口式石室という外来からの影響を受けた墓制をとる古墳も存在することからも、このことは明らかであろう。

(12) 歴史的流れについては、かつて洛東江水系一帯の古墳群の分類を基に論じたことがある［木村 1987］。また、本文中でふれた李賢珠氏の政治的契機を重視する立場では、筆者が「貴族化」あるいは「在地化」とする、金銅を用いる装飾性の強い冑の出現も、「最上位」階層が「軍事的位相を表現」するものとされる［李賢珠 2014：55 頁］。

終章　結　論

　第2章で大伽耶高霊の中心古墳群である池山洞古墳群をとりあげ、第3章では高霊とは洛東江をはさんで反対側にあたる、義城、東莱、金海（釜山）に所在する古墳群を検討の対象としてきた。そして、第4章では、古墳群ではなく、縦長板冑に焦点をあてることで、洛東江水系一帯の首長層の文化的性格を考えてみた。

　いずれも、第1章でもふれたように、「目には見えないもの」を、考古学の方法からいかに描き出すかという問題意識のもと、取り組んでみたものである。特に第4章では、縦長板冑を受容するにあたり首長層がいかに属人的であったかを、述べてみた。

　第4章の内容からは、洛東江水系一帯は、モザイクのように、個々別々墓の破片が集まって、たまたま地理的に1つの空間をなしていたような印象をもたれるかもしれない。確かにそういった面はあると考える。現在の視点からみて、当時、結果的に政治的一体化が遅れたのは事実であろう。

　しかし、それは首長層、というさまざまな意味で階層的に上位の集団のもとでの文化の発現である。階層的な要素を除くと、洛東江水系一帯は、自明のことかもしれないが、共通の文化的基盤があったようにみえる。

　そのことを示すのが、池山洞古墳群と長林洞古墳群の比較からわかる。第3章でとりあげた長林洞古墳群の場合、有力農民が被葬者と考えられるということを述べてきた。長林洞古墳群を遺した人々は、2種類の墓制をもっていた。何故、墓制が異なっていたのかはよくわからない。ただ、つぎの4点は、遺構の様相から指摘できる。一つ目は、墓制単位で各地区の遺構が形成されていないという点。2種類の墓制をもった者同志の交流はよくなされていた点。二つ目は、遺構の分布に対する地区割の存在からすると、各地区は、例えば最も強勢であったⅠ地区の集団により強く統率されていたか、勢力が拮抗していたかのどちらかであろうと考えられる点。三つ目は、各地区内で遺構の重複がないことから、各地区内の遺構を遺した集団には、前述したように「家長相続権」などの系譜的意識が共有されていたことを想定させる点である。四つ目は、石材の種類により板石石室と割石石室の2種類があり、前者の規模が小さくなる傾向をもつ、という点である。

　このような特徴は第2章で取りあげた高霊池山洞古墳群、嶺南文化財研究所調査Ⅰ区（以下、池山洞Ⅰ区と表記する。）の様相と類似している。池山洞30号墳にあたるものが、長林洞古墳群ではⅠ地区の遺構群となる。ただ、異なる点ももちろんある。大きな相違点は2つある。一つ目は、遺構の密度が池山洞Ⅰ区に比べ長林洞は小さい点である。二つ目は、板石石槨と割石石槨のあいだに、前者が後者よりも規模の面で劣る傾向があるものの、池山洞Ⅰ区のように遺物を含めた総体的な優劣が、両者のあいだに存在したとはいえない、という点である。

　上述のような特徴だけをあげれば、この2点を除いて互いに類似している。筆者の類推が許

終章　結論

されるならば、池山洞Ⅰ区の他の特徴、当初から上位階層から墓域を選定されていた、副葬品の供給を通じて直接支配層と結びついていた、といったことも想定できる。とはいえ、社会的結合の求心力となるものが、先に述べたように池山洞Ⅰ区でいえば、mound をもつ 30 号墳という、ある意味隔絶した存在であったのに対し、長林洞でいえばⅠ地区の遺構群という、隔絶性があまりみられない点も相違点としてあげることができる。おそらく、Ⅰ地区の被葬者集団ですら、さらに隔絶した存在（新羅慶州あるいは義城在地の首長）により統制されており、長林洞全体を統制するというよりも、より上位の存在との間の中間層的なものにすぎなかったことを意味しているのであろう。遺構密度が小さいのは、古墳の築造が可能な階層自体が小さかったことと、長林洞の墓域面積が池山洞Ⅰ区に比べ広いことに起因するのであろう。

　共通点といえば、倉里古墳群の分析からもわかるように、大伽耶高霊の周縁部支配方式は、足元の池山洞古墳群中位層に対する支配方式と共通する点があることも、指摘できた。

　以上のことから、洛東江西岸で強大な政治的影響力をもっていた大伽耶高霊の中位層と、洛東江東岸で必ずしも政治的には強大ではないが、強大な新羅慶州の影響圏周縁をなす地域の中間層、両者の構造が近似していると思われる。洛東江水系一帯にあっては、社会的に中間（位）層の様相は意外に共通していた可能性があるのである。

　はなはだ簡潔ではあるが、洛東江水系一帯は上位階層という側面が加わると、社会的多面性を示すが、それを離れると、共通した文化的基盤、社会構造の在り方をもっていたのである。

参考・引用文献

1 日本語によるもの（著編者 五十音順）
※韓国語の翻訳の場合、著編者は現地音で、中国語の場合日本語の音で配列した。

東　　潮 1988「高句麗文物に関する編年学的一考察」『橿原考古学研究所論集』10、271-296 頁、吉川弘文館 東京。

東　　潮 1997a「第九章 於宿知干壁画墳と高句麗」『高句麗考古学研究』、320-349 頁、吉川弘文館、東京（初出 1987）。

東　　潮 1997b「第六章 新羅における横穴式石室墳の出現と展開」『高句麗考古学研究』、245-260 頁、吉川弘文館、東京（初出 1993）。

東　　潮 1999a「第三章 東アジアにおける鉄斧の系譜」『古代東アジアの鉄と倭』、.56-121 頁、渓水社、広島（初出 1982）。

東　　潮 1999b「第七章 朝鮮三国・加耶時代の鉄製農耕」『古代東アジアの鉄と倭』、.323-359 頁、渓水社、広島（初出 1979）。

東　　潮・田中俊明 1988『韓国の古代遺跡 新羅篇（慶州）』、森浩一（監修）、中央公論社 東京。
　　　 1989『韓国の古代遺跡 2（百済・伽耶篇）』、森浩一（監修）、中央公論社、東京。

網干善教 1962『五條猫塚古墳 奈良県史蹟名勝天然記念物調査報告 20』、奈良県教育委員会、奈良。

穴沢咊光 1972a「慶州古新羅古墳の編年」『古代学』18-2、67-86 頁、古代学協会、京都。

穴沢咊光 1972b「慶州金鈴塚考―古新羅王族墓の編年序列―」『古代文化』24-12、348-361 頁、古代学協会、京都。

穴沢咊光 1988「蒙古鉢型冑と 4-7 世紀の軍事技術」『斎藤忠先生頌寿記念 考古学叢考 中』、723-774 頁、吉川弘文館 東京。

穴沢咊光・馬目順一 1975「南部朝鮮出土の鉄製鋲留甲冑」『朝鮮学報』76、1-34 頁、朝鮮学会、天理。

有光教一・藤井和夫 2002『公州宋山里 29 号墳 高霊池山洞 39 号墳発掘調査報告 1933 1939 朝鮮古蹟研究会遺稿 2』、The Centre for East Asian Cultural Studies for UNESCO・東洋文庫、東京。

李　盛　周 2005a「墳丘墓の認識」『古文化談叢』54、139-164 頁、大阪朝鮮考古学研究会（訳）、九州古文化研究会、北九州（初出 2000）。

李　盛　周 2005b『新羅・伽耶社会の起源と成長』、原久仁子・木村光一（訳）、雄山閣出版、東京（原著初版 1998）。

李　盛　周 2010「高霊池山洞古墳群の性格」『南山考人』38、49-77 頁、木村光一（訳）、南山考古人類学研究会、名古屋（初出 2007）。

伊藤秋男 1972「耳飾の形式学的研究に基づく韓国古新羅時代古墳の編年に関する一試案」『朝鮮学報』64、15-73 頁、朝鮮学会、天理。

伊藤秋男 1973「韓国慶州古墳群における石室墳の編年について―慶州皇南洞 151 号墳の研究」『古代文化』25-11、355-374 頁、古代学協会、京都。

伊藤秋男 1989「伽倻の墓制からみた釜山福泉洞古墳群」『第 55 回総会研究発表要旨』、71-74 頁、日本考古学協会、東京。

井上秀雄 2004『古代朝鮮 学術文庫 1678』、講談社、東京（原著初版 1972）。

李　賢　珠 2014「三国時代における礼甲製作技術の受容と展開」『古代武器研究』10、43-66 頁、平郡達哉（訳）、古代武器研究会・山口大学人文学部考古学研究室、山口。

今　西　龍 1920「第七編 高霊郡」『大正 6 年度古蹟調査報告』、422-469 頁、朝鮮総督府、京城。

今　西　龍 1920a「第二編 咸安郡ノ上、舊咸安郡　第四章 咸安第三十四号墳調査記」『大正 6 年度古蹟調査報告』、208-280 頁、朝鮮総督府、京城。

今　西　龍 1920b「第二編咸安郡ノ上 旧咸安郡」『慶尚北道善山郡、達城郡、高霊郡、星州郡、金泉郡、

参考・引用文献

　　　　　　　　　　慶尚南道咸安郡、昌寧郡調査報告』大正六年度古蹟調査報告 156-325 頁 朝鮮総督府 京城。
禹　枝　南 1990「大加耶古墳の編年―土器を中心として」『古代朝鮮と日本 古代史論集 4』、221-270 頁、定森秀夫（訳）、名著出版、東京（初出 1987）。
梅原末治 1947『朝鮮古代の墓制 東亜古墓制の研究第 2 部』座右宝刊行会、東京。
大阪歴史博物館 2017『渡来人いずこより』展 図録、大阪。
緒方　泉 1987「朝鮮半島南部地方における高句麗文化―壺杅塚出土の銅鋺を中心にして―」『考古学と地域文化 同志社大学考古学シリーズⅢ』、495-511 頁、森浩一（編）、同シリーズ刊行会、京都。
小田富士雄 1985「集安高句麗積石墓遺物と百済・古新羅の遺物」『九州古代文化の研究 下（歴史時代・韓国篇）』、434-461 頁、学生社 東京（初出 1979）。
郭　鍾　喆 1988「韓国慶尚道陶質土器の地域相研究―所謂高霊系土器を素材として―」『古代文化』40-2、23-43 頁、古代学協会、京都。
金井塚良一 2008『馬冑が来た道 古代東国研究の新視点』、吉川弘文館、東京。
神谷正弘 2015「古代日本と洛東江」『古文化談叢』73、243-251 頁、九州古文化研究会、北九州。
姜　玧　錫 2002「伽耶古墳築造過程と祭祀―5～6 世紀代を中心に―」『七隈史学』3、166-176 頁、七隈史学会、福岡。
北野耕平 1973「考古学からみた加耶と加耶文化の一考察―本とのかかわりをもつ高霊加耶を中心として―」『神戸商船大学紀要 第一類・文化論集』21、55-86 頁、神戸商船大学・神戸商船大学図書館委員、神戸。
金　元　龍 1979「安東郡馬洞古墳群の土器に対する考察―新羅土器の編年のための一作業」『古文化談叢』6、177-194 頁、中山清隆（訳）、九州古文化研究会、北九州。
金　元　龍 1984『韓国考古学概論』、西谷正（訳）、六興出版、東京。
金　基　雄 1976『新羅の古墳』、学生社、東京。
金　基　雄 1978『伽倻の古墳』、学生社、東京。
金　廷　鶴 1975「韓国通信―加羅地域の調査をめぐって」『えとのす』2、95-97 頁、新日本教育図書、東京。
金　廷　鶴 1977『任那と日本 日本の歴史 別 1』、小学館、東京。
金　宰　賢 2002「5 三国時代の葬送墓制」『韓半島考古学論叢』、411-433 頁、西谷正（編集代表）、すずさわ書店、東京。
木村光一 1985「釜山・金海地域の古墳について」『歴史と構造』13、57-66 頁、南山大学大学院文化人類学研究室、名古屋。
木村光一 1987「洛東江水系一帯古墳群の分類に基づく伽倻史の再構成に関する一試案」『歴史と構造』15、45-62 頁、南山大学大学院文化人類学研究室、名古屋。
木村光一 2000「岡崎市所蔵の陶質土器」『三河考古』13、90-104 頁、三河考古刊行会、豊橋。
木村光一 2015「韓国大成洞古墳群からみた金海の墓制について」『南山考人』43、49-62 頁、南山考古文化人類学研究会、名古屋。
木村光一 2017「韓国慶尚南道金海市大成洞古墳群について　考古学的考察」『古文化談叢』78、149-172 頁、九州古文化研究会、北九州。
木村　誠 2004「第一章 新羅郡県制の確立課程と村主制」『古代朝鮮の国家と社会』、32-69 頁、吉川弘文館、東京（初出 1976）。
黒板勝美 1974「朝鮮史蹟遺物調査復命書」『黒板勝美先生遺文』、3-128 頁、黒板勝美先生生誕百年記念会（編）、吉川弘文館、東京。
黒板勝美・國史大系編修會 1982『日本書紀 後篇 新訂・増補國史大系』、吉川弘文館、東京。
高　正　龍 1996「加耶から新羅へ―韓国陜川三嘉古墳群の土器と墓制について―」『研究紀要』3、13-36 頁、京都市埋蔵文化財研究所、京都。
斎藤　忠 1937『慶州皇南里第 109 号墳・皇吾里第 14 号墳調査報告 昭和 9 年度古蹟調査報告 1』、朝鮮

　　　　　総督府、京城。
斎藤　　忠 1940「昭和14年度に於ける朝鮮古蹟調査の概要」『考古学雑誌』30-4、79-82頁、考古学会、東京。
早乙女雅博 1981「朝鮮の古墳編年と日本」『歴史公論』7-2、131-141頁、雄山閣出版、東京。
坂本太郎・家永三郎・井上光貞・大野　晋 1965『日本書紀 下 日本古典文学大系68』、岩波書店、東京。
坂本義種 1978『古代東アジアの日本と朝鮮』、吉川弘文館、東京。
定森秀夫 2015a「第2章 第1節 慶尚南道昌寧地域出土陶質土器の検討」『朝鮮三国時代陶質土器の研究』、23-41頁、六一書房、東京（初出1981）。
定森秀夫 2015b「第2章 第3節 韓国慶尚南道泗川・固城地域出土陶質土器について」『朝鮮三国時代陶質土器の研究』、65-73頁、六一書房、東京（初出1983）。
定森秀夫 2015c「第2章 第4節 韓国慶尚北道高霊地域出土陶質土器の検討」『朝鮮三国時代陶質土器の研究』、73-98頁、六一書房、東京（初出1987）。
定森秀夫 2015d「第2章 第5節 韓国慶尚北道義城地域出土陶質土器の検討」『朝鮮三国時代陶質土器の研究』、98-110頁、六一書房、東京（初出1987）。
白井克也 2003a「新羅土器の型式・分布変化と年代観―日韓古墳編年の並行関係と暦年代―」『朝鮮古代研究』4、朝鮮古代研究刊行会1-42頁、彦根。
白井克也 2003b「日本における高霊地域加耶土器の出土傾向―日韓古墳編年の並行関係と暦年代―」『熊本古墳研究』創刊号、81-102頁、熊本古墳研究会、熊本。
白井克也 2007「梁山夫婦塚における土器祭祀の復元」『東京国立博物館紀要』42、123-203頁、東京国立博物館、東京。
申　敬　澈 1982「釜山福泉洞古墳群遺跡第1次発掘調査概要と若干の私見」『古代文化』34-2、1-20頁、定森秀夫（訳）、古代学協会、京都（初出1981）。
申　敬　澈 1990「5世紀における日本と韓半島」『日本考古学協会1990年度大会研究発表要旨』、30-36頁、日本考古学協会、東京。
申　敬　澈 1991「金海大成洞古墳群―第二次発掘調査の概要と成果―」『東アジアの古代文化』68（伽耶と倭国―古代日本と韓国）、2-18頁、大和書房、東京。
申　敬　澈・鄭　澄　元 1986「古代韓日甲冑断想」『古代文化』38-1、17-33頁、定森秀夫（訳）、古代学協会、京都。
新村秀一 1997『パソコン楽々統計学 ブルーバックスB-1198』、東京、講談社。
末永雅雄 1934『日本上代の甲冑』、創元社、東京。
末松和保 1971『任那興亡史（増補改訂版）』、吉川弘文館、東京。
末松和保 1974「あとがき―黒板先生の朝鮮古蹟調査」『黒板勝美先生遺文』、129-138頁、黒板勝美先生生誕百年記念会（編）、吉川弘文館、東京。
関野　　貞 1916「五 任那時代」『朝鮮古蹟図譜3』、265-392頁・13-25頁（解説）、朝鮮総督府、京城。
田中俊明 1992『大伽耶連盟の興亡と「任那」―加耶琴だけが残った』、吉川弘文館、東京。
崔　鍾　圭 1984「韓国・中期古墳の性格に対する若干の考察」『古代文化』36-12、17-37頁、定森秀夫・緒方泉（訳）、古代学協会、京都。
千賀　　久 1987『(特別展) 倭の五王時代の海外交流―渡来人の足跡―特別展図録28』、奈良県立橿原考古学研究所附属博物館、橿原。
趙　榮　濟 1992「陝川玉田古墳群の墓制について」『朝鮮学報』150、1-28頁、竹谷俊夫（訳）、朝鮮学会、天理。
東京国立博物館 1982『寄贈 小倉コレクション目録』、東京。
東洋文庫 2008『梅原考古資料 画像データベース』、(http://61.197.194.9/umenara2008/ume_query.html)、東京。
中村　　浩 1981『和泉陶邑窯の研究―須恵器生産の基礎的考察―』、柏書房、東京。
野上丈助 1988「群集墳研究の一分析視角について」『考古学叢考 斎藤忠先生頌寿記念論文集 中』、599-

　　　　　　656頁、吉川弘文館、東京。
朴　廣　春 1990「韓国陝川地域における土壙墓出土土器の編年的研究―多変量解析による分析―」『古文
　　　　　　化談叢』22、121-150頁、九州古文化研究会、北九州。
朴　天　秀 2007『加耶と倭 韓半島と日本列島の考古学 選書メチエ398』、講談社、東京。
朴　玧　貞 2010「慶州쪽샘遺跡発掘調査概要」『日韓考古学の新展開 九州考古学会・嶺南考古学会 第9
　　　　　　回合同考古学会』、181-210頁、保元良美（訳）、九州考古学会、福岡。
朴　玧　貞 2013「チョクセム遺跡C10号出土品について―馬具を中心に―」『日韓交渉の考古学―古墳時
　　　　　　代―第1回共同研究会』、171-189頁、日韓交渉の考古学―古墳時代―研究会、福岡。
馬場是一郎・小川敬吉 1927『梁山夫婦塚と其遺物 古蹟調査特別報告5』、朝鮮総督府、京城。
濱崎範子 2008「韓半島出土の鉄製鍛冶具について 日韓出土資料の比較から」『朝鮮古代研究』9、51-64
　　　　　　頁、朝鮮古代研究刊行会、彦根。
濱田耕作・梅原末治 1922「第二編 慶尚道高霊郡古墳」『慶尚北道慶尚南道古蹟調査報告 大正七年度古
　　　　　　蹟調査報告1』、28-42頁・40-54（図版）、朝鮮総督府、京城。
平野邦雄 1978「継体・欽明紀の対外関係記事」『末松保和博士古稀記念 古代東アジア史論集 下』、119-
　　　　　　153頁、吉川弘文館、東京。
藤井和夫 1989「陝川三嘉古墳群の編年について―加耶地域古墳出土陶質土器編年試案Ⅵ―」『神奈川考
　　　　　　古』21、181-198頁、神奈川考古同人会、横浜。
藤井和夫 1990「高霊池山洞古墳群の編年―加耶地域古墳出土陶質土器編年試案Ⅴ」『東北アジアの考古
　　　　　　学［天池］東北アジア考古学研究会二十周年記念論文集』、165-204頁、田村晃一（編）、六興
　　　　　　出版、東京。
松井忠春 1990「伽耶の群集墳」『季刊考古学』33（古墳時代の日本と中国・朝鮮）、39-43頁、雄山閣出
　　　　　　版、東京。
松原隆治 1982「高霊池山洞古墳群に対する一考察―陶質土器を中心として」『歴史と構造』12、93-106
　　　　　　頁、南山大学大学院文化人類学研究室、名古屋。
水野正好 1975「群集墳の構造と性格」『古代史発掘』6（古墳と国家の成り立ち）、143-158頁、小野山
　　　　　　節（編）、講談社、東京。
村上英之助 1988「古新羅の刀子」『たたら研究』29、39-48頁、たら研究会、広島。
村田文夫 2010『川崎・たちばなの古代史―寺院・郡衙・古墳から探る 有隣新書68』、有隣堂、横浜。
毛利光俊彦 1983「新羅積石木槨墳考」『奈良国立文化財研究所創立三十周年記念 文化財論叢』、985-
　　　　　　1014頁、同朋舎出版、京都。
門田誠一 2006「第1章 古墳時代の鉄製模型農工具と渡来集団」『古代東アジア地域相の考古学的研究』、
　　　　　　32-59頁、学生社、東京（初出1999）。
柳井晴夫・岩坪秀一 1976『複雑さに挑む科学 多変量解析入門 ブルーバックス B-297』、講談社、東京。
吉井秀夫 2002「朝鮮の墳墓と日本の古墳文化」『日本の時代史』2（倭国と東アジア）、168-195頁、鈴
　　　　　　木靖民（編）、吉川弘文館、東京。
遼寧省文物考古研究所 2004『三燕文物精粋（日本語版）』、奈良文化財研究所（訳）、奈良（原著初版
　　　　　　2002）。

　　2　韓国語によるもの（著編者訓民正音字母順）
姜　奉　遠 1984『伽倻諸国의 形成과 彊域에 関한 研究 慶熙大学校大学院碩士学位論文』、慶州。
慶南考古学研究所 2000『道項里 末山里遺蹟』慶南考古学研究所・咸安郡、咸安。
慶北大学校博物館 2002『鶴尾里古墳群 学術叢書28（義城召文國都邑地古墳群発掘調査研究報告書1）』、
　　　　　　大邱。
慶北大学校博物館 2009『高霊池山洞44号墳 大加耶王陵 学術叢書37（考古人類学科考古学叢書1）』、
　　　　　　慶北大学校博物館・同考古人類学科・大加耶博物館、大邱。
慶尚北道文化財研究院 2000『大加耶歴史館新敷地内 高霊池山洞古墳群 学術調査報告6』、慶尚北道文

参考・引用文献

化財研究院・高霊郡、慶山。
啓明大学校博物館 1985『高霊古衙洞壁画古墳実測調査報告 遺蹟調査報告 2』、大邱。
高霊郡・大加耶博物館 2009『2009년 기획특별정 최초의 대가야 왕릉 図録』、高霊。
國立慶州博物館 1986『李養璿博士蒐集文化財』、慶州。
國立慶州博物館 2001『新羅黄金展 図録』、慶州。
國立慶州博物館 2014『瑞鳳塚 遺物篇Ⅰ 日帝強占期資料調査報告 13』、慶州。
國立金海博物館 1999『가야의 그릇받침展 図録』、金海。
國立金海博物館・昌寧郡・우리文化財研究院 2014『비사벌의 지배자 그 기억을 더듬다展 図録』、金海・昌寧。
國立大邱博物館 2002『특별전 召文國에서 義城으로 図録』、大邱。
國立大邱博物館 2015『2015 특별전지 UNESCO 세계유산 잠정목록등제 고령 대가야 지산동 고분군展 図録』、東川文化社、大邱。
國立文化財研究所 遺蹟調査研究室 2001『韓國考古学事典』、学研文化社、서울。
國立昌原文化財研究所 1996『咸安岩刻画古墳 学術調査報告 3』、昌原。
國立昌原文化財研究所 1997『咸安道項里古墳群Ⅰ 学術調査報告 4』、昌原。
國立昌原文化財研究所 1999『咸安道項里古墳群Ⅱ 学術調査報告 7』、昌原。
國立昌原文化財研究所 2000『咸安道項里古墳群Ⅲ 学術調査報告 8』、昌原。
權 五 榮 1992「고대영남지방의 殉葬」『韓国古代史論叢』4、5-59 頁、駕洛国史蹟開発研究院、서울。
權 彝 九・金 龍 星 ほか 1998『慶山 林堂地域古墳群Ⅲ 造永 1B 地域 学術調査報告 22』、嶺南大学校博物館・韓国土地公社、慶山。
金 基 雄 1968「義城大里古墳発掘調査報告書」『史学研究』20、87-109 頁、史学会、서울。
金 大 煥 2003「부산지역 금관가야설의 검토」『嶺南考古学』33、71-97 頁、嶺南考古学会、釜山。
金 東 鎬 1971『東莱福泉洞第 1 号墳発掘調査報告 古蹟調査報告 2』、東亜大学校博物館、釜山。
金 東 鎬 1984『上老大島―附東莱福泉洞古墳群・固城東外洞貝塚 古蹟調査報告 8』、東亜大学校博物館、釜山。
金 斗 喆 2000「金海禮安里遺蹟의 再検討—性・年齢을 통한 社会構造復原試案—」『韓國古代史와 考古学鶴山金廷鶴博士頌寿紀年論叢』、同論叢刊行委員会（編）、309-339 頁、学研文化社、서울。
金 斗 喆 2001「大加耶古墳의 編年 検討」『韓国考古学報』45、167-204 頁、韓国考古学会、釜山。
金 富 軾（撰）1145『三国史記』、開城（松岳）。
金 世 基 1985「堅穴式石室墓制의 研究—加耶地域을 中心으로—」『韓国考古学報』17・18、41-89 頁、韓国考古学会、서울。
金 世 基 1995「大伽耶墓制의 変遷」『加耶史研究 대가야의 政治와 文化』、301-364 頁、韓国古代史研究会（編）、慶尚北道、大邱。
金 世 基 2003『고분자료로 본 대가야연구 考古学叢書 33』、学研文化社、서울。
金 秀 桓 2005「金官加耶의 殉葬—金海大成洞古墳群殉葬様相을 中心으로」『嶺南考古学』37、43-74 頁、嶺南考古学会、大邱。
金 秀 桓 2010「阿羅加耶의 殉葬—大型殉葬墓를 中心으로—」『嶺南考古学』55、45-74 頁、嶺南考古学会、晋州。
金 龍 星 1990「慶山大邱地域三国時代의 階層化와 地域集団」『嶺南考古学』6、29-58 頁、嶺南考古学会、釜山。
金 龍 星・金 大 煥・安 柄 權 2004『高霊池山洞古墳群 고령지산지구국도개량공사구간내 유적 学術調査報告 46』、嶺南大学校博物館、慶山。
金 元 龍 1960『新羅土器의 研究 国立博物館叢書甲 4』、乙酉文化社、서울。
金 正 完・任 鶴 鍾・權 相 烈・孫 明 助・鄭 聖 喜 1987『陜川磻渓堤古墳群 國立晋州博物館遺蹟調査報告書 2（陜川ダム水没地区発掘調査報告 1）』、慶尚南道・國立晋州博物館、晋州。
金 鍾 徹 1981『高霊池山洞古墳群 32～35 号墳・周辺石槨墓 遺蹟調査報告 1』、啓明大学校博物館、大

参考・引用文献

　　　邱。
金 廷 鶴・鄭 澄 元 1973『五倫台古墳発掘報告書』、釜山大学校、釜山。
金 廷 鶴・鄭 澄 元 1979『釜山華明洞古墳群 遺蹟調査報告2』、釜山大学校博物館、釜山。
金 載 元・尹 武 炳 1962『義城塔里古墳 古蹟調査報告3』、國立中央博物館、서울。
金 赫 中 2015「中國 中原・東北地方 甲冑로 본 嶺南地方 甲冑文化의 전개과정과 특징」『嶺南考古学』72、50-82頁、嶺南考古学会、慶州。
大東文化財研究院 2007『高霊 池山洞 第73・74・75号墳 発掘調査―第1次（封墳調査）指導委員会 및 現場説明会』、大邱。
大東文化財研究院 2010『고령 지산동고분군 종합정비계획 위한 정밀 지표조사보고서』、大邱。
大成洞古墳博物館 2011『金海大成洞古墳群 68호분～72호분 学術叢書10』、金海。
大成洞古墳博物館 2013『金海大成洞古墳群 73호분～84호분 学術叢書13』、金海。
東亜細亜文化財研究院 2007『함안 도항리택지개발사업지구내文化遺蹟発掘調査報告書発掘調査報告書15』、馬山。
文化財管理局 1977『文化遺蹟総覧』、서울。
朴 東 百・秋 淵 植 1988『陝川苧浦里B古墳群 学術調査報告2』、昌原大学博物館、昌原。
朴 普 鉉 1998「短脚高坏로 본 積石木槨墳消滅年代」『新羅文化』15、81-99頁、東国大学校新羅文化研究所、大邱。
朴 升 圭 1990『一段長方形透窓高坏에 대한 考察 東義大学校大学院文学碩士学位論文』、釜山。
朴 升 圭 2003「大加耶土器의 拡散과 관계망」『韓国考古学報』49、81-117頁、韓国考古学会、大邱。
朴 升 圭・河 眞 鎬・朴 相 銀 2004『高霊 池山洞古墳群Ⅰ 学術調査報告70』、嶺南埋蔵文化財研究院、漆谷。
朴 升 圭・河 眞 鎬・朴 相 銀 2006a『高霊 池山洞古墳群Ⅱ 学術調査報告108』、嶺南埋蔵文化財研究院、漆谷。
朴 升 圭・河 眞 鎬・朴 相 銀 2006b『高霊 池山洞古墳群Ⅲ 学術調査報告109』、嶺南埋蔵文化財研究院、漆谷。
朴 升 圭・河 眞 鎬・朴 相 銀 2006c『高霊 池山洞古墳群Ⅳ 学術調査報告110』、嶺南埋蔵文化財研究院、漆谷。
朴 升 圭・河 眞 鎬・朴 相 銀 2006d『高霊 池山洞古墳群Ⅴ 学術調査報告111』、嶺南埋蔵文化財研究院、漆谷。
朴 天 秀 1998「大加耶圏墳墓의 編年」『韓国考古学報』39、89-124頁、韓国考古学会、大邱。
朴 天 秀 2000「考古学을 통해 본 大伽耶」『考古学을 통해 본 伽耶 学術叢書1』、91-128頁、韓国考古学会、釜山。
福泉博物館 2004『금관가야와 신라 2004 특별기획전 図録』、釜山。
福泉博物館 2010『韓國의 古代甲冑 学術研究叢書31』釜山。
釜山広域市立博物館 1997『東莱福泉洞古墳群 第5次発掘調査 99～109号墳 研究叢書12』、釜山。
釜山広域市立博物館 1998『東莱福泉洞93・95号墳 福泉分館研究叢書3』、釜山。
釜山大学校博物館 1990『東莱福泉洞古墳群Ⅱ 遺蹟調査報告14』、釜山。
釜山大学校博物館 1983『（開校37周年記念）東莱福泉洞古墳出土遺物展 図録』、釜山。
釜山大学校博物館 1985『金海禮安里古墳群Ⅰ 遺蹟調査報告書8』、釜山。
釜山大学校博物館 1987『陝川苧浦里E地区遺蹟 遺蹟調査報告11』、釜山大学校博物館、釜山。
釜山大学校博物館 1993『金海禮安里古墳群Ⅱ 遺蹟調査報告書15』、釜山。
釜山大学校博物館 1996『東莱福泉洞古墳群Ⅲ 研究叢書19』、釜山。
釜山直轄市立博物館 1992『東莱福泉洞53号墳 遺蹟調査報告書6』、釜山。
申 敬 澈 1981「釜山市福泉洞古墳群遺跡第一次発掘調査概要와意義」『年報』3、24-41頁、釜山直轄市立博物館、釜山。
申 敬 澈・金 宰 佑 2000a『金海大成洞古墳群Ⅰ 研究叢書4』、慶星大学校博物館、釜山。

参考・引用文献

申 敬 澈・金 宰 佑 2000b『金海大成洞古墳群Ⅱ 研究叢書7』、慶星大学校博物館、釜山。
申 敬 澈・金 宰 佑 2010『金海大成洞古墳群Ⅳ-1〜3号墳— 研究叢書14』、慶星大学校博物館 釜山。
申 敬 澈・金 宰 佑・李 在 勲・河 志 鎬・權 貴 香 2003『金海大成洞古墳群Ⅲ—展示館敷地의 発掘調査 및 47・52号墳 研究叢書10』、慶星大学校博物館、釜山。
申 石 毅 2013「고령지산동 44호분 순장곽의 매장패턴연구」『韓国考古学報』88、120-156頁、韓国考古学会、慶州。
沈 奉 謹 1982『陜川三嘉古墳群 古蹟調査報告6』、東亜大学校博物館、釜山。
沈 奉 謹 1986『陜川鳳溪里古墳群 陜川댐水没地区発掘調査報告7』、慶尚南道・東亜大学校博物館、釜山。
沈 奉 謹 1987『陜川倉里古墳群 古積調査報告14』、東亜大学校博物館、釜山。
沈 奉 謹 1991『梁山金鳥塚・夫婦塚 古蹟調査報告19』、東亜大学校博物館、釜山。
아라가야향토사연구회 1998「1. 말산리고분군（末山里古墳群)」『安羅古墳群 遺跡답사자료 총서 3』、47-62頁 咸安。
安 順 天 1996「小形鉄製模型農工具副葬의 意義—大伽耶古墳의 埋葬儀礼와 관련하여—」『嶺南考古学』18、109-159頁、嶺南考古学会、釜山。
嶺南埋蔵文化財研究院 1998『高霊池山洞30号墳 学術調査報告13』、嶺南埋蔵文化財研究院・高霊郡、漆谷。
嶺南埋蔵文化財研究院 1998『浦項玉城里古墳群Ⅰ 나地区 学術調査報告14』、嶺南埋蔵文化財研究院・浦項市、漆谷。
嶺南文化財研究院 2001『慶山林堂遺蹟ⅡC地区5・6号墳 学術調査報告34』、漆谷。
嶺南文化財研究院 2007『慶州舎羅里遺蹟Ⅲ 木棺墓・甕棺墓 学術調査報告130』、漆谷。
吉井秀夫 2000「大伽耶系竪穴石槨墳의「木棺」構造와 그 変遷」『考古学論叢慶北大学校考古人類学科20周年紀年』、239-266頁、慶北大学校考古人類学科、大邱。
禹 順 姫・金 枝 秀 2001『東萊福泉洞鶴巣台古墳 研究叢書26』、釜山大学校博物館、釜山。
尹 相 惠 2014「봉토 외형으로 본 신라 전・중기의왕릉추정」『韓國考古学報』93、164-191頁、韓国考古学会、務安。
尹 容 鎮 1983『義城長林洞廃古墳群 調査報告3』、慶北大学校博物館、大邱。
尹 容 鎮 1987『陜川苧浦里D地区遺蹟 陜川댐水没地区発掘調査報告5』、慶尚南道・慶北大学校考古人類学科、大邱。
尹 容 鎮ほか 1989『臨河댐水没地域 文化遺蹟発掘調査報告書Ⅱ（臨東地区1)』、安東郡・安東大学校博物館・慶北大学校博物館、安東。
尹 容 鎮・金 鍾 徹 1979『大伽倻古墳発掘調査報告書』、高霊郡、高霊。
李 晟 準 2009「한반도삼국시대의 순장문화」『갈동과전개의 고고학 제33회 한국고고학전국대회』、20-35頁、韓国考古学会、全州。
李 晟 準・金 秀 桓 2011「韓半島古代社会의 殉葬文化」『韓国考古学報』81、109-138頁、韓国考古学会、釜山。
李 殷 昌 1987『陜川苧浦里C・D地区遺蹟 陜川댐水没地区発掘調査報告5』、慶尚南道・暁星女子大学校博物館、慶山。
李 柱 憲 2001『咸安道項里古墳群Ⅳ 学術調査報告13』、國立昌原文化財研究所、昌原。
李 柱 憲・鄭 桂 玉・曺 喜 慶 2004『咸安道項里古墳群 Ⅴ 学術調査報告26』、國立昌原文化財研究所、昌原。
李 漢 祥 2001「考察 2. 6〜7世紀代 昌寧地域土器의 變遷」『昌寧桂城 新羅高塚群』、420-436頁、慶南考古学研究所・昌寧郡、晋州。
李 漢 祥 2009「金属工芸品을 通해 본 加耶王権의 位相」『考古学探求』6、1-18頁、考古学探求会・亜州大学校博物館 太田。
李 賢 珠 2010「4〜5세기 부산・김해지역무장체제와지역성」『嶺南考古学』54、43-86頁、嶺南考古

　　　　　　　学会、晋州。
李　浩　官 1974『安東郡馬洞古墳発掘調査 1973 年度安東地区水没地区遺蹟発掘報告』、13-178 頁、文化広報部・文化財管理局、서울。
李　熙　濬 1994「고령양식 토기 출토고분의 편년」(『嶺南考古学』15、89-114 頁、嶺南考古学会、釜山。
李　熙　濬 1995「토기로 본 大加耶의 圈域과 그 변천」『加耶史研究 대가야의 政治와 文化』、韓国古代史研究会（編）、慶尚北道、大邱。
李　熙　濬 1998「김해 禮安里 유적과 新羅의 西岸 진출」『韓國考古学報』39、125-153 頁、韓國考古学会、大邱。
李　熙　濬 2007『신라고고학연구』、社会評論、서울。
李　熙　濬 2014「고령 지산동고분군의 입지와 분포로 본 특징과 그 의미」『嶺南考古学』68、52-73 頁、嶺南考古学会、慶州。
李　熙　濬 2017『대가야고고학연구』、社会評論아카데미、서울。
任　世　權 1988「臨河댐水没地区恩義洞古墳発掘略報告」『嶺南考古学』5、147-163 頁、嶺南考古学会、釜山。
林　孝　澤・郭　東　哲 2008『金海良洞里古墳群Ⅰ 学術叢書 14』、東義大学校博物館、釜山。
林　孝　澤・沈　奉　謹 1983『釜山徳川洞古墳 遺蹟調査報告 1』、釜山直轄市立博物館、釜山。
張　正　男 2000「陜川과 慶州地域石槨墓様相研究」『韓國古代史과 考古学 鶴山金廷鶴博士頌寿紀年論叢』、同論叢刊行委員会（編）、481-510 頁、学研文化社、서울。
全　栄　來 1983『南原月山里古墳発掘調査報告』、圓光大学校馬韓百済文化研究所、全州。
鄭　永　和・金　龍　星・金　玉　順・黄　宗　鉉 1999『慶山林堂地域古墳群Ⅳ—造永 CⅠ・Ⅱ号墳—学術調査報告 25』嶺南大学校博物館・韓国土地公社、慶山。
鄭　永　和・金　龍　星・黄　宗　鉉・金　大　煥 2000『慶山林堂地域古墳群Ⅴ—造永 E1 号墳—学術調査報告 35』嶺南大学校博物館・韓国土地公社、慶山。
鄭　永　和・梁　道　榮・金　龍　星 1987『陜川苧浦里古墳群（A 地区）陜川댐水没地区発掘調査報告 3』、慶尚南道・嶺南大学校博物館、慶山。
鄭　澄　元・申　敬　澈 1982・1983『東萊福泉洞古墳群Ⅰ 遺蹟調査報告 5』、釜山大学校博物館、釜山。
鄭　澄　元・申　敬　澈 1984『釜山堂甘洞古墳群 遺蹟調査報告 7』、釜山大学校博物館、釜山。
趙　榮　濟 1986『陜川玉田古墳群 1 次発掘調査概報 調査報告 1』、慶尚大学校博物館、晋州。
趙　榮　濟 1988『陜川玉田古墳群Ⅰ 木槨墓 調査報告 3』、慶尚大学校博物館、晋州。
趙　榮　濟 1997「玉田古墳群의 階層分化에 대한 연구」『嶺南考古学』20、27-52 頁、嶺南考古学会、釜山。
趙　榮　濟 2000「玉田古墳群을 통해 본 多羅國의 成立과 發展」『韓國古代과 考古学 鶴山金廷鶴博士頌寿紀年論叢』、同論叢刊行委員会（編）、441-457 頁、学研文化社、서울。
趙　榮　濟 2007『옥전고분군과 다라국』、恵安、서울。
趙　榮　濟・朴　升　圭 1987『陜川中磻溪墳墓群 陜川댐水没地区発掘調査報告 2』、慶尚南道・慶尚大学校博物館、晋州。
趙　榮　濟・朴　升　圭 1990『陜川玉田古墳群Ⅱ M3 号墳 調査報告 6』、慶尚大学校博物館、晋州。
趙　榮　濟・朴　升　圭・金　貞　禮・柳　昌　煥・李　瓊　子 1992『陜川玉田古墳群Ⅲ M1・M2 号墳 調査報告 7』、慶尚大学校博物館、晋州。
趙　榮　濟・朴　升　圭・柳　昌　煥・李　瓊　子・金　相　哲 1993『陜川玉田古墳群Ⅳ M4・M6・M7 号墳 調査報告 8』、慶尚大学校博物館、晋州。
趙　榮　濟・柳　昌　煥 2003『陜川玉田古墳群Ⅹ 88～102 号墳 研究叢書 26』、慶尚大学校博物館、晋州。
趙　榮　濟・柳　昌　煥・李　瓊　子 1995『陜川玉田古墳群Ⅴ M10・M11・M18 号墳 調査報告 13』、慶尚大学校博物館、晋州。
趙　榮　濟・柳　昌　煥・李　瓊　子 1997『陜川玉田古墳群Ⅵ 23・28 号墳 研究叢書 16』、慶尚大学校博物館、晋州。

参考・引用文献

趙榮濟・柳昌煥・李瓊子 1998『陜川玉田古墳群Ⅶ 12・20・24号墳 研究叢書19』、慶尚大学校博物館、晋州。
趙榮濟・柳昌煥・河承哲 1999『陜川玉田古墳群Ⅷ 5・7・35号墳 研究叢書21』、慶尚大学校博物館、晋州。
趙榮濟・柳昌煥・河承哲 2000『陜川玉田古墳群Ⅸ 67-A・B、73〜75号墳 研究叢書23』、慶尚大学校博物館、晋州。
曺永鉉 2009「고령지산동제73.74호분 발굴조사」『대가야의 정신세계 한국학연구원대가야학총서7』、55-91頁、高霊郡・大加耶博物館・啓明大学校、高霊。
曺永鉉 2012『高霊池山洞第73〜75号墳 学術調査報告36』、大東文化財研究院、大邱。
池煥穆・李柱憲 2002『咸安馬甲塚 学術調査報告15』、國立昌原文化財研究所・咸安郡、昌原。
秦弘燮 1975『造塔洞古墳発掘調査報告 安東地区古蹟調査報告2』、梨花女子大学校博物館、서울。
秦弘燮 1977『中佳邱洞古墳発掘調査報告 安東地区古蹟調査報告書3』、梨花女子大学校博物館、서울。
昌原大学校博物館 1992『咸安阿羅伽耶의 古墳群（Ⅰ）—道項里・末山里古墳群精密調査報告—学術調査報告5』、咸安郡・昌原大学校博物館、昌原。
崔盛洛 2007「분구묘의 인식에 대한 검토」『韓国考古学報』62、114-132頁、韓国考古学会、서울。
洪潽植 2003『新羅後期古墳文化研究』、春秋閣、서울。
隍城洞遺蹟発掘調査団 1991「慶州隍城洞遺蹟第一次発掘調査概報」『嶺南考古学』8、嶺南考古学会、大邱。
黃秀鎭 2011「三國時代嶺南出土札甲의 研究」『韓国考古学報』78、55-108頁、韓国考古学会、釜山。

図表出典

※各図は，引用の際に一部加筆・改変を施している。
第1章　第2節
図1-2-1　洛東江一帯の地理と古墳群：著者作図
第2章　第1節
図2-1-1　池山洞古墳群の位置：木村 2000［第3図］
図2-1-2　池山洞古墳群：大東文化財研究院 2010［図面5］、金龍星・金大煥・安柄權 2004［図面3］、朴升圭・河眞鎬・朴相銀 2006c［図面3・4］を合成。
図2-1-3　嶺南埋蔵文化財研究院調査 I 区における石槨分布状況：朴升圭・河眞鎬・朴相銀 2006d［図面4］を基に筆者作成。
表2-1　嶺南埋蔵文化財研究院調査 I 区出土石槨墓一覧：報告書［朴升圭・河眞鎬・朴相銀 2004、2006a～d］のデータを基に筆者作成。
図2-1-4　石槨墓出土陶質土器：（器種別上・左から）長頸壺：図60-1（Ⅱ）、図17-5（Ⅱ）、図41-1（Ⅲ）、図面94-5（Ⅲ）　有蓋高坏：図128-9（Ⅲ）、図121-3（Ⅲ）、図29-3（Ⅱ）、図63-3（Ⅰ）、図17-1（Ⅲ）、図65-1（Ⅰ）、図面94-1（Ⅲ）、図面94-2（Ⅲ）　蓋・坏：図60-1（Ⅱ）、図78-1（Ⅱ）、図47-3（Ⅰ）、図134-3（Ⅱ）、図85-2（Ⅱ）、図53-2（Ⅲ）、図65-3（Ⅱ）　器台：図面61-1（Ⅱ）、図面19-3（Ⅲ）、図面86-3（Ⅰ）

※出典末の（　）内のローマ数字は，報告書［嶺南埋蔵文化財研究院 1998 朴升圭・河眞鎬・朴相銀 2004、2006a～d］の、末尾のローマ数字と、それぞれ対応している。

図2-1-5　I 区における石槨の分布と時期別展開過程：朴升圭・河眞鎬・朴相銀 2006b［図面4］を基に筆者作成。
図2-1-6　割石石槨と板石石槨における副葬品の出土頻度：報告書［朴升圭・河眞鎬・朴相銀 2004、2006a～d］のデータを基に筆者作成。
図2-1-7　池山洞古墳群における立地・被葬者の階層・年代の関係：筆者作成。
第2節
図2-2-1　池山洞古墳群の位置と周辺地形：筆者作成
表2-2-1　陪葬石槨墓一覧：報告書［慶北大学校博物館 2009］を基に筆者作成。
図2-2-2　44号墳・45号墳遺構出土状況：上・慶北大学校博物館 2009［図面1］、下・尹容鎭・金鍾徹 1979［図2］
図2-2-3　陪葬石槨における主槨に対する長軸方向と平面規模の関係：表2-2-1 のデータを基に筆者作成。
※以下、図2-2-4 および5は、報告書［嶺南埋蔵文化財研究院 1998］からの改変、引用。
図2-2-4　出土遺物1　垂飾付耳飾：左・図面93-1（11）、右・図面93-1（11）
※（　）は報告書［朴升圭・河眞鎬・朴相銀 2004、2006］による石槨の遺構番号
図2-2-5　出土遺物2　陶質土器：1・図面118-6（23）、2・図面148-1（32）、3・図面143-7（30）、4・図面143-8（30）、5・図面143-5（30）、6・図面143-1（30）、7・図面143-2（30）、8・図面143-3（30）、9・図面143-4（30）、10・図面125-6（25）、11・図面125-7（25）、12・図面89-3（9）、13・図面89-4（9）、14・図面113-5（21）、15・図面113-6（21）、16・図面89-2（9）、17・図面113-7（21）、18・図面89-1（9）
※（　）は報告書［朴升圭・河眞鎬・朴相銀 2004、2006］による石槨の遺構番号
表2-2-2　陶質土器の出土点数：表2-2-1 を基に筆者作成。
図2-2-6　池山洞30号墳と出土金銅冠：嶺南埋蔵文化財研究院 1998［図6、図面47］
表2-2-3　出土石槨の規模の比較：報告書［慶北大学校博物館 2009 朴升圭・河眞鎬・朴相銀 2004、

2006］のデータを基に筆者作成。
図 2-2-7　44 号墳・45 号墳の位置：慶北大学校博物館 2009［図面 1］、尹容鎮・金鍾徹 1979「図 2」、大東文化財研究院 2010［図面 5・図面 19］を合成。
表 2-2-4　45 号墳陪葬石槨の調査成果一覧：報告書［尹容鎮・金鍾徹 1979］を基に筆者作成。
図 2-2-8　45 号墳陪葬石槨群出土陶質土器：有台把手付壺・図面 23-②、図面 27-①、図面 32-④、図面 39-⑤、図面 41-④を合成。高坏・図面 23-⑫、図面 27-⑤、図面 32-①、図面 39-④、図面 41-②を合成。
※いずれも報告書［尹容鎮・金鍾徹 1979］による。
図 2-2-9　44 号墳・45 号墳陪葬石槨群の平面積：報告書［尹容鎮・金鍾徹 1979］を基に筆者作成。
表 2-2-5　高塚古墳の埋葬施設出土状況：各報告書［尹容鎮・金鍾徹 1979、金鍾徹 1981、嶺南埋蔵文化財研究院 1998］を基に筆者作成。
図 2-2-10　44・45・30 号墳における埋葬施設面積の比率：表 2-2-5 のデータを基に筆者作成。
第 3 節
※以下、出典を明記せず、図面等の番号のみ表記の場合、すべて報告書［沈奉謹 1987］所収。
図 2-3-1　倉里古墳群とその周辺の地理的環境：筆者作成
図 2-3-2　倉里古墳群全体図：図面 1
図 2-3-3　出土陶質土器：1・図面 108-②、2・図面 78-②、3・図面 32-①、4・図面 100-⑥、5・図面 32-③、6・図面 78-③、7・図面 94-⑧、8・図面 71-④、9：図面 140-②、10・図面 58-④、11・図面 117-④、A・慶北大学校博物館 2009［図面 118-⑤］、B・慶北大学校博物館 2009［図面 140-②］
表 2-3　長頸壺出土遺構：筆者作成
図 2-3-4　石槨墓の規模：筆者作成
図 2-3-5　倉里集団と大伽耶中枢の関係：筆者作成
第 3 章　第 1 節
図 3-1-1　金海・東萊地域の古墳群と古金海湾：李熙濬 2007［挿図Ⅴ-5］
表 3-1　調査成果一覧：報告書［鄭澄元・申敬澈 1984］を基に筆者作成。
※以下、図 3-1-2～3-1-5 はすべて報告書［鄭澄元・申敬澈 1984］所収の図版による。（　）内は出土した古墳の番号を示す。
図 3-1-2　堂甘洞古墳群出土の陶質土器：1・図面 8-②(3)、2・図面 8-⊙(3)、3・図面 60-⑧(37)、4・図面 25-①(11)、5・図面 22-②(9)、6・図面 40-②(23)、7・図面 46-①(27)、8・図面 64(38)、9・図面 57-①(34)、10・図面 40-③(23)、11・図面 58-①(35)、12・図面 62-②(38)
図 3-1-3　堂甘洞古墳群出土の鋳造鉄斧・鉄鏃・鉄鎌：1・図面 15-⑧(7)、2・図面 21-②(27)、3・図面 48-⑤(27)、4・図面 48-①(27)、5・図面 58-④(35)、6・図面 58-③(35)、7：図面 65-⑦(38)、8・図面 48-⑨(27)、9：図面 48-⑧(27)、10・図面 7-②(2)、11・図面 9-①(3)、12・図面 15-③(7)、13・図面 19-④(8)、14・図面 21-④(9)、15・図面 32-④(15)、16・図面 48-③(27)、17・図面 54-⑧(31)、18・図面 58-⑤(35)、19・図面 60-①(37)。
図 3-1-4　堂甘洞古墳群出土の鍛造鉄斧：1・図面 9-③(3)、2・図面 12-④(5)、3・図面 15-④(7)、4・図面 19-②(8)、5・図面 25-③(11)、6・図面 27(12)、7：図面 41-②(23)、8・図面 45(26)、9・図面 48-②(27)、10・図面 65-①(38)。
図 3-1-5　堂甘洞古墳群遺構配置図：図面 3、図面 4 を合成。
図 3-1-6　検出された遺構の規模：筆者作成。
第 2 節
図 3-2-1　古墳群の分布：尹容鎮 1983・挿図 1 に、挿図 2、挿図 8-①、挿図 13-①、挿図 17-①、挿図 20-①、挿図 25-⑤、挿図 32-①の各図版を合成。
表 3-2-1　周辺の古墳群の内容：筆者作成。
図 3-2-2　古墳群の立地：筆者作成。
※以下、図 3-2-3～図 3-2-4 は、報告書［尹容鎮 1963］からの引用。

図表出典

表 3-2-2　調査成果一覧：報告書［尹容鎭 1983］を基に筆者作成。
図 3-2-3　古墳群出土の陶質土器高坏：1・挿図 4-②、2・挿図 18-②、3・挿図 30-②、4・挿図 36-②、5・挿図 10-④、6・挿図 12-②、7・挿図 5-⑤、8・挿図 9-④、9・挿図 34-②、10・挿図 41-⑦。
図 3-2-4　板石石槨と割石石槨：1・挿図 9-②、2・挿図 33-①。
図 3-2-5　石槨の平面規模：筆者作成。

第 3 節
※以下、出典を明記せず、図面等の番号のみ表記の場合、すべて報告書［林孝澤・沈奉謹 1983］所収。

図 3-3-1　遺構配置図：図面Ⅲを改変。
図 3-3-2　遺構配置模式図：図 3-3-2 を基に筆者作成。
図 3-3-3　徳川洞古墳出土有蓋高坏：1・図面 23 ⑨、2・図面 18 ⑤、3・図面 6 ⑦、4・図面 15 ③、5・図面 36 ⑥、6・図面 22 ⑦、7・図面 8 ③、8・図面 4 ⑥、9・図面 4 ②、10・図面 17 ①。
図 3-3-4　C 地区 13 号 墳出土高坏 2 種：図面 16 ⑥・⑦を改変。
表 3-3-1　調査成果一覧 1：報告書［林孝澤・沈奉謹 1983］を基に筆者作成。
表 3-3-2　調査成果一覧 2：筆者作成。
図 3-3-5　徳川洞古墳群および礼安里古墳群の石室平面規模：実測値を基に筆者作成。
図 3-3-6　D 地区 6 号 遺物出土状況と出土土器：写真・図版 4-②、実測図・図面 7-②～⑪
図 3-3-7　D 地区 15 号 遺物出土状況と出土土器：図面 17-①～⑪
図 3-3-8　C 地区 22 号 出土遺物：図面 28-①～⑮、図面 29-①～⑩
図 3-3-9　横口式石室の比較：左・図面 6-①、右・釜山大学校博物館 1985 図面 7

第 4 章
表 4-1　縦長板冑出土例一覧：資料集成［福泉博物館 2009］のデータを基に筆者作成。
図 4-1　半島において縦長板冑が出土した古墳群：福泉博物館 2009 朴玧貞 2013 を基に筆者作成。
図 4-2　韓半島出土の縦長板冑：1・申敬澈・金宰佑 2000b［図面 24］、2・釜山大学校博物館 1993（本文）［図面 132-1～4］、3・林孝澤・郭東哲 2008（本文・挿図）［図面 39］、4・鄭澄元・申敬澈 1982（図面・図版）［図面 68］、5・趙榮濟 1988［図面 127］、6・濱田・梅原 1922［第 17 図 -13］
表 4-2　大成洞古墳群出土木槨墓一覧：報告書［申敬澈・金宰佑 2000a・b、申敬澈 2003 大成洞古墳博物館 2011］所収の数値を基に筆者作成。
図 4-3　大成洞古墳群遺構規模：表 4-2 を基に筆者作成。
表 4-3　玉田古墳群出土木槨墓一覧：報告書［趙榮濟 1988］所収の数値を基に筆者作成。
図 4-4　玉田古墳群出土木槨墓の規模：表 4-3 を基に筆者作成。
図 4-5　大成洞 68 号墳副葬品出土状況および副葬品：大成洞古墳博物館 2011［図面 4、図面 9-14、図面 8-9］
図 4-6　縦長板冑の出土状態：1・申敬澈・金宰佑 2000b［図面 15］、2・斎藤 1937［第 7 図］、3、金鍾徹 1981［第 4 図］、4・申敬澈・鄭澄元 1982・1983［図面 5］および［図面 41］、5・國立昌原文化財研究 2000［図面 4］、6・全榮來 1983［第 18 図］
表 4-4　高靈池山洞 32～35 号墳の副葬品の内容：報告書［金鍾徹 1981］の内容を基に筆者作成。

初出一覧

第1章
　第1節　2008「釜山徳川洞古墳群の研究」『朝鮮古代研究』9、朝鮮古代研究刊行会、31-50頁、彦根。一部、および筆者書下ろし。
　第2節　筆者書下ろし。
　第3節　筆者書下ろし。

第2章
　第1節　2012「韓国慶尚北道高霊池山洞古墳群の研究」『古代文化』64-3、55-75頁、古代学協会、京都。
　第2節　1　2014「高霊池山洞44号墳にみる大加耶の階層構造」『古代文化』66-4、85-95頁、古代学協会、京都。
　　　　　2　2015「高霊池山洞高塚古墳について 44号墳・45号墳を中心に」『古文化談叢』74、259-270頁、九州古文化研究会、北九州。
　　　　　3　筆者書下ろし。
　第3節　筆者書下ろし。

第3章
　第1節　1990a「東萊堂甘洞古墳群の研究－洛東江水系一帯古墳群の性格の一側面」『古文化談叢』22、73-88頁、九州古文化研究会、北九州、を改稿。
　第2節　1992「義城長林洞古墳群の研究―古新羅辺境の古墳群の性格―」『古文化談叢』28、107-125頁、九州古文化研究会、北九州、を改稿。
　第3節　2008「釜山徳川洞古墳群の研究」『朝鮮古代研究』9、朝鮮古代研究刊行会、31-50頁、彦根。ただし、後半部分は筆者書下ろし。
　第4節　筆者書下ろし。

第4章　1990b「洛東江水系一帯の首長層の性格―いわゆる蒙古鉢型冑から―」『古代文化』42-11、29-40頁、古代学協会、京都、を大幅改稿。

終章　筆者書下ろし

あとがき

　現地でのご教示、調査時の所見などを直接伺うことができた方々。一部文献について、入手の便宜を図っていただけた方々。初出の際に、発表・掲載あたりお世話になった方々。さらには、本書を出版するにあたってお世話になった方々。

　さまざまな方々に支えられて、本書はこうして、成書することになりました。以下、ご芳名を記し、ここに感謝をささげます。

　東　　潮、穴澤咊光、安順天、李盛周、李柱憲、李漢祥、伊藤秋男、宇野愼敏、金大煥、金宰佑、金龍星、高正龍、早乙女雅博、定森秀夫、沈載龍、申敬澈、申石𩬰、鈴木忠司、竹谷俊夫、田中俊明、武末純一、崔鍾圭、趙榮濟、曺永鉉、(故)宋桂鉉、中村潤子、中山清隆、原久仁子、朴天秀、朴普鉉、門田誠一、吉井秀夫の各氏です。ありがとうございました。

　　以下、この場を借りて少しだけ、私事になりますが、ここまでの道のりの振り返りを述べることをお許しください。

　高校時代、『日本のなかの朝鮮文化』誌を購読し、日韓古代史に目覚めた自分が、名古屋の地で韓国考古学を志したのは、まずは大学・大学院でご指導を受けた伊藤秋男先生のおかげでした。大学卒業にあたり、卒業旅行(？)として、単独での韓国旅行に行きました。当時は観光でもビザが必要で、それをとるために渡航資金があることを示す預金通帳の提示なども必要でした。その時、伊藤先生から何枚かの名刺を頂戴し、それを頼りに韓国の大学や博物館を訪ねました。名刺の威力は抜群で、助かりました。そして、習ってはいても実際に韓国語を使うのも初めてで、通じた時には本当にうれしかったことを覚えています。

　その後何とか大学院に進み、当時釜山大学校の申敬澈先生に面識を得、まだ同じ大学院生だった、今は亡き元福泉博物館館長、宋桂鉉氏を紹介され、夏休みに2人だけで嶺南地方各地の遺跡巡りをしたのも懐かしい思い出でした。考えてみると、宋桂鉉氏との出会いが、今の道を決めたのだと思います。川にかかった木製の浮橋を渡って入った居昌、農耕馬が古墳群の中をゆっくり行きかっていた咸安道項里、まだ、丘の上に草ぼうぼうの墳丘だけが散在していた高霊池山洞。オリンピックもまだ先の時代、整備された現状とは異なる風景が頭の中をよぎります。草ぼうぼうといえば、当時訪ねた福泉洞古墳群の発掘調査現場もそうでした。

　それからは、申先生、宋氏から様々な人々とつながりをもつことができ、韓国、日本、多くの人々から様々なことを学びました。ご芳名は上に挙げさせていただいたとおりです。

　南山大学大学院博士前期課程を修了し、もう30年を超えます。南山大学の考古学専攻生は人類学科(当時)に属していました。大学院でも人類学専攻であり、そこでは考古学だけではなく、文化人類学(民族学)についても学ぶことが求められていました。自分も Clifford

あとがき

Geertz の "The interpretation of cultures"（邦題『文化の解釈学』）などを学び、難解で、The interpretation of cultures でなく、The interpretation of Geertz という本がないか、などと冗談で思っていました。それでも人類学を学んだことで、どちらかといえば歴史学的な考古学というよりも、文化人類学的な考古学を志向することになりました。

結果として、本書のような社会構造を考古学的に考究する、というテーマが自分の中にうまれ、それにむけて収斂していったわけです。

正直いって、名古屋という地で韓国考古学を学ぶということは、情報量において例えば東京、関西、北部九州とは常にハンディを感じています。それでも内容はともかくとして、何とかここまで自分の思うテーマについて書き散らしてこられたのは奇跡的でもあると感じています。月並みな言葉ですが、継続は力なり、というところでしょうか。

本書は、これまで発表してきたものに書下ろしを加えて構成しています。発表したものは、基本的に修士論文の一部をさらに拡張・深化させたものです。30年近く前に発表したものもあり、今回全体のテーマ・構成によって、また現在までの調査・研究の進展に伴い、改訂をしております。それに伴い初出時の図版も全体に再作成しております。

さいごに本書が、韓国考古学へ少しでも寄与できれば、また継続していれば何かまとまったものができるという元気を、これからの学徒に少しでも与えることができればうれしく思います。

 2018年1月

著者識

付　高霊池山洞古墳群の性格
Character of tumuli in Jisan-dong, Goryeong

李　盛　周
Lee Sung Joo
〈日本語訳〉木村光一

Ⅰ　序　言
Ⅱ　中心古墳群の形成過程
　1　大伽耶中心古墳群としての、時間的空間的な位置づけ　　2　中心古墳群の造成とその分布
　3　池山洞中心古墳群の形成
Ⅲ　古墳築造の類型と池山洞古墳群の位置
　1　墓域の発生と展開　　2　古墳築造の類型　　3　池山洞古墳群の築造類型とその影響
Ⅳ　結　語

Ⅰ　序　言

　高霊 池山洞古墳群は、大伽耶の最高階層支配集団の墳墓が、池山洞（丘陵の）稜線上に、一定期間継続して築造されることで形成された大伽耶の中心古墳群である。高霊盆地のなかで、立地・封土の規模と密集の仕方、大伽耶の中心古墳群であるいくつかの地点で行われた発掘調査で出土した副葬品などからして、大伽耶における最上位の古墳群であることは疑いない。

　日本の統治下のもとで始まり、1970年代から80年代、90年代に行われた発掘調査から多様な資料が獲られ、遺跡の性格についてのさまざまな分析・研究がなされた。とりわけ44号と45号墳の発掘により、大伽耶全盛期の池山洞における最大形墳墓の性格を知ることができ［尹容鎭・金鍾撤1979］、いくつかの殉葬墓槨をひとつの墓域内に配置させる独特の構造も、知られるようになった［金鍾撤1984、金世基1985、1995］。32～35号、4基の中形封土墳と隣接した石槨の調査が行われ、そのなかで［金鍾撤1981］、5世紀中葉から6世紀前半にかけての伽耶における竪穴式石槨墓の変遷についての検討［金鍾撤1982、金世基1985］と、高霊（地域）様式土器の編年［禹枝南1987、定森秀夫1987］が行われた。以後、池山洞古墳群は、大伽耶国中心古墳群の形成過程の核心をなす研究資料であるだけでなく、伽耶古墳の編年において基準のひとつとなってきた。ところが最近、研究者によって暦年代観に意見の相違が生じ、三国時代古墳研究における論争の核心をなす材料ともなっている［李熙濬1994、朴天秀1998、2003、金斗喆2001］。

付　高霊池山洞古墳群の性格

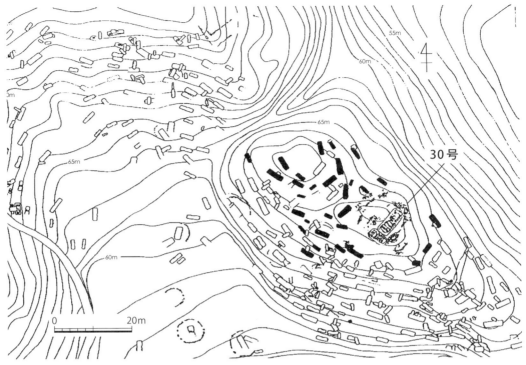

図1　池山洞古30号墳とその同時期か後代に築造された中・小形墓槨（黒塗り部分）

　90年代に入り、大伽耶遺物展示館の用地造成のための調査などで、古墳群の周縁部が発掘されたことによって、30号中大形封土墳の調査もさておき、小形古墳の配置状況が確認された〔図1〕。近年の池山洞古墳群の資料を基にした研究は、墓制や土器様式・編年の問題にとどまっていない。高霊の池山洞古墳群と本館洞古墳群の封土の調査から、三国時代古墳築造過程の復元解明が始まった［曺永鉉1993、2001、2002］。耳飾と装飾大刀などの金工品の研究［李漢祥2000、2003、李瓊子1999］、大伽耶と百済・新羅、そして倭との関係についての積極的な研究［朴天秀1995、2005、成正鏞2002、定森秀夫2002、吉井秀夫2004、洪潽植2005］も始まったところである。さらに最近では池山洞古墳群の資料が、大伽耶の国家としての成長過程を研究するのに重要視されているところである［朴天秀1996a、2000、金世基1995、2003］。

　これまで多様な見地から、池山洞古墳群の墓制・土器・金工品などさまざまな資料を対象にして、その性格を究明しようとする研究が行われた。本研究も、そのうちのひとつではあるが、ここでは100年以上（にわたり）古墳が一定の領域に築造されるなかで現れてきた古墳群の分布類型、そして各古墳の墓域設定と墓槨配置の類型に注目してみようと思う。主として古墳配置の結果に現れる類型に注目しようと思うが、それだけを考慮することなく、一種の古墳群成長過程を検討しようと思う。そこで、2つのレベルから池山洞古墳群の空間組織を分析したい。第一に巨視的な観点から中心古墳群としての時間をおった過程を観察し、周辺地域の古墳群と比較してみる。第二には、もう少し微視的な観察のレベルから、墓域の設定と、その範

囲のなかでの墓槨の配置方式について検討しようとするものである。

Ⅱ 中心古墳群の形成過程

1 大伽耶中心古墳群としての、時間的空間的な位置づけ

　中心古墳群という概念は、独立した政治体の最高階層支配者集団により政治体レベルの埋葬儀礼を遂行するために造営された古墳群を定義するため、提唱された［李盛周1993］。ひとつの政治体の領域内には、いくつかの古墳群が散在しているが、そのうち古墳の規模や副葬品の様相において、最も優れた古墳群が中心古墳群であるわけだ。一定の地域のなかで古墳群の規模と副葬品を比較してみようとすれば、発掘調査がそれだけ行われている（必要がある）。それでも5世紀ごろ、新羅・伽耶地域では、発掘された資料がなくても中心古墳群と判断することは可能である。文献や伝承を通じても、その根拠となる点を提示できるだろうが、ひとつの政治体が所在した盆地の中央に張り出したさほど高くない（丘陵の）稜線に沿って、周辺の古墳群にはみられない大形の封土墳が密集していたならば、それを中心古墳群であると定義してもさしつかえない。そのため、中心古墳群の封土の規模と密集した封土墳の数は、その政治体の領域内では他に匹敵するものがない。

　しかし、一定地域内の諸古墳群を単純に比較してみるとして、（それで）中心古墳群を定義できるものではない。地域レベルで、時間―空間上の分布状態が分析されなければならない。第一に、より広い空間的レベルから諸古墳群の分布が分析されなければならない。ひとつの政治体の中心古墳群は、地理的に隣接した政治体の中心古墳群に対して一定の距離をおいて位置しているためである。そこで伽耶地域で独立した諸政治体の地理的な分布を、文献記録からある程度推定することによって、中心古墳群が定義されなければならない。第二に、伽耶地域の各政治体の中心古墳群は、各自その形成された時点と、存続期間が少しずつ異なっている。例えば金官伽耶の大成洞古墳群は29号墳が築造された時点で中心古墳群へと浮上するが、存続期間は5世紀初までである。咸安安羅伽耶の道項里古墳群は、3～4世紀ころの大形墓の資料がこれまで確認されておらず、（中心古墳群へと）浮上した時点を知ることができないが、6世紀中葉まで中心古墳群であった。池山洞古墳群は、発掘資料だけからみると、竪穴式石槨を埋葬施設とした大形封土墳が築造される5世紀中葉に近いある時点に、中心古墳群として登場したものとみられる。

　木棺墓段階には、中心古墳群の形成を跡付けることが難しい。支配的親族集団が権力を独占し、一定領域を統合して、周辺の低いレベルの古墳群をはっきりと従える、そのような古墳群の分布パターンがみとめられないからである［李盛周1993］。もちろん、（義昌）茶戸里1号墓や（慶州）舍羅里130号墓のように、周辺のどこにもみられない優れた木棺墓が存在し、権力の集中がみとめられることもあるが、それが何世代にもわたって築造されてはいないために、中心古墳群とみとめることができない［李熙濬2000］。時期的にみて、伽耶諸国の中心古墳群

付　高霊池山洞古墳群の性格

では、3世紀後半から4世紀初ごろに、木槨墓の幅・長が大形化する段階が始まっている。これに比べると、池山洞古墳群は、1世紀以上形成時期が遅い計算になる。しかし、大伽耶の中心古墳群形成自体が遅いのではないようで、(その場合) 2つの推測のみが可能となるであろう。ひとつは、これまでに発掘された地点ではなく、池山洞古墳群の別の地点、例えば (丘陵) 稜線の下端部のようなところで、より早い時期の遺構が発見される可能性と、もうひとつは先学が指摘するように (高霊) 快賓洞のような木槨墓群から始まった可能性である [金世基1995]。

　池山洞古墳群は、伽耶地域全体という空間でみても、優れた古墳群である。その封土の規模や大形封土墳の密集の度合いから、高霊地域のなかではもちろんのこと、大伽耶連盟体の領域であるとされる高霊 (地域) 様式土器が出土する範囲のなかでも、匹敵する古墳群はない。それにもまして、他の伽耶諸国の中心古墳群と比べても優れているが、表面的な比較により、あえて対等のレベルのものをあげれば、それは咸安の道項里・末山里古墳群くらいであろう。封土墳の規模や密集の度合いだけでなく、最大数の殉葬者を出す点、最も広範囲に大伽耶様式土器や威信財を分与していたという点などにより、池山洞古墳群の優越性が論じられている [金世基1995、2003：261-79、朴天秀1996a、2000]。

2　中心古墳群の造成とその分布 [図2]

　新羅・伽耶地域で等級によって古墳群を区分すると、下位の古墳群は小形墳のみで構成されている。それよりも高い階層の古墳群では、中・大形の木槨墓が築造されるか、中形クラスの封土墳と小形墳が組み合わさっているのが普通である。しかし、中心古墳群は大形墳が主となる古墳群である。そのため、中心古墳群の範囲のなかでは、小形墳が築造されず、大形と中形の古墳のみが築造される場合がある。とはいえ、中心古墳群であっても、大形や中形墳で構成されるものだけでなく、小形墳もともに築造されることもある。中心古墳群のなかで、小形墳は立地する地形上区別され、大形墳の分布する地域から一定の距離をおいて分布する。このような小形墳の脱落現象、あるいは隔離現象は、大形墳の築造が中心になるほど大形墳の優越性がさらに強調されるようになる (という)、古墳群築造過程で現れる現象であるといえる。(この現象に関し、) 社会組織の変動と関連させて述べるなら、階層化が制度的に整備され、また意思決定の階層が明白になる社会の出現と関連させて理解する必要がある現象ではないのかと思う。伽耶社会も政治的統合の範囲が拡大して意思決定が複雑になり、支配的な親族集団の内部でも階層化がはっきりと進行したのであろう、ということである。小国の支配的な親族集団の登場により発生した、中心古墳群のなかで進行した序列化が、古墳の組み合わせと分布の階層 (化) として現れたとみるのである [李盛周2002]。

　新羅・伽耶地域の中心古墳群のうちで、大・中・小形墓の組み合わせと分布の変化を検討することのできる古墳群としては、伽耶地域の (金海) 大成洞、道項里、(陜川) 玉田古墳群などと、洛東江以東の新羅地域の (東萊) 福泉洞、(慶山) 林堂洞古墳群などがある。中心古墳群が、発掘調査が行われたとしても、大形封土墳を中心に発掘が行われる場合、階層化された古

II 中心古墳群の形成過程

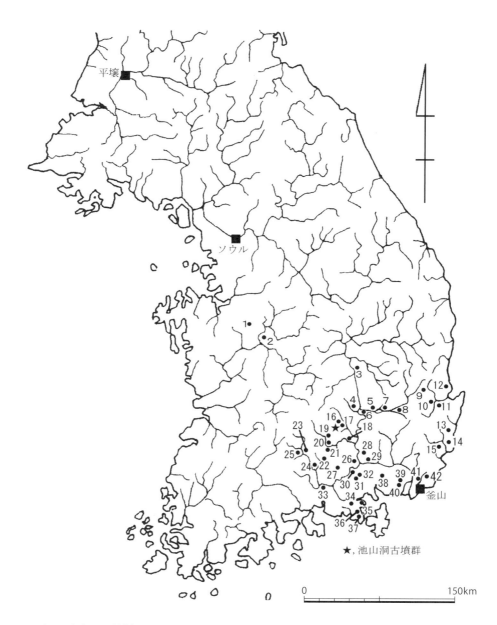

天安1,清堂洞　清州2,松節洞　善山3,洛山洞　星州4,星山洞　大邱5,八達洞
6,汶山里 7,不老洞　慶山8,林堂洞　永川9,清亭洞　慶州10,舎羅里 11,皇南洞
浦項12,玉城里　蔚山13,中山里 14,茶雲洞 15,早日里　高霊16,本館洞 17,快賓洞
陝川18,玉田 19,磻溪堤 20,苧浦里 21,倉里 22,三嘉　山清23,生草 24,明洞　咸陽
25,白川里　宜寧26,礼屯里 27,泉谷里　昌寧28,校洞 29,友江里　咸安30,篁沙里
31,新音里 32,道項里＝末山里　晋州33,加佐洞　固城34,蓮塘里 35,内山里
36,松鶴洞 37,栗垈里　義昌38,茶戸里　金海39,亀山洞 40,大成洞　東萊41,蓮山洞
42,福泉洞

図2　本文中で言及する遺跡の位置

付　高霊池山洞古墳群の性格

墳群の分布をきちんと観察することが難しい。例えば（星州）星山洞、（善山）洛山洞、（昌寧）校洞、（大邱）不老洞古墳群などは、発掘調査が封土墳を中心に行われたので、分布全体を知ることが難しい。

　福泉洞、大成洞古墳群などは4世紀と5世紀前半の中心古墳群の様相を示している。大成洞古墳群は3世紀後半から5世紀初まで、丘陵の頂線部を中心に大形墳が分布し、丘陵周辺に同時期の小形墳が築造されるという、小形墳の分離現象が観察される。この間、大形木槨墓および中形木槨墓は、丘陵頂上部に沿って互いに重複して密集する現象を示す。（そして）5世紀初に大形墓の築造が中断してしまう。大成洞古墳群では、5世紀後半以降まで中小形古墳の築造が継続するものの、丘陵の頂線部は小形墳によって決して侵犯されていない。5世紀初の大成洞1号および2号墳が立地したところが丘陵の最頂上部であることから、ここに最も大形の墳墓が築造されて以後、1～2世紀のあいだ（この丘陵上という場所は）尊重されていた、ということを意味している。

　福泉洞古墳群の場合、中心古墳群の成長過程が最もよくわかる遺跡のうちのひとつである。発掘が全面的に行われた福泉洞（丘陵の）稜線は、地形上南側丘陵と北側のより高い丘陵とに区分される。4世紀には南側丘陵の頂上部が最も優越した場所であり、大形墓が築造される。4世紀の小形木槨墓がどの場所に密集するのかは知られていないが、丘陵頂上部に近いところは小形墓が何基も無く、この時期既に分離現象がおきていたと考えられる。5世紀前半には北側丘陵が象徴的な場所であり、ここに21・22号を始めとする最大形墓が立地する。小形墓は、この象徴的な高所からなるべく遠くに離れた、より低いところに築造され、小形墓の分離現象は非常にはっきりしている。5世紀後半になると、どの古墳群でも小形墓の築造が大きく増加し始める。このころ、福泉洞古墳群では最大形墓の築造が中断するのだが、中・大形の墓は丘陵頂上部の空閑地をもとめて築造され、小形墓は丘陵の下端部に密集する〔図3〕。

　封土と護石をもつ大形封土墳の登場以前から、伽耶の各政治体には中心古墳群が形成されており、福泉洞古墳群と大成洞古墳群が、その過程をよく示す。特に福泉洞古墳群の築造過程をみると、約50年のあいだ大形墓を築造し得るほどの卓越した立地空間が用意され、ある時点からかこの空間を最大形墓が占有するようになる。福泉洞古墳群では4世紀の38号墳、5世紀の21・22号墳がそれである。このとき、中形および小形墓は、大形墓からなるべく距離を遠くとる分離現象が現われている。空間が大形墓の築造で充たされた後も、小形墓は100年以上最大形墓から距離をおいて築造される。

　5世紀中葉から6世紀まで中心古墳群には、護石あるいは周溝で表される墓域と、巨大な封土をもつ最大形墓が築造される。例えば咸安の中心古墳群である道項里古墳群で、大形封土墳の築造開始は5世紀中葉ごろと推定される。この最大形墓は道項里（丘陵の）主稜線とその支脈の頂線部、そのなかでも突出した部分に築造される。これまでの発掘調査の結果、5世紀中葉以後、竪穴式石槨を埋葬施設とする大形封土墳の隙間に中小形の石槨が築造されることは、きわめてまれなことになる。中小形墓が大形封土墳のあいだに築造される場合はみられず、小

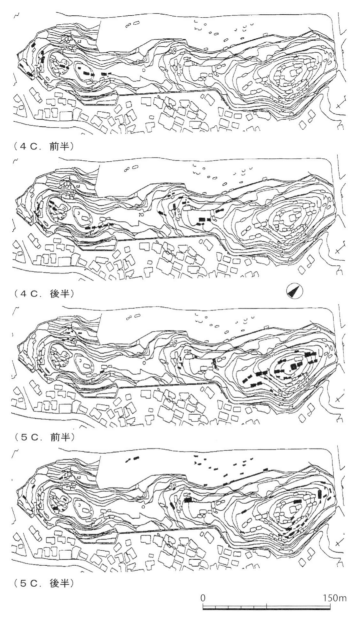

図3 伽耶における政治体の中心古墳群形成過程の例
福泉洞古墳群の大形墓と小形墓階層的分布と分離現象

形墳は完全に脱落する現象をみせる点が道項里古墳群の特徴ではないのかと思う。

　陝川 玉田古墳群では、5世紀中葉に近い23号の場合、大形墓ではあるものの、封土と墓域をもっていない。5世紀後半になると、M1号とM2号から大形封土墳が造成されるが、(丘陵)稜線から若干低いほうへ空間を移して以降、100年以上のあいだ最大形墓が築造される。大形の封土墳が築造されているあいだ、この空間のなかに中形の封土墳と小形墓槨が配置される。

付　高霊池山洞古墳群の性格

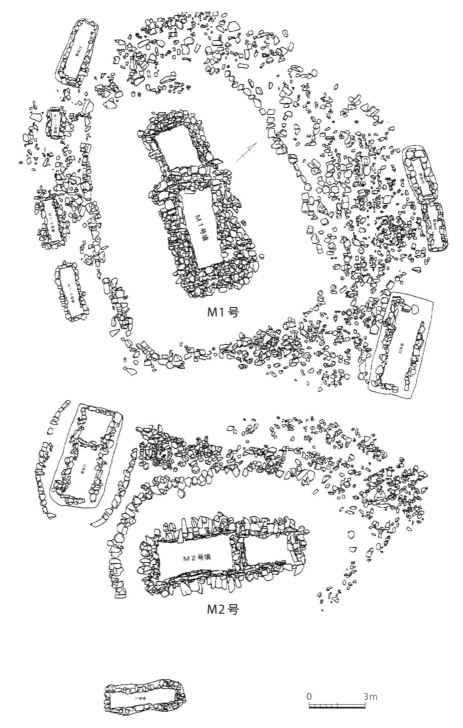

図 4　陜川玉田古墳群 M1 号・M2 号墳と周辺の石槨

このM1号墳の護石の周囲に配置された小形墓のうち、M1-1、M1-2、M1-3号は殉葬槨として理解され、82号、83号、84号、87号石槨は関係がはっきりとわからないとされる〔柳昌煥1996〕。殉葬槨なのか、また他のどのような関係により追葬されたものであるのかはわからないが、護石に沿って回りに配置されたことは明らかであるので、大形墳の陪葬墓として築造されたものとして理解される。したがって、最大形墓の築造過程が設定され、大形墳の陪葬墓は存在するものの、この空間から小形墓が隔離される現象は明らかであるといえる〔図4〕。

林堂洞古墳群の場合も5世紀中葉以降、大形封土墳が築造される。4世紀末の大形墓であるG5・6号墳は、周溝により墓域を表示しているものの、盛土した封土は脆弱で流失してしまった。100年のあいだ大形封土墳は、林堂洞の3つの互いに異なる丘陵を占有して群集しているが、(そのことは)支配集団内部の分化が起こったことを暗示している〔金龍星1998：378-379〕。そのうち特にE地区一帯は3～4世紀の木槨墓群が密集していたところへ、5世紀後半以降大形墳が造成され破壊されている。その大形封土墳が築造された時期には、膨大な数の小形墳が築造されるのにもかかわらず、小形墳は大形墳から完全に隔離されて密集している。

3　池山洞中心古墳群の形成

新羅・伽耶地域の諸古墳群は、大・中・小形の古墳の造営方式と、その配置および成長過程などが互いに異なり、(それぞれ)一定の類型として区分できる。(しかし)中心古墳群は、古墳の造営と分布が他の下位古墳群とは異なる、ひとつの類型としての共通性を備えている。古墳群の配置状況と成長のパターンによって、各類型は独特の様相を示すが、(それは)地形・古墳の階層・先行する墓に対する配慮などを属性とし決定される。これまで検討したことを基に、各時期別に新羅・伽耶地域中心古墳群に共通する特性を指摘するとつぎのようになる。

第一に、中心古墳群の発生(について)である。中心古墳群が登場する3世紀末ごろに、大形墓は丘陵頂線部に沿って配置されて小形墓は周辺へ隔離されるという、特別な古墳造営と分布状況が現れる。そのため丘陵頂線部近くには同時期の大形墓と中形墓のみが分布するようになるのである。

第二に、中心古墳群の配置空間の拡大過程である。大形墓が時期的に(丘陵)稜線の頂上部に沿って配置されることは事実であるが、一列に並ぶように配置空間が拡大するようには進行しない。普通稜線というものは、地形的に緩慢な部分と鞍部が反復する状況があるものだが、最大形墳は(そのうちで)峰にあたる部分の中央を先に占有する傾向がある。一度先に占有されると、数十年以上大形墓が空いたところを探しつつ配置され、この空間は、小形墓は決して侵犯することができない。最大形墳が密集する峰の部分から遠ざかるにつれ、より低い階層の中大形、中形の墓が築造される。

第三に、5世紀中葉を前後する時点でおきた変化に、墓地の移動と小形墳の激増現象がある。中心古墳群ごとに時間差が少しずつあるものの、まずこのころに最高階層の古墳は護石をめぐらせた墓域と精巧に構築された封土〔曺永鉉1993、2003〕をもつ大形封土墳になる。この

付　高霊池山洞古墳群の性格

ような大形封土墳が登場して新たな墓地空間を選択するのにあたり、林堂洞古墳群は近くの丘陵へ、玉田古墳群と道項里古墳群は同じ（丘陵の）稜線上の隣接した丘陵へ墓地空間が移動あるいは拡大する。これに比べ大成洞古墳群と福泉洞古墳群は古墳群自体を別のところへ移し、新たに造営された中心古墳群は、（金海）亀山洞古墳群や（東萊）蓮山洞古墳群になるのであろう。ところで、一方で5世紀中葉を前後する時点は、中小形墳の築造が激増する時期であるともいえる。林堂洞と福泉洞古墳群からみると、大形墳の分布空間から隔離された場所にそうした小形墳が密集して築造される。（この時期）以前には、中心古墳群に数多くの小形墳が配置されることは考え難いことであった。大形・中形・小形封土墳、そして墓域が省略された小形石槨などが地形に沿って階層化された状況をもって分布するようになることによって、6世紀中葉までの古墳が累積した中心古墳群の形成が完了するのである。

　池山洞古墳群は最近の調査からみると、若干の例外はあるものの、中・小形の石槨と小形封土墳は主稜線の頂線部から隔離され分布することが確認された。しかし、主稜線のごく一部しか調査されなかったために、古墳群の発生と成長過程についてはよくわからない。そのため、古墳群の造成と分布に対する全面的な分析は困難で、これまで述べてきた中心古墳群のいくつか共通した特徴に照らして、池山洞中心古墳群の性格を（以下のように）推論してみることができるだけのようだ。

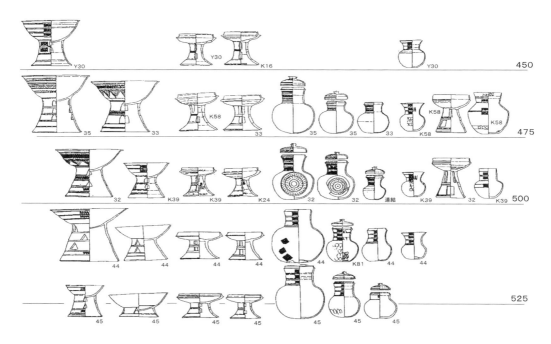

※土器についた数字は出土古墳の番号。(連結は、啓明大学校調査の連結石槨)
　ただし、数字の左のKは、慶尚北道埋蔵文化財研究院調査を、
　Yは、嶺南文化財研究院調査、を意味する。
※右端の数字は、西暦年。

図5　池山洞古墳群土器編年表

Ⅱ　中心古墳群の形成過程

　第一に、池山洞古墳群は、それ以前の時期に別のところで形成された中心古墳群から、5世紀中葉を前後する時期に池山洞の丘陵へと墓地が移動し形成されたという可能性が高いであろう。つまり、4～5世紀前半の大形木槨墓が密集して分布する中心古墳群が、高霊盆地内の別の場所に形成されている途中で、その古墳群の墓地が不足したのか、または大形封土墳へ支配者集団の墓制が変わることを契機にして、池山洞古墳群へと移動してきたのであろうという点である。ちょうど釜山（東萊）地域で福泉洞古墳群が築造される途中で蓮山洞古墳群へと移ってゆき、大形封土墳群を形成することと同じ過程であるといえる。

　第二に、池山洞古墳群も、地形的に分かれるいくつかの丘陵頂上部を移動して墓域が拡張されたのであろうということである。だからこそより顕著に、平坦な丘陵頂線部を先行して占有→40～50年間の大形墓築造→墓域移動という過程を経て、古墳群は拡張されたのであろうということである。池山洞古墳群の主稜線は、地形上4つの部分に分けることができる〔図6〕。最南端の険しい独立丘陵は封土墳が存在していないことが確認され、この部分は古墳群の範囲から除外される。大形の封土墳は、稜線の頂上部が比較的平坦で長く続く部位に集中する。池山洞古墳群では支脈部を除いて、主稜線上に長くて平坦な部分が、2箇所存在する。ひとつは主山城に近い稜線の北側、最も高いところ―c区―で、ここには45号墳が位置する。もうひとつ―a区―は南側稜線であるが、ほとんど傾斜がない頂線部が長く続くところに、多数の中・大形封土墳が分布する。そして長く平坦な丘陵のあいだに空間があるものの、稜線の延びる方向に屈曲があって、傾斜度が何回も変化する空間―b区―がある。このb区のなかのひとつ、狭いが比較的平坦な稜線頂上部で32号～35号の中形封土墳が発掘された。

　周知のように池山洞古墳群で発掘された古墳のうち最も早い時期のものは、35号中形封土墳で、位置は池山洞の長い稜線の中ほどになり、年代は5世紀中葉に近い後葉である。そして、その上方の場所を占める44号と45号墳は、6世紀前半の早い段階である〔禹枝南1987、李盛周2003〕。中心古墳群が順番に古墳を追加築造しつつ、拡張することはない。南側の低いところから北側の高所へ登ってゆくのは、（古墳追加の方向としては）おおかたがそうであるので、1978年度に発掘された中形封土墳の築城順序は32号、33号、34号、35号墳となるべきではあるが、実は35号、33号、32号、34号の順に築造されたように思われる。一定の主稜線の頂線部に沿って、稜線上をしだいに高い方へと進んでゆくことが一般的ではあるものの、（この場合は）今述べてきたように、先に占有し、空いた空間が利用しつくされると移動・拡張するという過程を経ているためであると、理解される〔図7〕。

　池山洞古墳群の主稜線上で最も低いところは、現在国道33号が通る鞍部である。この鞍部に近いb区が、大形墳によりまっさきに占有され、5世紀中葉から後葉まで（空間が）うめられていったのであろう。続いて6世紀前半には、a区とc区へ墓地空間が拡大したのであろうと思われるが、最大形墳はc区側へ集まって、a区は中大形墳の築造が続けられたのであろう。このような大形墳の築造が継続されるなか、大形墳の被葬者たちと血縁関係が近いとか、特別な関係があるが階層的に低い（者の）墓が、主稜線の大形墳のあいだをうめてゆき、稜線

付　高霊池山洞古墳群の性格

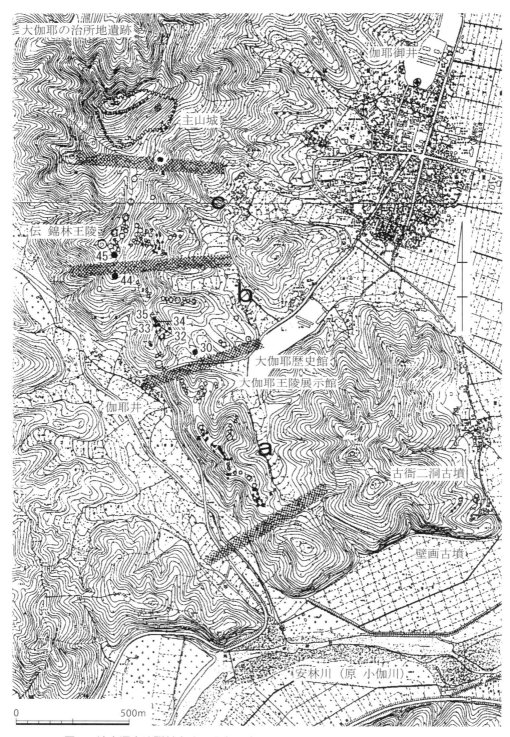

図6　池山洞古墳群封土墳の分布と地形による区域の設定［原図　曺永鉉 2004］

Ⅲ　古墳築造の類型と池山洞古墳群の位置

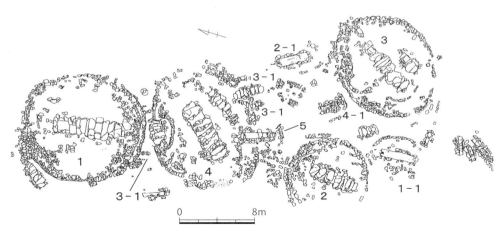

図7　池山洞32〜35号墳および周辺の小形封土墳と石槨の築造順序

が険しい東側斜面と支脈部には中小形墳と小形石槨が配置されたようである。30号墳周辺と遺物展示館用地の発掘調査区域における墓槨配置状況をみると、丘陵斜面の低い側、谷底に近い空間へ小形墓がつぎつぎに配置され、（そこには）より遅い時期の遺構も配置され、大伽耶滅亡を前後する（時期の）墓槨にも横口式石室が加わる傾向を観察することができる。

　新羅も伽耶も政治体の中心古墳群の形成過程は、いくつかの複雑な要因によって分布と立地が決定されるのであろう。特に中心古墳群内で高塚が一定区域内に集合する現象が現れることもあり、一つ以上の方向へと、高塚の築造が線的に進行する過程が観察されることもある。このような現象とともに、遠く隔たってはいない場所に、もうひとつ同時期の支配集団の古墳群が立地する場合、例えば（咸安では）道項里古墳群と隣接して新音里古墳群が築造されたりする状況も現れる。これについて、支配集団内に分化や分離が存在し、このような複雑な立地と分布が出現したとみる見解がある［咸舜燮1996、金龍星1998］。こうした点を考え合わせるならば、池山洞古墳群の（図6に示したような）各区間における高塚の築造や隣接した本館洞古墳群との関係などをもう少し綿密に検討しなければならないとはいえ、中心古墳群形成過程に対する説明に妥当性をあたえることができるであろうと感じられる。

Ⅲ　古墳築造の類型と池山洞古墳群の位置

　古墳群が全面的に剥き出された、そのとき、埋葬施設相互の距離や配置方向に特別な関係や集合状況があるものとみられる場合、（それは）考古学的に意味あるものとして考慮されるようになる。過去に古墳群を造営してきた集団が新たに死亡した共同体成員の埋葬施設を追加築造する際、それまでの埋葬施設のなかに、特定のなんらかの意味をもつ関係を表現するため、埋葬施設相互の距離や配置方向に特別な関係をもたせたのだと、我々は推論できるのである。墓槨がいくつかまとまっているようにみえるとか、近くに並んで配置されているようにみえる

付　高霊池山洞古墳群の性格

ものが、もちろん意図的ではないであろうとしても、それが偶然ではないのかどうかは、類型化した配置であるのかを精査してみれば判断が可能になる。より確実な墓槨の集合状況は、墓域施設の使用の仕方のうちにみえてくる。護石や周溝のような墓域施設のなかに、複数の墓槨が配置された状態であるならば、それが意図された集合であるという点を否定することは難しいだろう。

　このように、埋葬施設の相関性についての問題は、第一に、巨視的にみて古墳群自体の成長パターンと関連させ論議する必要があり［李盛周・孫徹 2005］、第二に、もう少し細かくみると、成長した墓域内に墓槨がどのように集合して配置されるのかに焦点を当てて、分析されなければならない。ここでは、主として後者の問題に限定し取り扱うこととするが、明らかな墓域施設の登場以前と以後の時期を区分して、墓域施設とともに墓槨がどのように配置されるのかを分析してみようと思う。本稿では池山洞古墳群の墓域内墓槨配置の特性を推論して、高霊系土器が出土する、いわゆる大伽耶圏域内の墓槨配置諸類型のあいだの関係について、検討してみようと思う。それに先立って、新羅・伽耶地域において墓槨の集合が意味をもつことが明らかになって展開する様相を、いくつかの類型に分けて要約してみるべき必要を感じた。

1　墓域の発生と展開

　三国時代における古墳の構造についての研究は、過去、長い間埋葬施設の形式を中心に行われてきた。1970年代末〜1980年代初に、先駆的な研究、土築墓と封土墳の概念を導入した研究［姜仁求 1984］と、古新羅古墳を墓槨の形式と墓形の概念を導入し分析した研究［崔秉鉉 1981a、b］などを基にして、古墳の研究には築造過程、埋葬施設の相互関係について検討しなくてはならないという点に目を開かせられた。埋葬施設・墓域形成・封土築造の過程についての体系的な分析作業は、新羅の場合崔秉鉉の研究［崔秉鉉 1981a、b］に、そして伽耶古墳では金世基の研究［金世基 1985］に求めることができる。近頃、湖西・湖南地方（韓半島中〜西部）では墳丘墓の資料が増加するなかで、墓域と墳丘、そして埋葬施設を一体的な構造として分析するようになって［崔完奎 1997、2006、林永珍 2002、李盛周 2000］、嶺南地方（韓半島南東部）でも小伽耶の領域では、（固城の）松鶴洞古墳群・内山里古墳群・栗垈里古墳群などで調査された墳丘墓に注目せざるをえないようになった。

　墓域は埋葬施設を中心にして、一定の形態と範囲をもつ平面空間を区画して施設を設置することで示される。墓域表示は、最初は青銅器時代へさかのぼるのだが、周知のように区画墓［李相吉 1996］、周溝墓［金權中 2008］などにみることができる。青銅器時代、墓域の表示は周溝と積石、祭壇などであり、三国時代の古墳では封土、護石と周溝施設が利用される。嶺南地方の木棺墓段階では、墓域を表す施設が確認される場合がほとんどない。丘陵の傾斜面で調査された蔚山 茶雲洞遺跡から、半楕円形の周溝が確認されたのが唯一の例であるといえる。そこで興味深い点は、木棺墓群に現れる非常に定型化した遺構分布である。大部分の木棺墓群で、埋葬施設は例外なくきちんと一定の間隔をとって分布する。このことから、新たな墓壙を

Ⅲ　古墳築造の類型と池山洞古墳群の位置

設置するたびに先に築造された埋葬施設と墓域を十分に意識して、埋葬施設を追加したといえる。したがって木棺墓群は、適当に分布するのではなく、封土により表される先行築造された墓域を尊重しつつ、一定の距離をおいて一定の方向へ築造されていったということを物語っている。

　墓域を表す施設として、周溝は護石より先に発生した。護石が登場するなかで周溝は護石の外側に掘られ、排水あるいは祭祀用の付属施設へと転換する。墳丘墓の周溝ではなく、封土墳の周溝として嶺南地方で最も早い事例は蔚山茶雲洞の木棺墓群である。茶雲洞の木棺墓の年代である2世紀中・後葉よりもう少し遅い時期ではあるが、湖西地方では天安 清堂洞遺跡から最も早い（時期の）封土周溝墓が発見されている。この遺跡から始まった周溝土壙墓の伝統が、方形封土墳の周溝として3〜4世紀までつながってゆく。これに反して、嶺南地域では茶雲洞木棺墓の周溝以降、3〜4世紀の木槨墓の周溝へと継続していかない。4世紀末に編年される林堂洞G5・6号墳から、積石木槨系統の大形木槨墓の封土を囲む周溝が現れる。しかし、高塚の封土が残っておらず護石も発見されていない。とはいえ、同じ時期に（蔚山）中山里では護石が登場しており、護石が本来設置されていたのが流失した可能性が高いであろう。それにこの林堂G5・6号墳は一種の瓢形墳で、のちに新羅地域に特有の様相を示す墓域および墓槨の追加・拡張過程を初めてみせていて、興味深い。

　護石は、5世紀中葉を前後する時点で高塚の封土墳が拡散するなか、新羅地域を中心に採用される。3世紀末の中山里74・75号墳で封土と護石が確認されたが、砂質の封土を維持するために、大きさが異なる石を積み上げてめぐらせたものであろう、というだけで、4世紀の木槨墓へとつながって発展するものではないようだ［李盛周1996］。封土と一体となって完成された形態の護石は、慶州の積石木槨墳で4世紀末ごろに出現する。もちろん初期に調査された皇南洞109号墳3・4槨であるとか同110号墳は、墓域の調査が不完全で確認されなかったが、中山里1-A 51号、1-A 138号墳からは発見されている。護石は、本来大形墳に限定し使用されたが、5世紀後半以降では小形墳にも採用される。ところで、大形墳には必ず護石が設置されるのであるが、小形墳にも現れるため、（その場合）なぜある古墳には護石があって、なぜ別の古墳にはないのかを説明するのに難しい点がある。丘陵地の古墳では、封土が脆弱であると護石とともに容易に流出してしまうために、護石がなく周溝のみ残っている場合もあるのだろう。そのため一部の古墳にのみ護石が残っていることもあるのであろう。（そのため）この現象を十分に解明できないのだと思う。

　護石と周溝は墓域を表す施設として4世紀末、慶州地域の積石木槨墳で初めて出現する。特に護石は慶州を中心にした新羅地域でまず発展してきたことが明らかである。事実、伽耶地域で護石はもっぱら高霊を中心とする大伽耶圏域でのみ採用され、小伽耶と阿羅伽耶地域では大形墳にも護石を使用していない。もちろん、道項里古墳群の調査が埋葬施設中心に進められ、封土の調査が不十分な点があるが、5・6世紀の大形墳に護石の存在がまったく確認されておらず、6世紀中葉の横穴式石室および大伽耶土器の導入と相まって、道項里47号墳で初

付　高霊池山洞古墳群の性格

めて登場する。小伽耶地域では、長い間周溝により墓域を表してきたなかで、横穴式石室と新羅系土器が導入されても護石は現れない。固城地域の松鶴洞古墳群、栗垈里古墳群、蓮塘里古墳群を始めとして、小伽耶の墳丘墓的特徴を一部もつ古墳群、すなわち晋州 加佐洞古墳群、山清 明洞古墳群、宜寧 泉谷里古墳群などでも周溝が墓域を表すのみで、護石はない。伽耶地域では大伽耶の古墳にのみ、新羅よりやや遅れて護石が採用されて、いわゆる大伽耶の影響圏のなかでのみ使用される。

2　古墳築造の類型

　古墳群はひとつ以上の共同体が、死亡した成員を何世代にもわたり一定の場所に埋葬することにより形成される。ここで注目することは、墓域および墓槨が配置される空間のうえで意味のある集合や配列が、古墳群に表現される場合である。そうした空間における集合と配列は、遺体それ自体、棺・槨・室といった埋葬施設や墓域の配置のうえに表されるものなのであろう。そして配列や集合といった空間的配置の意味がはたして何であるのかは、夫婦関係や血縁関係を表すのだという解釈から、階級的な関係であるなど、多様な推論が可能となるであろう。例えば大部分の中心古墳群では、地形的な高低や傾斜度によって、古墳が徹底して等級別に配列される。これに比べ小形の群集墳では、ひとつの墓域のなかに大小の墓槨が集合するであろう場合、それを等級の差を有する集団の集合ではなく、家族の墓であると理解することが普通である［金世基1985］。

　墳墓の集合と配列は、時間的に古墳群の成長過程、すなわち一定空間に墳墓が集積する大いなる過程のうちに、把握することができる［李盛周・孫徹2005］。新羅地域の場合、5世紀中葉までは墓地空間全体を一定の方向性をもって充たしてゆく過程により、古墳群が成長する。しかし5世紀中葉以降、古墳群は墓地空間全体を一定程度に分割して、分割された空間内部を各自うめてゆく（という）成長過程を示す。また、中心古墳群と小形の群集墳の成長パターンも互いに異なり、最近の筆者による分析の経験によれば、新羅地域と伽耶地域の新羅地域の成長パターンも（それぞれ）別々に現れるであろうと思われる。

　その配列と集合は、意味するところが何であるのかは、新たな埋葬施設や墓域を古墳群内に追加するたびごとに、埋葬儀礼を遂行する個々人や共同体の判断によって決定されることは明らかである。新たな埋葬施設や墓域を追加する際、既に配置された墳墓のアイデンティティを記憶したり意識したりしてこそ、どのように配置するのかを判断することができるのであろう。したがって、墓域施設を明らかに備えているかいないかは、次に造る埋葬施設や墓域を付け加える際に、決定的な影響をあたえるのであろう。

　墓域を表すはっきりとした施設は、4世紀末と5世紀初に慶州を中心とする上位古墳から発生し拡散する。もちろん6世紀になっても墓域を表示しない古墳が大多数ではあるが、相当に普及し、小形墳でも護石がめぐらされる事例はいくつでもあげることができる。異穴合葬型とよばれることが多いが、護石と周溝が登場する以前の3・4世紀の木槨墓には、木槨を並列配

Ⅲ　古墳築造の類型と池山洞古墳群の位置

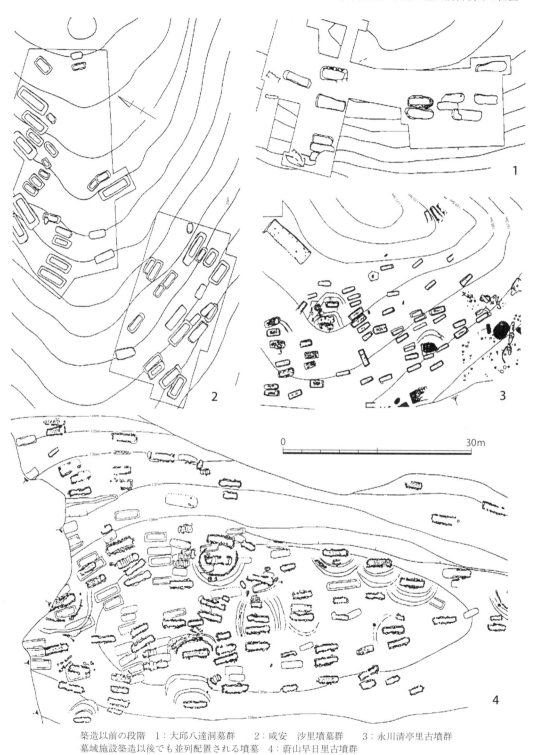

築造以前の段階　1：大邱八達洞墓群　2：咸安 沙里墳墓群　3：永川清亭里古墳群
墓域施設築造以後でも並列配置される墳墓　4：蔚山早日里古墳群

図8　墓域施設（護石および周溝）

1：池山洞44号　　2：同45号　　3：同32号　　4：同35号　　5：同30号
6：陜川玉田M3　　7：咸陽白川里1号　　8：陜川磻溪堤○-A号

図9　第1古墳築造類型

Ⅲ 古墳築造の類型と池山洞古墳群の位置

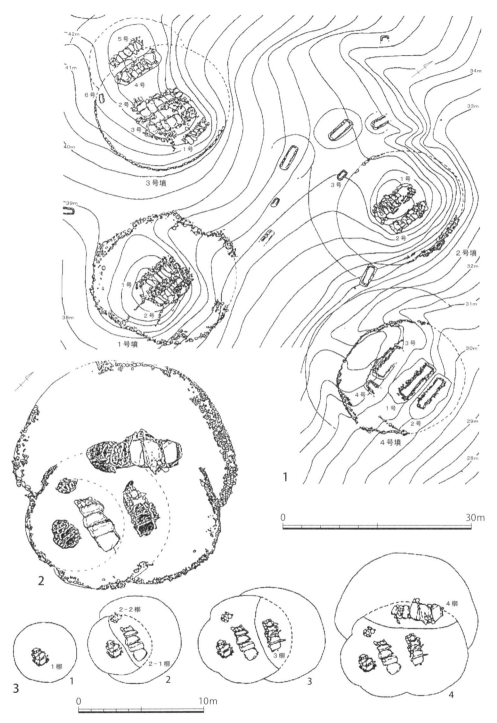

1：大邱汶山里大形墳の墓槨および墓域追加配置
2・3：大邱不老洞墓槨および墓域追加配置とその模式図［朴貞花 2004 による］

図 10　第 2 古墳築造類型

付　高霊池山洞古墳群の性格

置させる集合（形態）が多く観察される。湖西地方では清州 松節洞古墳群に代表的な事例が観察されるが、嶺南地方では最も早い時期の事例として、（大邱）八達洞木槨墓群がある。墓域（というもの）が発生する前、4世紀ごろの浦項 玉城里や咸安 篁沙里墳墓群、5世紀前半の永川 清亭里古墳群、宜寧 礼屯里古墳群などには、きわめてはっきりとした異穴合葬の様相をもとめることができる〔図8〕。

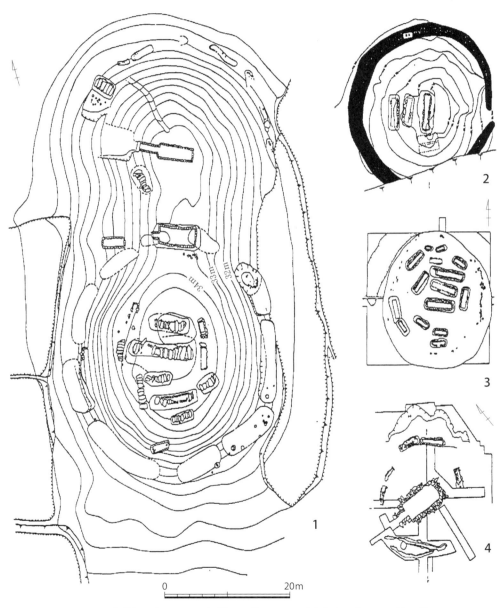

1：固城松鶴洞1号　　2：固城栗袋里2号　　3：固城内山里21号　　4：同34号

図11　第3古墳築造類型

Ⅲ　古墳築造の類型と池山洞古墳群の位置

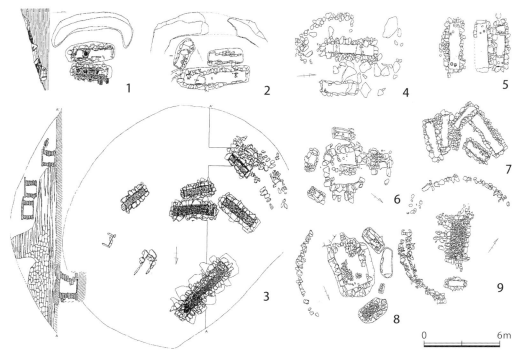

1：山清明洞 13 号　　2：同 35 号　　3：陜川三嘉 1 号　　4：陜川倉里 A 地区 3 号　　5：同 A 地区 29 号
6：同 A 地区 45 号　　7：同 B 地区 23 号　　8：陜川苧浦里 D 地区 II-1 号　　9：同 E 地区 1 号

図 12　第 4 古墳築造類型

　埋葬施設や墓域の集合を、これまではよく、単葬墓と多槨墓にまず分類して、多葬墓のなかに多槨式を含めて、墓槨配置の類型を説明しようとしてきた［崔秉鉉 1981b、金世基 1985］。しかし、発掘調査資料も大きく増えており、また古墳群に対する全面発掘が可能となった現在では、古墳および古墳群に対するこれまでの観念を再構築しなくてはならないであろうという必要性を感じるようになった。特に追葬による多槨式墓槨配置を、（これまでは）ほぼ一律的に家族墓であると設定して概念化したのだが、このような前提が、まったくもって妥当であるとはいえない。同時に、最初に先行して築造された墓槨と、それ以降追加される墓槨の関係についてみるとき、墓域に対する観念に地域差が相当に大きいのにもかかわらず、すべて追葬による多槨式とのみ理解する点も問題であるといえる。

　新羅―伽耶地域の諸政治体における最高階層の大形墳は、ひとつの墓域内にひとつの墓槨を設置する単葬墓を原則とする。ただひとつの例外があったとするなら、小伽耶の固城松鶴洞古墳群にある。この松鶴洞 1 号墳を始めとする大形墳は、封土墳ではなく墳丘墓であり、ひとつの大形墳丘のなかに 2～3 基の大形墓槨を並列配置して、小形墓槨は墳丘の縁に沿って囲むという配置方法を定式化していた。この例を除けば昌寧 校洞、咸安 道項里、釜山 蓮山洞、星州 星山洞、陜川 玉田（古墳群）などのように、ひとつの墓域内に一人のための埋葬施設を築造している。慶州 皇南大塚のような瓢形墳や、林堂洞古墳群、不老洞古墳群などに、瓢形墳が発

213

付　高霊池山洞古墳群の性格

展して3基〜4基の墓槨がひとつの墓域に設置されるようにみえるものがあった。しかし、こういった古墳は先行したひとつの墓域に、複数の墓槨のみを新たに築造するのではなく、埋葬施設と護石、つまり1墓槨・1墓域がいっしょに追加される。したがって、墓槨の集合ではなく墓域の集合であるわけである。また池山洞44号と45号墳のように数多くの殉葬槨を抱えるものも、厳密にいえばひとつの墓域に一人のための埋葬施設を造るわけである。実際、殉葬槨は主室に埋葬された主人公のための副槨とは、概念として異なるものではないであろう。

　5世紀後半から6世紀前半にかけて封土墳が築造された古墳群を中心に、埋葬施設と墓域、そして封土および墳丘との関係を概念的に定義するなかで、地域差を指摘してみようと思う。中心古墳群を含む5・6世紀の新羅・伽耶地域の封土墳および墳丘墓を、つぎのように4つの類型に分類すると、それぞれがはっきりとした地域的分布（傾向）を示すようだ。この分類では、従来の単葬墓と多槨墓の形式的な区分をこえて、木槨および墓域の集合の時間的推移とその結果を基準とするものである。

　第一に、墓槨配置と墓域の設定、封土の築造が同時に進行し、完成する類型である。小伽耶を除外した伽耶地域の中心古墳群で、大形封土墳はほとんどすべてこの類型に属する。高霊 池山洞古墳群、咸安 道項里古墳群、陝川 玉田古墳群などの大形封土墳は、基本的にひとつの墓域と封土内に、ひとつの墓槨あるいは墓室を同時に築造する。池山洞古墳群のように殉葬槨や副槨を複数設置することはあっても、墓槨配置と封土築造を同時に実施し、完成後は封土を掘り返して墓域と封土を拡張・追加しない[注]。ひとつの封土および墓域のなかにひとつの埋葬施設を同時に築造し完成する封土墳は、新羅・伽耶地域のどこであれみることができるものなので、もちろんひとつの地域類型として設定することは難しい。しかし、墓域や封土を重ね合わせるとか、あるいは墓槨を連続的に追加する方式を、まったく導入しないので、小伽耶を除く伽耶地域の古墳群、特に中心古墳群の特性であるとみることができると考えられる〔図9〕。

　第二に、ひとつの墓槨と墓域ができあがったあと、封土と護石の一部を掘り返して新たな墓槨と墓域および封土を拡張・追加する方式である。洛東江以東地域の大形から中小形の封土墳まで新羅系統の古墳にだけみることのできる築造類型である。皇南大塚のような瓢形墳が代表的なもので、林堂洞古墳群や不老洞古墳群では3回あるいは4回、墓槨と墓域が追加されることもある。慶州から発生し拡散したので、他の地域ではもう少し遅い時期に発生するものとみられる〔図10〕。

　第三に、封土墳ではなく一種の墳丘墓として墓域と墳丘をまず構築したあと、一定の方式にそって墓槨を追加配置する（類型である）。松鶴洞古墳群、内山里古墳群、栗垈里古墳群など、もっぱら固城の小伽耶地域の中形・大形の墳丘墓でのみ、みることができる。石槨墓築造段階では、円形の墳丘が完成したあと2〜3箇所の墓槨の配列を墳丘中央に配置して、小形石槨は周囲に配置される。時期差があまりないとはいえ、中央の細長い石槨は、順次追加されたもので、周囲の小形石槨は殉葬槨である可能性が高いと思う〔図11〕。この墳丘墓に横穴式石室が

Ⅲ　古墳築造の類型と池山洞古墳群の位置

導入されると、石槨を並列的に追加してゆくことが中断して、横穴式石室に追葬されると思われる。

　第四の類型は大形墳にはみられないもので、6世紀に近いころから伽耶地域で中小形封土墳に発生し拡散するものである。ひとつの墓槨あるいは墓室を設置してしまったあと、墓域を整えるものの、追加する墓槨を築造することができるような空間を用意しておいて、封土を盛る。あとで追加される墓槨は封土中に設置されるか、封土が低ければ整地面まで掘り下げてゆき設置する。同一の墓域内に、多槨式古墳であるのに、墓域（としての）施設は初めには周溝であったのが、非常に遅い時期には護石をめぐらす。墓槨配置は多様な方式があるが、この類型に属する古墳群としては、山清 明洞古墳群と宜寧 泉谷里古墳群、昌寧 友江里古墳群のように、傾斜面に1〜3基の石槨が規則的に配置される形式から、陜川 三嘉古墳群、（同）苧浦里C・D・E地区古墳群、（同）倉里古墳群、山清 生草古墳群などがある。もちろんこういった古墳群は小伽耶（地域様式の）土器が出土する古墳群と大伽耶（地域様式の）土器が出土する古墳群に分けられるとはいうものの、原則的に同じ類型であると考えられ、小伽耶系統の多葬墓に近い類型として把握することが適切である〔図12〕。

3　池山洞古墳群の築造類型とその影響

　池山洞古墳群の墓槨配置類型については先学の詳細な分析〔金鍾撤1982、金世基1985、1995、2003、曺永鉉2004、朴天秀2000〕があったので、ここにまた屋上屋を架するのは有益ではない。ただ、日本の植民地下にあった時代に発掘された封土墳のなかに、追葬による多槨式のものが存在するという主張〔曺永鉉2004〕を、筆者が積極的に受け入れることは躊躇する、という点だけは指摘しておこうと思う。池山洞古墳群の中小形─例えば32SW-1号や32NE-1号の場合─あるいは大形封土墳は、基本的に墓槨配置、墓域設定、盛土が、一体的に一度に完成されたものであると（いうことを）前提としておこうと思う。例外があったとしても、それは無視してもよい程度であるとも考えられる。

　池山洞古墳群では、封土墳がさほど多く発掘調査されておらず、中形墳と大形封土墳のなかに、主槨・副槨の配置方式、そして殉葬槨の数と配置方式の変化の幅が大きいために、一定の類型化を導き出すことが難しいという事情がある。ただ、主槨と副槨を並列にするとか、T字形にするという点、そして殉葬槨のひとつは、主槨の一方の端とラインをそろえるという点を、重要な配置類型として指摘できる。このような配置類型は、先学の指摘のように、咸陽 白川里古墳群、陜川 磻渓堤古墳群などにそのまま再現される。

　ところで、陜川 玉田古墳群の場合は、6世紀初であるM3号、70号墳段階から副葬された土器のすべてが高霊産土器に切り替わるくらい大伽耶の影響下におかれるものの、高塚の墓槨配置は洛東江以東の新羅式主・副槨配置にしたがっている。このことは、玉田古墳群で高塚の発生時期である5世紀後半に、M1号墳とM2号墳でわかるように、おそらく昌寧地域の高塚を模倣し、大形封土墳を築造したために、その伝統が維持されたものとして理解される。

付　高霊池山洞古墳群の性格

　5世紀後半以降、池山洞古墳群の墓制と副葬行為の様相は、周辺地域の広範囲に影響をおよぼしている。そして、その影響が及ぶ範囲のなかで、支配集団の古墳群である中・大形封土墳群が発生するのにも、決定的な役割をはたしたとみられる。しかし、影響力がおよぶ時点に差があることは明らかである。その差によって、墓榔の形式とか配置そして多葬墓築造の過程に、相異なる様相が現われる。玉田古墳群は大伽耶の影響力が及ぶ前に、新羅系統の高塚方式を導入し、大形封土墳の築造を開始した。特に大伽耶の影響力が相対的に小さい時期に及んだ宜寧・(陜川)三嘉・晋州・山清などの地には、小伽耶式の墳丘墓の墓榔配置が導入され、多榔式の中・小形封土墳が出現する。やはりこのあとには、高霊系土器を副葬するところに大伽耶の影響を十分に読み取ることができるものの、墓制は伝統そのままに維持するものと思われる。

Ⅳ　結　語

　最近、発掘調査の規模と頻度が急激に増加し、考古学者が取り扱う資料の性格が、大きく変わった。なかでも三国時代の古墳資料においては、全面発掘された古墳群が増して、研究観点の転換を要求するようだ。特に古墳群を造営した社会集団の性格を理解するために、古墳に対する研究から古墳群の研究へと転換しなくてはならない必要性が生じるだろう。埋葬と墓榔の配置に関する当時の人の観念を理解しようとすれば、短期的な古墳築造順序の問題ではなく、長期的に進められる古墳群空間の利用過程が問題として提起される。だとすれば多葬墓も、多葬墓自体の集合にとどまることなく多葬墓自体の配列過程の一部として考えなければならない必要性が生じるかもしれない。このように考えるならば、池山洞古墳群ももう少し新たな観点で解釈されなければなかったのであろうが、実物資料の性格に限界が多いことも事実である。大形封土墳の発掘された資料があまり多くはなく、大形墳と(丘陵)稜線下段の小形墳のあいだの関係を把握すべき資料が、調査・公開されてなかったのである。

　これまで先学の研究は、大形墳の構造と土器および副葬品を中心に池山洞古墳群の対外的な関係や影響力を分析してきた。本稿では、中心古墳群としての池山洞古墳群の形成過程、そして墓域設定→墓榔配置→封土造成の一連の過程に現われる古墳築造(に対する)観念から、池山洞古墳群の特性を究明してみようとした。そして、このような特性が他の新羅─伽耶政治体の中心古墳群と、どのように比較されなければならないのか、検討してみた。5世紀中葉から6世紀中葉にかけての伽耶地域の諸高塚群のうちに、どのように位置づけられるべきであるか検討してみた。しかし、ここまでの特性の列挙と周辺との比較は、きわめて皮相的にとどまるものであって、今後なおいっそうの分析を必要としている。

　　[注]
　池山洞35号墳が、唯一連結石榔と呼ばれる墓域と墓榔が追加されてはいるが、35号墳の護石の外に連結させているという点で新羅地域とは区分しなくてはならない。

［図一覧］　※図は基本的に原著のものを踏襲している。ただし各図とも部分的に改変している。

図 1　池山洞30号墳とその同時期か後代に築造された中・小形墓槨（1：1000）原著図4
図 2　本文中で言及する遺跡の位置（1：400000）訳者作成
図 3　伽耶における政治体の中心古墳群形成過程の例（1：10000）原著図1
図 4　陝川玉田古墳群M1号・M2号墳とその周辺の石槨（1：400）原著図2
図 5　池山洞古墳群出土土器編年表　原著図3
図 6　池山洞古墳群封土墳の分布と地形による区域の設定（1：40000）原著図5
図 7　池山洞32〜35号墳および周辺の小形封土墳と石槨の築造順序（1：400）原著図6
図 8　墓域施設（1：750）原著図7
図 9　第1古墳築造類型（1：600）原著図8
図 10　第2古墳築造類型（1：600　1：300）原著図9
図 11　第3古墳築造類型（1：600）原著図10
図 12　第4古墳築造類型（1：300）原著図11・12

［参考文献］
韓国語（著者別、訓民正音字母順）

姜　仁　求 1984『三国時代墳丘墓研究』嶺南大学校博物館
郭　長　根 1999『湖南東部地域의 石槨墓 研究─全北大学校大学院博士学位論文─』
金　權　中 2008「青銅器時代 周溝墓의 発生과 変遷」『韓国青銅器学報』、100-27頁、韓国青銅器学会
金　斗　喆 2001「大伽耶古墳의 編年 検討」『韓国考古学報』45、167-206頁、韓国考古学会
金　世　基 1985「大伽耶古墳의 編年 検討」『韓国考古学報』17・18、41-89頁、韓国考古学研究会
金　世　基 1995「大伽耶墓制의 変遷」『加耶史研究』301-364頁、慶尚北道
金　世　基 2003『古墳資料로 본 大伽耶』書景
金　世　基 2004「大伽耶古墳의 編年 検討」『安羅国史의 새로운 理解─第4回安羅伽耶学術討論会─』72-95頁
金　龍　星 1996「林堂IA-1号墳의 性格에 対하여」『碩晤尹容鎮教授停年退任紀念論叢』311-343頁、碩晤尹容鎮教授停年退任紀念論叢刊行委員会。
金　龍　星 1998「補論 林堂遺蹟 干의 家系에 대한 試論」『新羅의 高塚과 地域集団』361-384頁、春秋閣
金　鍾　撤 1981『高霊池山洞古墳群─啓明大学校博物館遺蹟調査報告1─』
金　鍾　撤 1982「大伽耶墓制의 編年研究」『韓国学論集』9、131-160頁、啓明大学校韓国学研究所
金　鍾　撤 1984「古墳에 나타나는 三国時代 殉葬 様相」『尹武炳博士回甲紀念論叢』263-271頁、尹武炳博士回甲紀念論叢刊行委員会、通川文化社
金　泰　植 1996「百済의 伽耶地域 関係史 試考」『百済의 中央과 地方─第8回百済研究国際学術大会─』23-35頁
盧　重　國 2004「大伽耶의 성장기반」『大伽耶의 成長과 発展』13-53頁、高霊郡・韓国古代史学会
朴　普　鉉 2004「帯金具로 본 加耶社会相」『伽耶文化』17、87-106頁、伽耶文化研究院
朴　升　圭 1998「加耶土器의 地域相에 관한 研究」『伽耶文化』11、117-156頁、伽耶文化研究院
朴　升　圭 2000「고고학을 통해 본 小伽耶」『考古学을 통해 본 加耶─第23回韓国考古学会全国大会─』129-178頁
朴　貞　花 2004「考察」『大邱不老洞古墳群発掘調査報告書─慶尚北道文化財研究院学術調査報告44─』226-234頁
朴　天　秀 1996a「大伽耶古代国家形成」『碩晤尹容鎮教授停年退任紀念論叢』377-402頁、碩晤尹容鎮教授停年退任紀念論叢刊行委員会
朴　天　秀 1996b「日本 속의 伽耶文化」『伽耶史의 새로운 이해─慶尚北道開道100周年記念伽耶文化学術大会─』55-86頁
朴　天　秀 1998「大伽耶圏 墳墓의 編年」『韓国考古学報』39、89-124頁、韓国考古学会
朴　天　秀 2000「考古学 資料로 본 大伽耶」『考古学을 통해 본 加耶─第23回韓国考古学会全国大

付　高霊池山洞古墳群の性格

　　　　　　　会—』47-73 頁
朴　天　秀 2003「地域間 並行関係로 본 加耶古墳의 編年」『가야고고학의 새로운 조명—民族文化
　　　　　　　學術叢書 27—』153-198 頁、釜山大学校韓国民族文化研究所、恵安
定森秀夫 2002「陶質土器로 본 倭와 大加耶」『大加耶와 周辺諸国—韓国上古史学会学術叢書 5—』
　　　　　　　207-275 頁、学術文化社
成　正　鏞 2002「大伽耶와 百済」『大加耶와 周辺諸国—韓国上古史学会研究叢書 5—』99-130 頁、
　　　　　　　学術文化社
山本孝文 2003「大加耶와 栄山江勢力」『大伽耶의 成長과 発展』153-194 頁、高霊郡・韓国古代史
　　　　　　　学会
吉井秀夫 2000「대가야계 수혈식석곽분의 "목관" 구조와 그 성격」『慶北大学校考古人類学科 20 周
　　　　　　　年紀年論叢』239-266 頁、慶北大学校考古人類学科
禹　枝　南 1987「大伽耶古墳의 編年」『三佛金元龍教授停年退任紀念論叢』617-652 頁、三佛金元
　　　　　　　龍教授停年退任紀念論叢刊行委員会、一志社
俞　炳　夏 1998「扶安 竹幕洞遺蹟에서 進行된 三国時代의 海神祭祀」『扶安竹幕洞祭祀遺蹟研究』
　　　　　　　187-250 頁、国立全州博物館
柳　昌　煥 1996「M1 号墳、遺構」『陜川玉田古墳群 Ⅲ—慶尚大学校博物館調査報告 7—』8-19 頁
柳　昌　煥 2000「大伽耶圏 馬具의 変化와 画期」『韓国古代史와 考古学—鶴山 金廷鶴博士頌寿紀念
　　　　　　　論叢—』459-480 頁、学研文化社
尹　容　鎮・金　鍾　撤 1979『大伽倻古墳発掘調査報告書』高霊郡
李　瓊　子 1999「大伽耶系古墳 出土 耳飾의 副葬様相에 대한 一考察」『嶺南考古学』24、57-102 頁
　　　　　　　嶺南考古学会
李　東　熙 2005『全南東部地域 複合社会 形成過程의 考古学的研究—成均館大学校大学院博士学位
　　　　　　　論文—』
李　相　吉 1996「青銅器時代 무덤에 대한 一視角」『碩晤尹容鎮教授停年退任紀念論叢』、91-114 頁、
　　　　　　　晤尹容鎮教授停年退任紀念論叢刊行委員会
李　盛　周 1993「1-3 세기 가야 政治体의 成長」『韓国古代史論叢』5、69-209 頁、韓国古代社会研
　　　　　　　究会、駕洛国史蹟開発研究院
李　盛　周 1996「新羅, 伽耶 古墳文化 時期區分 試案」『碩晤尹容鎮教授停年退任紀念論叢』237-
　　　　　　　273 頁、碩晤尹容鎮教授停年退任紀念論叢刊行委員会
李　盛　周 2000「墳丘墓의 認識」『韓国上古史学報』32、75-109、韓国上古史学会
李　盛　周 2002「考古学 上으로 본 金官伽耶의 国家的性格」『盟主로서의 금관가야와 대가야—第 8
　　　　　　　回伽耶史学術会議—』1-19 頁
李　盛　周 2003「伽耶土器生産・分配体系」『가야고고학의 새로운 조명—民族文化学術叢書 27—』
　　　　　　　269-350 頁、釜山大学校韓国民族文化研究所、恵安
李　盛　周・孫　撤 2005「GIS를 이용한 新羅古墳群 空間組織의 分析」『韓国考古学報』55、77-103
　　　　　　　頁、韓国考古学会
李　午　喜・金　邱　軍 1992『三国時代의 鉄製象嵌技法에 관한 科学的 研究』(韓国) 国立文化財研
　　　　　　　究所
李　漢　祥 2000「大加耶圏 装身具의 編年과 分析」『韓国古代史研究』18、97-126 頁、韓国古代史
　　　　　　　研究会、知識産業社
李　漢　祥 2003「加耶의 威勢品 生産과 流通」『가야고고학의 새로운 조명—民族文化学術叢書 27—』
　　　　　　　653-701 頁、釜山大学校韓国民族文化研究所、恵安
李　漢　祥 2004「三国時代 環頭大刀의 製作과 所有方式」『韓国古代史研究』36、257-286 頁、韓国
　　　　　　　古代史研究会、知識産業社
李　熙　濬 1994「고령양식 토기 출토 고분의 편년」『嶺南考古学』15、89-113 頁、嶺南考古学会
李　熙　濬 1995「토기로 본 大加耶의 권역과 그 変遷」『加耶史研究』365-444 頁、慶尚北道

李　熙　濬 2000「대구 지역 古代 政治体의 형성과 변천」『嶺南考古学』26、79-112 頁、嶺南考古学会
林　永　珍 2002「榮山江流域圏의 墳丘墓와 그 展開」『湖南考古学報』16、79-99 頁、湖南考古学会
趙　榮　濟 1992「遺構」『陝川玉田古墳群Ⅲ—慶尚大学校博物館調査報告7—』204-208 頁
曺　永　鉉 1993「封土墳의 盛土方式에 관하여」『嶺南考古学』13、31-54 頁、嶺南考古学会
曺　永　鉉 2001「嶺南地方 後期古墳의 築造 推移」『6-7 세기 영남지방의 고고학—第10回嶺南考古学会学術発表会—』91-114 頁
曺　永　鉉 2002「皇南大塚과 天馬塚의 区画築成에 대하여」『嶺南考古学』31、83-116 頁、嶺南考古学会
曺　永　鉉 2004「高靈 池山洞 古墳群의 調査成果」『嶺南考古学 20 年의 발자취—嶺南考古学会創立 20 周年紀年学術大会』171-184 頁、嶺南考古学会
崔　秉　鉉 1981a「古新羅積石木槨墳研究—墓型과 그 性格을 中心으로」『韓国史研究』31、32、1-59 頁、1-83 頁、韓国史研究会
崔　秉　鉉 1981b「古新羅積石木槨墳의 變遷과 編年」『韓国考古学報』10・11、137-228 頁、韓国考古学研究会
崔　秉　鉉 1992「신라와 가야의 墓制」『韓国古代史論叢』3、5-59 頁、韓国古代社会研究会、駕洛国史蹟開発研究院
崔　完　奎 1996「周溝墓의 特徴과 諸問題」『古文化』49、103-132 頁、韓国大学博物館協会
崔　完　奎 2006「墳丘墓 研究의 現況과 課題」『墳丘墓．墳丘式古墳의 新資料와 百濟—第49回全国歴史学大会考古学部発表資料集—』7-18 頁、韓国考古学会
崔　完　奎 1997「湖南地方 周溝墓의 諸問題」『호남고고학의 제문제—第21 回韓国考古学全国大会—』11-35 頁
崔　鍾　圭 1992「羅済耶의 文物交流—百済金工Ⅱ—」『百済研究』23、65-80 頁、忠南大學校博物館
河　承　哲 2005「伽耶地域 石室의 受容과 展開」『伽耶文化』18、75-136 頁、伽耶文化研究院
咸　舜　燮 1996「大邱 達城古墳群에 대한 小考」『碩晤尹容鎮教授停年退任紀念論叢』345-375 頁、碩晤尹容鎮教授停年退任紀念論叢刊行委員会
咸　舜　燮 1999「考古資料를 통해 본 우리나라 古代冠」『三国時代 装身具의 社会相—第3回釜山広域市立博物館福泉分館学術発表会—』68-92 頁
洪　潽　植 2002『新羅後期古墳文化研究』춘추각、春秋閣
洪　潽　植 2006「대가야의 문화교류」『악성 우륵의 생애와 대가야의 문화』137-175 頁、高霊郡・大加耶博物館

日本語

定森秀夫 1987「韓国慶尚北道高霊地域出土陶質土器の検討」『東アジアの考古と歴史—岡崎敬先生退官記念論集 上—』岡崎敬先生退官記念事業会、412-463 頁、同朋舎出版
朴　天　秀 1995「渡來系文物からみた伽耶と倭における政治的變動」『待兼山論叢』29 史学篇、53-84 頁、大阪大学文学部
朴　天　秀 2005「大伽耶と倭」『古代東アジアにおける倭と伽耶の交流—第5回歴博国際シンポジウム—』248-262 頁、国立歴史民俗博物館
洪　潽　植 2005「4 世紀代の伽耶と倭」『古代東アジアにおける倭と伽耶の交流—第5回歴博国際シンポジウム—』238-247 頁、国立歴史民俗博物館
吉井秀夫 2004「考古学資料からみた朝鮮諸国と倭」『古代東アジアにおける倭と加耶の交流—国立歴史民俗博物館研究報告 10—』503-518 頁

付　高霊池山洞古墳群の性格

【訳者付記】

　本稿は李盛周氏の論文、「고령 池山洞古墳群의 性格」の全文翻訳である。この論文は本来、韓国啓明大学校韓国学研究院が高霊郡とともに、大加耶博物館で2006年9月に開催した大加耶の歴史と文化を研究するシンポジウム『5-6세기 동아시아의 국제정세와 대가야（5～6世紀東アジアの国際情勢と大加耶＝訳者仮訳）』の発表要旨のひとつであり、加筆のうえ、同名の単行本に収録されている。訳出の底本は、この韓国啓明大学校韓国学研究院・高霊郡・大加耶博物館が2007年に発行した単行本によっている。

　本稿のなかで（　）書きした部分は、原文を訳者が補った部分になる。混同を避けるため原文中の（　）書き部分は――と前後にハイフンをつけて表記した。図に対する注は原文には無かったが、適宜〔　〕書きして補った。注は、原注であり、文末の参考文献も原文のままである。ただし、文献の配列は一部改変した。また、本文作成にあたっては、原著者に直接尋ね、一部本文を訂正した部分もある。本稿の挿図は、図2を訳者が日本における読者の便宜を少しでも図るために作成した以外、すべて原文のものを、若干訳者の判断で順序を変え、スケール等改変を施して使用している。図のキャプションも原則として、原文のそれを日本語に移してそのまま使用している。

　上記した本稿の性格上、言及した個々の遺跡についての説明は省略されている。文末参考文献もあわせ、詳細は各調査報告書等によられたいが、紙幅の関係上。それをあげることはしなかった。別に、近年あいついで刊行された各種辞典類［韓国国立文化財研究所2001、西谷正2007など］によっても各遺跡の内容はある程度把握することが可能である。

　李盛周氏は、韓国慶北大学校考古人類学科教授で、現在の韓国における考古学研究者の代表的な一人である。訳者はかつて、氏の博士論文を基にした単著『新羅・伽耶社会の起源と成長』を翻訳し刊行させていただいたことがあった。そこで用いられていた「中心古墳群」の概念規定や、その後別の論文［李盛周2005］で展開された氏のいう「封土」と「墳丘」を区別して取り扱うべきという主張が、高霊池山洞古墳群という、李氏のいう中心古墳群を題材にして具体的にこの論文のなかにひとつにまとまって論じられており、李氏の研究の方向を知るのには最適なものではないかと思う。

　この論文は、本文中にも触れたように、高霊池山洞古墳群の研究史上、初めて古墳群全体を検討対象とした論文であり、筆者の池山洞古墳群の分析にあたり、おおいに参考とさせていただいたものである。以上の研究史上の重要性に鑑み、2010年に発表したものであるが、ここに採録させていただくことにした。なお、訳文中の地名等の表記は原文のものを尊重し、筆者本文中のものとは異なるところがある。

　最後に、本稿の訳出を快諾してくださった原著者および啓明大学校韓国文化研究院、訳稿の掲載をお認め下さった（初出誌）編集委員会のみなさまに感謝の意を述べさせていただきます。また、訳稿の文責は、すべて訳者にあることも明記しておきます。

木村光一

[参考文献]
李　盛　周 2005「墳丘墓の認識」『古文化談叢』54、大阪朝鮮考古学研究会（訳）、139-164、九州古文化研究会。
　　　　　　原著　参考文献［李盛周 2000］の日本語訳。
　　　　　　初出「高靈池山洞古墳群の性格」『南山考人』38、49-77 頁、南山考古文化人類学研究会、名古屋。
韓国国立文化財研究所 2001『韓国考古学事典』遺跡調査研究室（編）、学研文化社
西谷　正（編）2007『東アジア考古学辞典』東京堂出版
　　　　　　なお、原文の書誌的データは下記の通り。
李　盛　周「고령 지산동고분군의 성격」啓明大学校韓国文化研究院・高霊郡・大加耶博物館（編）『5-6세기 동아시아의 국제정세와 대가야』（ISBN978-8989546-76-4 93900）、147-189 頁、図書出版・서울企画、2007.10.31（刊行）、菊判変形？（150×225）、本文 434 頁。

■著者紹介

木村光一（きむら こういち）

1960 年　愛知県生まれ。
1983 年　南山大学文学部卒業（考古学専攻）。
1986 年　南山大学大学院博士前期課程（文化人類学専攻）修了。

現　在　名古屋市立川名中学校勤務。

〈主要論文等〉
主な論文に、
「帯金具について―南山大学人類学博物館所蔵品の紹介と考察―」『伊藤秋男先生古希記念考古学論文集』2007 年
「韓国大成洞古墳群からみた金海の墓制について」『南山考古』43　2015 年
「韓国慶尚南道金海市大成洞古墳群について　考古学的考察」『古文化談叢』78　2017 年
編集・翻訳に、
『新羅・伽耶社会の起源と成長』（李盛周著　2005）
などがある。

2018 年 3 月 30 日　初版発行　　　　　　　　　　　　　　　　《検印省略》

韓半島における古代政治体の研究
―洛東江一帯の古墳群から見えてくるもの―

著　者　木村光一
発行者　宮田哲男
発行所　株式会社 雄山閣
　　　　東京都千代田区富士見 2-6-9
　　　　ＴＥＬ　03-3262-3231 ／ ＦＡＸ　03-3262-6938
　　　　ＵＲＬ　http://www.yuzankaku.co.jp
　　　　e-mail　info@yuzankaku.co.jp
　　　　振　替：00130-5-1685
印刷・製本　株式会社ティーケー出版印刷

©Koichi Kimura 2018　　　　　　　　ISBN978-4-639-02555-9 C3022
Printed in Japan　　　　　　　　　　　N.D.C.222　224p　26cm